国家出版基金项目
NATIONAL PUBLICATION FOUNDATION

 贫困治理的广东探索丛书

岳经纶　庄文嘉 / 主编

广东省特困人员救助供养制度研究：供给侧改革的创新经验

岳经纶　庄文嘉　尤泽锋◎著

·广州·

版权所有　翻印必究

图书在版编目（CIP）数据

广东省特困人员救助供养制度研究：供给侧改革的创新经验/岳经纶，庄文嘉，尤泽锋著.—广州：中山大学出版社，2021.6

（贫困治理的广东探索丛书/岳经纶，庄文嘉主编）

ISBN 978-7-306-07211-5

Ⅰ.①广… Ⅱ.①岳…②庄…③尤… Ⅲ.①贫困—社会救济—研究—广东　Ⅳ.①D632.1

中国版本图书馆 CIP 数据核字（2021）第 085366 号

出 版 人：	王天琪
策划编辑：	陈　慧
责任编辑：	杨文泉
封面设计：	林绵华
责任校对：	卢思敏
责任技编：	何雅涛
出版发行：	中山大学出版社
电　　话：	编辑部 020 - 84110283，84113349，84111997，84110779，84110776
	发行部 020 - 84111998，84111981，84111160
地　　址：	广州市新港西路 135 号
邮　　编：	510275　　传　真：020 - 84036565
网　　址：	http://www.zsup.com.cn　E-mail：zdcbs@mail.sysu.edu.cn
印 刷 者：	恒美印务（广州）有限公司
规　　格：	787mm×1092mm　1/16　17.75 印张　282 千字
版次印次：	2021 年 6 月第 1 版　2021 年 6 月第 1 次印刷
定　　价：	80.00 元

如发现本书因印装质量影响阅读，请与出版社发行部联系调换

总　　序

为中国人民谋幸福，为中华民族谋复兴，是中国共产党人的初心和使命。贫困的个人难言幸福，贫穷的民族难言复兴。为了实现人民幸福和民族复兴，中国共产党领导中国人民进行了艰苦卓绝的斗争，取得了革命、建设和发展的一个又一个的胜利。改革开放以来，党在领导人民不断发展经济、全力推进现代化建设的同时，致力于治理贫困，努力实现共同富裕这一社会主义的本质特征。特别是21世纪以来，以消除绝对贫困问题为着力点，中国贫困治理进入全新阶段。可以说，100年的中国共产党党史，就是一部与贫困做斗争并消灭贫困的历史。

中国贫困治理的两大战略：扶贫开发与社会保障

中国的贫困问题大致可以分为农村贫困问题和城市贫困问题。改革开放前，由于整体的社会经济发展水平不高，人民生活水平普遍低下，因此贫困问题并没有成为社会问题，但存在着生活困难的城乡居民。解决居民生活困难问题的制度安排，在农村是"五保户"政策，在城镇是面向"三无"对象的社会救济。改革开放以后，在城乡居民生活水平普遍提高的同时，地区和阶层的差距逐步拉大，贫困问题作为社会问题和政策议题开始凸显出来。政府因应城乡贫困问题的差异采取了不同的政策工具和制度安排，而且政府反贫困的努力主要集中在农村地区。为了减少农村地区的贫困问题，国家在1986年设立扶贫开发办公室，实施扶贫开发政策，推行大规模扶贫开发工作。在城市，政府在20世纪90年代后期开始推行城镇居民最低生活保障制度（低保制度），主要政策对象是经济改革之后出现的"新贫"阶层，如下岗失业工人等。

21世纪的中国贫困治理在城乡两条战线展开，针对建档立卡户、低保对象和特困人员三大群体，实施扶贫开发与社会保障两大战略。中国扶贫开发的重心一直放在广大的农村地区，以政府为主导的多元扶贫主体致力于通过多样化的扶贫方式来提高农村贫困人口的收入。与之相对应，城市贫困人口则主要依靠社会保障来实现收入维持。同时，社会保障在农村扶贫开发中也发挥着重要的减贫作用。如果说扶贫开发和脱贫攻坚是农村贫困治理的主旋律，那么社会保障便是其不可或缺的伴奏。需要指出的是，直到精准扶贫战略实施后，扶贫开发才与社会保障在农村贫困治理中形成合奏。在深入推进精准扶贫的过程中，各地以完善的社会保障织就细密的救助网络，充分发挥了底线民生的安全网作用。

在扶贫开发方面，2002年，党的十六大明确要求继续大力推进扶贫开发，巩固扶贫成果，尽快解决尚未脱贫的农村人口的温饱问题，并使他们逐步过上小康生活。党的十八大以来，以习近平同志为核心的党中央高度重视扶贫工作，将扶贫开发纳入"五位一体"总体布局和"四个全面"战略布局，实施精准扶贫基本方略，在"大扶贫"格局之下开展"脱贫攻坚战"，把贫困治理纳入国家治理的战略目标，动员社会各界力量，采用多种方法，充分发挥党的领导及社会主义制度的政治优势和制度优势，实现农村贫困人口的大幅度减少。新时代的中国贫困治理实践不仅丰富了"发展型国家"的内涵，也为后发展国家走出"中等收入陷阱"提供了经验。经过多年的脱贫攻坚，我国贫困治理取得巨大成就，为全面建成小康社会奠定了坚实的基础。国家统计局数据显示，以现行标准衡量，1978年年末，中国农村贫困发生率高达97.5%，农村贫困人口有7.7亿。截至2019年年底，中国贫困发生率降至0.6%。2016—2020年，全国贫困人口每年净减少1000万以上。2020年11月23日，贵州省9个县退出贫困县序列，至此，我国832个贫困县全部实现脱贫摘帽。截至2020年年底，中国所有贫困县全部脱贫摘帽。

在社会保障方面，中国政府不断完善以社会救助制度为核心的城乡社会保障体系。进入21世纪以来，中国政府开始把民生建设作为重要政策议程，推动社会政策进入快速发展的时期。经过多年的努力，中国已经建立起包含社会保险、社会救助、社会福利在内的多层次社会保障体系。在农村，社会保障制度包括医疗保障制度、最低生活保障制度、义务教育制度、农村养老保险制度、危房改造制度及农民就业培训等内容。社会保障作为调节分配和保障居民基本生活的制度安排，也成为我国贫困治理体系的重要组成部分。党的十九大报告进一步提出要统筹城乡社会救助体系，完善最低生活保障制度，从多个层面对困难群众基本生活进行保障；十九届四中全会指出，要坚持和完善统筹城乡的民生保障制度，满足人民日益增长的美好生活需要；十九届五中全会要求，民生福祉达到新水平，实现更加充分、更高质量的就业，居民收入增长和经济增长基本同步，分配结构明显改善，基本公共服务均等化水平明显提高，全民受教育程度不断提升，多层次社会保障体系更加健全，卫生健康体系更加完善，脱贫攻坚成果巩固拓展，乡村振兴战略全面推进。

在中国特色社会保障体系中，面向贫困和低收入阶层的社会救助制度是基础性的制度安排。在社会救助制度中，居民最低生活保障制度作为社会救助制度的核心，是保障贫困群体基本生活需要的最后一道安全网，也是改革开放以来中国政府在贫困治理领域的重大制度创新。农村低保制度是我国现阶段精准扶贫战略中"社会保障兜底一批"的重要内容，在脱贫攻坚工作中发挥着兜底保障、维护社会稳定的功能，是我国贫困治理的重要制度安排。无论是从覆盖人口数量，还是从投入资金总额来看，城乡低保制度都已经成为世界上规模最大的减贫性转移支付项目。特困人员救助供养制度是中国特色社会主义进入新时代后建立起来的社会救助制度，取代了过去分设的城市"三无"人员救助和农村五保供养制度。2014年，国务院颁布《社会救助暂行办法》，将城市"三无"人员救助和农村五保供养制度整合为城乡特困人员救助供养制度。2016年，国务院颁布《关于进一步健全特困人员救助供养制度的意见》，进一步明确了特困人员救助供养制度的实施细则。

到2020年年底，中国的贫困治理，特别是脱贫攻坚战已经取得全面胜利，消灭了绝对贫困人口，已经成为全世界最早实现联合国可持续发展目标中消灭贫困目标的发展中国家。当代中国的贫困治理，以中国共产党为领导，以国家力量为核心，以扶贫开发和社会保障为基本战略，充分体现了科学社会主义的思想本质与制度优势，与受社会民主主义影响的西方国家偏重社会福利制度的治理贫困体系形成了明显的对比。消除贫困、改善民生、实现共同富裕,这是科学社会主义的本质要求;集中资源、举国同心、全民动员、持之以恒,这是科学社会主义的制度优势。西方福利国家虽然重视通过社会政策来缓和社会问题、满足社会需要,但难以在国家主导下发起大规模的、持续的反贫困行动,难以从根本上解决贫困问题,一些国家甚至出现贫困现象日益恶化的趋势,显示出社会民主主义改良本质在贫困治理上的困境。

尽管当代世界遭受贫困问题困扰和折磨的主要是不发达国家,但是指导这些国家贫困治理实践的则主要是基于西方国家经验的反贫困理论与反贫困政策。中国作为全球贫困治理的积极参与者,其贫困治理实践和减贫奇迹必将引起世界范围内对"中国道路"的广泛关注。因此,及时总结中国贫困治理的成功经验,不仅有助于全球贫困治理事业的发展,消除贫困问题,而且有助于深化贫困治理的研究,丰富和创新贫困治理理论,为深陷贫困的发展中国家提供新的贫困治理理论和反贫困政策设计。

广东:中国贫困治理的先行者

作为改革开放的实验场和经济发达地区,广东的扶贫开发和贫困治理在中国的减贫治理中具有独特的地位和意义。广东具有特殊的省情,那就是地区间发展不平衡,差异大,既有位列全国经济最发达地区的珠江三角洲,又有位列全国贫困县序列的东西两翼及山区县。粤东西北地区人均地区生产总值低于全国平均水平,农村农业人口不少,人才储备和技术支撑的缺口较大,新动能培育较慢,文教卫生等公共服务资源配置相对落后。"最富的地方在广东,最穷的地方也在广东"这一说法是对广东地区差异大的一个精确描述。如何在贫困治理过程中解决区域失衡问题是广东减贫治理的重要特色。自21世纪以来,特别是党的十八大以来,广东结合顶层设计与本地实际,在扶贫开发、低保瞄准、特困人员救助供养、相对贫困治理等领域进行了大胆的探索,出台了大量行之有效的政策措施,在实践中走出了一条特色鲜明的贫困治理之路。

在扶贫开发方面,广东较早地通过"双到"(规划到户、责任到人)扶贫方式对扶贫对象的精准施策进行了探索,变"大水漫灌"为"精准滴灌",实现了对传统扶贫开发方式的超越。在社会保障方面,广东不仅提高了低保标准，而且较早地进行了低保目标瞄准机制的创新，以代理家计调查模式超越传统的家计调查模式。与此同时，广东也对特困人员救助供养制度进行了创新。因此，对广东贫困治理的基本经验进行系统的分析，不仅能够凸显广东在贫困治理中的先行一步，也可以为全面理解中国扶贫之路提供一个合理的入口。

在"双到"扶贫实施前的较长一段时期内，与全国其他地区一样，开发式扶贫是广东贫困治理的主导模式，该模式在解决区域整体贫困方面取得了较为显著的成效。不过，开发式扶贫在扶贫对象的指向性上较为宽泛，在一定程度上造成了扶贫资源的浪费。为此，广东通过"双到"扶贫对这个问题给出了自己的解决方案。从实践角度来看，"双到"扶贫率先开启了省级层面对提高扶贫精度的探索。"双到"扶贫方式提高了扶贫资源的利用效率，确保贫困人口能够根据自身的致贫原因得到行之有效的帮扶，从而为精准扶贫阶段广东的贫困治理打下了坚实基础，使广东全省可以提前完成脱贫攻坚任务，并率先部署推进由精准扶贫向乡村振兴的过渡，探索实现脱贫攻坚成果巩固拓展同乡村振兴的有效衔接。

在社会保障贫困治理方面，广东也进行了有前瞻性的探索。作为中国最早在城乡同时建立低保制度的地区之一，广东早在1997年就开始着手建立覆盖城乡的低保制度。经过多年的发展，广东省在城镇和农村低保制度建设上取得了重大成就，低保标准的确定符合广东省经济社会增长的水平和城乡人均支出配比水平，形成了以区县级以上财政支付为主的低保资金供给机制。在低保目标的瞄准方面，作为改革"领头羊"的广东，通过积极的地方政策创新，有效地提高了低保目标瞄准的准确性，并提升了低保制度的治理绩效。低保改革的"广东故事"可以为中国城乡低保制度的完善提供有益的启示。广东省在特困人员救助供养方面也形成了完善、系统的政策体系。在资金投入方面，广东省把特困人员救助供养等保障困难群众基本生活的政策放在财政支出的优先位置，保证政府投入只增不减。在保障水平方面，广东省规定特困人员基本生活标准不低于当地低保标准的1.6倍且不低于当地现行特困人员基本生活标准，并根据当地经济社会发展和物价水平进行调整，呈现不断提升的趋势。不仅如此，广东省还率先建立特困人员照料护理制度，为特困人员，特别是失能半失能特困人员提供探访慰问、生活照料和住院期间的护理。与此同时，广东省还积极推动特困人员供养服务机构公建民营改革，在全国率先推行供养服务机构区域统筹打包改革模式，以县（市、区）为单位，将辖区内所有区域性养老机构、乡镇敬老院等公办特困人员供养服务机构统一打包成一个项目，交给社会资本方管理运营。

综上，我们可以看到，广东省在贫困治理中坚持先行先试，始终走在探索扶贫开发新模式的前列。广东内部区域发展不平衡，在全国层面具有代表性。从珠三角到粤东西北，不同区域如何采取不同的政策举措，区域之间又如何合作脱贫，这些经验都将在全国层面具有可复制性和可推广性。从广东省的贫困治理实践来看，无论是从扶贫"双到"到"精准扶贫"的扶贫历程，还是对相对贫困治理长效机制的探索，抑或是在低保瞄准和特困人员救助供养领域的创新实践，不仅集中体现了中国减贫治理所特有的各项政策手段，而且在贫困治理的探索方面始终走在全国的前列。鉴于广东在贫困治理方面的先行探索及其有效成果，当前亟须以广东的贫困治理经验为载体，发出广东声音，讲好中国故事，坚定道路自信，提升中国在全球贫困治理中的话语权，向全世界共享中国特色的减贫经验。这既是本丛书的写作背景，也是本丛书的立意所在。

本丛书的基本内容与特色

本研究丛书试图以我国贫困治理的两大战略——扶贫开发与社会保障为分析焦点，立足广东，心系中国，综合运用抽样调查、准自然试验、案例研究等多元方法进行深入研究，尝试从宏观与微观、理论与经验维度全面分析广东贫困治理的政策实践。本丛书共五本，分别是《从"'双到'扶贫"到"精准扶贫"——基于广东经验的中国扶贫之路》《精准扶贫战略下城乡低保目标瞄准及执行机制优化：广东经验》《广东省特困人员救助供养制度研究：供给侧改革的创新经验》《解决相对贫困治理的长效机制探索：江门经验》及《贫困认知与贫困治理——基于广东省的调查数据分析》。

《从"'双到'扶贫"到"精准扶贫"——基于广东经验的中国扶贫之路》一书展现了21世纪的广东扶贫之路从扶贫"双到"到"精准扶贫"的发展过程。本书尝试分析从"'双到'扶贫"到"精准扶贫"的演变与衔接，通过解析具体案例，展现广东在扶贫开发中的政策创新和实际效果，总结其成功经验，彰显广东在扶贫治理中先行一步的作为和担当。本书的特色之一是把由广东率先探索的"'双到'扶贫"机制与符合新时期我国国情和广东省情的"精准扶贫"战略结合起来，揭示了中国扶贫治理的若干特点，包括运动式治理、社会政策和经济政策相结合、因地制宜发展特色扶贫产业、精准扶贫与乡村振兴衔接等。

《精准扶贫战略下城乡低保目标瞄准及执行机制优化：广东经验》一书，旨在揭示在精准扶贫的时代主题下，广东如何通过客观、全面的指标体系设计和科学入户核查，创新地设计出多维度代理家计调查方式，形成城乡低保目标瞄准的"广东经验"的过程。本书在回顾国内外贫困治理理论研究成果的基础上，重点对新时代以来广东省低保目标瞄准的改革创新实践、引入准家计模型的识别指标体系、改革前后的瞄准效果对比，以及多维家计大数据对下一步助力乡村振兴的应用前景，进行全面的梳理、测算和分析。城乡低保目标瞄准的"广东经验"，不仅可以有效提升城乡低保对象瞄准的精确度，很大程度上降低"错保"率和"漏保"率，而且可以为2020年之后中国的贫困治理提供一种可复制、可推广的路径。本书特色是资料丰富、内容全面，涵盖了制度理念、组织建设、技术支撑（包括由单一到多维目标测量的低保家庭的科学瞄准与低保家庭精准识别体系）、资金保障、精准施策与监管问责等多个方面。

《广东省特困人员救助供养制度研究：供给侧改革的创新经验》一书，意在总结广东省在特困人员救助供养制度改革方面积累的创新经验。基于对2017—2019年广东省特困人员救助供养制度建设的深入调查和研究，本书探讨了广东省特困人员救助供养制度的建设和发展情况、广东省分散和集中供养特困人员的需求和救助的供给情况、广东省特困人员救助供养制度改革的成效，重点关注广东如何借鉴ROT模式引入社会资本，对特困人员供养服务机构进行公建民营改革，并在此基础上提出了完善广东省特困人员救助供养制度供给侧改革的对策建议。本书特色是运用准自然实验方法，在大量一手资料的基础上，对特困人员的救助供养需要与救助供养制度进行了全面研究，并提出了对制度进行完善的政策建议。

《解决相对贫困治理的长效机制探索：江门经验》试图系统梳理江门

2016—2020年的精准扶贫改革及其成效,对江门建立解决相对贫困治理长效机制的探索进行深度解析。"江门经验"的重要突破在于跳出收入型贫困治理的思路,将其贫困治理范围扩展到支出型贫困。江门改革者通过创新运用代理家计调查方法瞄准相对贫困人口,建立解决相对贫困治理的发展性机制、整体性机制、政策整合机制和内生动力机制等四大长效机制,促进了低保制度和扶贫开发政策两项制度的衔接,实现了城乡扶贫的统一,并对智慧扶贫和乡村振兴产生了积极影响。本书的特色之一是基于案例研究,对地级市的相对贫困问题解决机制建设实践情况进行深度分析。

《贫困认知与贫困治理——基于广东省的调查数据分析》一书尝试把研究范畴从客观贫困治理拓展到主观贫困认知。本书重点梳理了贫困认知的概念内涵和研究概况,回顾了中国贫困认知的现实情境。通过分析广东省2017年度和2018年度人民美好生活的调查数据,对公众的贫困认知现状进行多维测量,以了解公众在贫困程度、扶贫方式、瞄准机制、扶贫成效等方面的态度与看法,并从主观认知的角度评估广东精准扶贫的成效。在中国贫困治理的新时代背景下,对贫困认知生成逻辑的分析与思考,有助于推进相对贫困治理长效机制的建立,也能为2020年之后中国反贫困政策的实践与发展提供深刻的价值启示。本书的一个特色是,推进贫困研究的范式由客观贫困测量向主观贫困认知拓展,贫困研究对象由个体贫困向群体贫困延伸。

本丛书的编写主要依托于中山大学政治与公共事务管理学院和中山大学中国公共管理研究中心的社会保障(社会政策)研究团队的长期科研积累。自2010年以来,社保研究团队一方面承担国家社会科学基金及教育部的纵向研究课题,另一方面与广东省及地级市相关职能部门合作,结合地方社会经济发展需要,开展横向课题研究。这些课题大多与扶贫及社会救助相关。经过多年的努力,团队积累了丰富的研究数据,也对广东省的相关政策过程和政策发展有了更深入系统的理解。研究团队认为,作为经济社会发展的先行区,广东省在减贫治理领域的政策探索和实践成效,对我国的减贫治理具有重要参考价值。因此,研究团队萌生了出版一套有关广东省贫困治理实践和经验的丛书的念头,从精准扶贫和社会救助两大领域,深入探讨和总结广东的经验,讲好贫困治理的"广东故事",为建构贫困治理的中国话语体系提供广东元素。

虽然海外对贫困及其解决机制的理论研究和实践研究均较为丰富，而且随着中国脱贫攻坚战取得最终胜利，国内有关精准扶贫的研究成果也不断增加，但是以丛书形式系统出版的相关成果还不多见，尤其是聚焦一个经济发展重要省份的贫困治理经验的成果更是凤毛麟角。本丛书基于与政府职能部门的合作研究，尝试对贫困治理领域政府行为背后的逻辑、目标及探索过程中遇到的实施执行问题等进行系统、全面的讨论。我们希望本丛书的出版有助于推动对贫困治理广东经验的总结与研究，丰富减贫治理的中国故事和中国经验，为2020年之后中国的贫困治理提供一种可复制、可推广的路径，从而为全球贫困治理理论的发展提供中国方案、中国智慧。

在中国共产党的领导下，中国的贫困治理取得了举世瞩目的重大胜利，它不仅在中华民族的史册上谱写了壮丽的篇章，而且必将成为全球贫困治理前所未有的标杆。中国共产党领导的中国反贫困事业不仅是实现第一个百年奋斗目标的重点工作，而且是增强中国参与全球治理话语权的重要路径。谨以此丛书献给中国共产党百年华诞，也献给所有为消除贫困而不懈奋斗的中国人民。

岳经纶　庄文嘉
2020年12月

目　　录

第一章　导论 / 1
　　第一节　研究背景与研究意义 / 1
　　　　一、研究背景 / 1
　　　　二、研究意义 / 5
　　第二节　核心概念与文献综述 / 7
　　　　一、核心概念 / 7
　　　　二、文献综述 / 9
　　第三节　研究方法 / 19
　　　　一、资料收集方法 / 19
　　　　二、资料分析方法 / 20
　　第四节　本书架构 / 21
　　　　一、章节介绍 / 22
　　　　二、主要观点 / 24
第二章　我国特困人员救助供养制度的发展历程 / 25
　　第一节　城乡特困人员救助供养制度的起源和发展 / 25
　　　　一、改革开放前的城市"三无"人员救助：独立于单位保障制度之外 / 26
　　　　二、改革开放前的农村五保供养制度：农村集体福利事业 / 28
　　第二节　改革开放后城市"三无"人员救助制度的变化 / 29
　　第三节　改革开放后农村五保供养制度的演变 / 33
　　　　一、改革开放初期的农村五保供养制度：集体福利性质维持不变 / 33
　　　　二、21世纪以来的农村五保供养制度：从集体福利到国家救助 / 34
　　第四节　新时代特困人员救助供养制度的内容与特点 / 39

第三章　新时代广东特困人员救助供养制度的发展 / 43

第一节　政策体系建设的不断完善 / 43
一、总体实施方案的制定 / 45
二、相关配套措施的完善 / 48

第二节　资金投入力度的不断加大 / 54
一、广东省财政投入的时间变化趋势 / 55
二、广东省与全国人均财政投入对比 / 56
三、广东省地级市财政投入对比 / 59

第三节　最低生活保障水平的不断提高 / 67
一、特困人员的基本生活标准 / 68
二、特困人员的照料护理标准 / 73

第四章　精准扶贫战略下的广东特困人员救助供养制度改革 / 76

第一节　广东特困人员救助供养制度改革：来自供给侧的经验 / 78
一、广东省特困人员供养机构的运行及其存在的问题 / 80
二、广东省特困人员供养机构公建民营模式的探索 / 83

第二节　特困人员救助供养制度与精准扶贫工作相衔接情况 / 89
一、政策对象衔接：应兜尽兜、应扶尽扶 / 91
二、管理衔接：提高特困人员救助供养水平 / 93
三、数据衔接：建立监测预警机制 / 95

第三节　小结 / 96

第五章　广东省特困人员的服务需求与供给分析 / 98

第一节　数据来源与人口学特征 / 99
一、数据来源 / 99
二、特困人员人口学特征 / 101

第二节　特困人员供养机构改革的呼声日趋高涨 / 108
一、失能、半失能比重高与集中供养率低并存 / 109
二、集中供养特困人员——既有服务对象的评价有待提升 / 110
三、分散供养特困人员——对潜在服务对象的吸纳不力 / 111

第三节　特困人员护理需求的日趋增长 / 112
一、自理能力欠缺，护理需求强烈 / 112

二、家庭结构不完整，代际支持缺乏 / 118
　　三、照料护理服务供给短缺 / 120
　　四、对社会交往关注不足，缺乏精神慰藉 / 122
第四节　分散供养特困人员救助供养的短板 / 126
　　一、基本生活保障尚未实现全覆盖 / 126
　　二、医疗负担问题是特困人员较为关注的事项 / 132
　　三、部分特困人员生活满意度不高 / 133
　　四、总体政策知晓程度不够充分 / 133
第五节　小结 / 134
　　一、以特困人员供养机构改革为突破口，提升集中供养率 / 134
　　二、建立健全特困人员护理制度，满足照料需求 / 135
　　三、补齐分散供养特困人员救助供养短板，实现兜底保障 / 135

第六章　广东特困人员救助供养制度供给侧改革实践：云浮改革的背景 / 137
　第一节　云浮的基本情况介绍 / 137
　　一、经济社会发展水平相对低下 / 138
　　二、未富先老，刚性养老需求大 / 141
　第二节　云浮市公建民营改革的政策契机 / 144
　　一、广东省特困人员供养机构社会化改革的推动 / 144
　　二、云浮市政府对改革的积极回应 / 146
　第三节　云浮市公建民营改革的社会基础 / 146
　　一、老龄化背景下失能、半失能人群的护理需求与供给的失衡 / 147
　　二、政府改革能力的不足与被忽视的社会资本 / 148
　第三节　小结 / 149

第七章　云浮特困人员供养机构公建民营模式：运行机制及成效 / 150
　第一节　云浮特困人员供养机构公建民营模式的运行机制 / 151
　　一、主体及其地位：政府主导下的多元主体参与 / 151
　　二、资源动员：主动搭建衔接政府资源与社会资源的桥梁 / 156
　　三、运作方式：统筹打包、市场化运作 / 160
　　四、归纳与解释：主体、资源、运作方式的多元整合 / 165
　第二节　云浮特困人员供养机构公建民营模式的实践效果 / 166

  一、实现机构转型升级：由供养机构到介入护理型养老服务机构 / 166
  二、解决特困人员护理问题：为生活不能自理者提供护理型照顾 / 167
  三、回应社会养老需求：为社会老年人提供护理型养老公共服务 / 168
  四、创新特困人员救助供养供给模式：操作性强、复制性广的改革新路径 / 169
 第三节 小结 / 171

第八章 广东省特困人员供养机构改革成效评估的准实验设计 / 172
 第一节 公共管理研究中的准实验研究方法 / 172
 第二节 广东省特困人员供养机构改革成效评估的准实验研究设计 / 176
 第三节 广东省特困人员供养机构改革成效的评估指标体系 / 180
  一、评估指标体系构建的背景 / 180
  二、评估指标体系构建的原则 / 181
  三、评估指标体系的设计 / 182

第九章 广东省特困人员供养机构公建民营改革的成效 / 193
 第一节 广东省特困人员供养机构改革的整体成效 / 193
  一、广东省特困人员供养机构综合排名 / 193
  二、特困人员满意度 / 212
 第二节 广东省特困人员供养机构改革成效的多维分析 / 216
  一、管理服务队伍 / 216
  二、硬件设施 / 219
  三、服务质量 / 224
  四、运营管理 / 228
 第三节 基本结论 / 230
  一、统筹打包改革能够推动区域供养机构整体协同发展 / 230
  二、改革精确瞄准失能、半失能老人长期照护需求 / 231
  三、运营方盈利前景开始显现，未来改革健康持续发展将得到充分维护 / 232

第十章 完善广东省特困人员救助供养制度改革的对策建议 / 233
 第一节 完善特困人员瞄准机制，建立健全动态管理和监督机制 / 233
  一、完善特困人员瞄准机制 / 233

二、建立健全特困人员动态管理机制 / 234

三、加强对特困人员待遇落实情况的监督 / 234

第二节　加强特困人员基本生活保障工作 / 235

一、加强特困人员基本生活排查，提升特困人员基本生活水平 / 236

二、进一步加强住房安全排查和危房改造工作 / 238

三、进一步加强医疗救助工作力度 / 239

四、提高失能、半失能特困人员集中供养率 / 241

五、完善特困人员照料护理工作，解决分散特困人员护理问题 / 242

第三节　识别特困人员新需求，拓展救助供养内容 / 244

一、建立健全特困人员法律援助服务 / 244

二、拓宽特困人员教育救助内容 / 245

第四节　继续推进特困人员供养机构改革建设 / 246

一、进一步加强政府监管力度，建立风险防范机制 / 246

二、补齐特困人员供养机构软硬件设施的短板 / 247

三、构建社会运营方竞争格局，促进运营方管理服务品质的提升 / 247

四、进一步明确地方政府职责，合理划分政府和企业的分工 / 248

第五节　加强特困人员救助供养制度和2020年后帮扶工作的衔接 / 248

一、强化特困人员救助供养与2020年后帮扶工作在对象、标准、功能定位上的"合拍" / 249

二、建立健全以特困人员供养机构为载体的扶持低收入人口合力作用新平台 / 249

第十一章　结语 / 251

一、对广东特困人员救助供养制度的展望 / 251

二、解决中国农村老年人照料护理问题的"广东方案" / 252

参考文献 / 256

后记 / 263

第一章 导 论

特困人员救助供养制度,是近年来在党和国家的高度重视下,为保障城乡困难群体的基本生活、教育、医疗、住房等方面的一项重要的社会救助制度,是打赢脱贫攻坚战和决胜全面建成小康社会的有机组成部分。由于特困人员救助供养制度是近年来新成立的,各地仍在不断探索和学习。自2016年特困人员救助供养相关制度颁布以来,作为经济和人口大省,广东省积极贯彻落实,经过4年的探索实践,已取得了初步成效,积累了独特的经验。对此,本书对广东省特困人员救助供养制度实践进行研究和总结,无论在理论还是实践层面上都具有重要的意义。本章详细展现了本书的框架、结构,包括对研究背景及研究意义的分析、核心概念的界定、相关研究主题的回顾、研究方法的使用、章节的主要内容以及对本书主要观点的介绍。

第一节 研究背景与研究意义

一、研究背景

党的十八大以来,以习近平同志为核心的党中央把脱贫攻坚摆在治国理政的突出位置。2015年,中共中央、国务院颁布的《关于打赢脱贫攻坚战的决定》提出,到2020年,稳定实现农村贫困人口不愁吃、不愁穿,义务教育、基本医疗和住房安全有保障,确保我国现行标准下农村贫困人口实现脱贫的目标。2018年,习近平总书记主持会议,审议通过了《关于打赢脱贫攻坚战三年行动的指导意见》，对未来三年的脱贫攻坚战做出了全面部署。党的十九大以来，中国特色社会主义进入新时代，我国社会主要矛盾已经转化为人民日益增长的美好生活需要和不平衡不充分的发展之间的矛盾。在这一背景下，能否打赢脱贫攻坚战，关系到能否决胜全面建成小康社会，关系到能否满足人民美好生活需要。

特困人员无疑是打赢脱贫攻坚战、决胜全面建成小康社会和实现人民美好生活所要重点关注的对象。所谓特困人员，是指无劳动能力，无生活来源，无法定赡养、抚养、扶养义务人或者其法定义务人无履行义务能力的城乡老年人、残疾人以及未满16周岁的未成年人，即人们日常生活中所称呼的"三无"人员或者"五保户"。[①] 特困人员救助供养制度，则是我国政府为特困人员提供基本生活、教育、医疗、住房保障等方面的一项重要的社会救助制度。特困人员救助供养制度的前身是城市"三无"人员救助和农村五保供养制度。

中华人民共和国成立初期，经过多年战争的破坏，经济社会发展面临很多困难，社会上存在着大量的贫困人口，包括失业人员、难民、流民、乞丐、孤儿和贫困老人等。为了妥善解决贫困群体的生活保障、维护社会秩序的问题，我国初步建立了应急性、临时性的社会救助制度。1956年，随着国家对农业、资本主义工商业和手工业进行的社会主义改造的完成，我国经济生产力和社会秩序得到全面恢复和发展，社会救助事业逐渐从应急性向制度化转型，并在城市和农村分别建立起"三无"人员救助和五保供养制度。

在城市，当时绝大多数居民是通过单位获得生活来源的。只有少数人无法依托单位获得固定收入，生活陷入窘迫。针对这些没有单位依托的少数群体，我国建立起了城市"三无"人员救助制度，每月为其发放固定金额的救助金。改革开放后，我国经济体制开始转型，单位制度逐渐瓦解，下岗失业人员替代原有的困难群体成为城市贫困群体的主体。鉴于原有的城市"三无"人员救助制度已经难以适应社会经济发展的需求，最低生活

---

① 参见国务院《关于进一步健全特困人员救助供养制度的意见》（国发〔2016〕14号）。五保主要包括保吃、保穿、保医、保住、保葬（孤儿为保教）。

保障制度（"低保"）应运而生，低保制度将城市"三无"人员救助也纳入其中。城市"三无"人员与低保户一样，享受最低生活保障金、水电燃煤（燃气）费用补贴、医疗救助、教育救助、住房救助等待遇。

在农村，随着农业合作化完成，农村大部分村民通过进入人民公社和生产大队（以下简称"社队"）进行劳动生产，从而获得基本生活来源和各项社会保障。然而，还有部分孤老病残者由于丧失劳动能力而无法通过在社队劳动获得收入。为了使这部分群体的生活得到保障，1956年以来，农村普遍建立起了五保供养制度，保障老、弱、孤、寡、残疾社员的吃、穿、医、住、葬（孤儿为保教）。改革开放后，随着家庭联产承包责任制的推广，人民公社制度逐步瓦解，农村五保供养制度所依赖的物质基础已经难以为继。对此，政府在1994年和2006年分别对农村五保供养制度进行改革，使五保供养工作实现了从传统集体福利向由国家财政供养的现代社会保障制度的历史性转变。

城市"三无"人员和农村五保户实质上都是"三无"人员，即无生活来源、无劳动能力、无法定义务人或其法定义务人无履行义务能力的人员。但是，由于城乡户籍的差异，他们所享受的救助制度在保障内容、保障形式和保障标准等方面均有所不同，造成了城乡分割和行政资源浪费，无法形成政策合力，发挥救助资源效益的最大化。为彻底解决城乡发展不平衡、相关政策不衔接、工作机制不健全、资金渠道不通畅、管理服务不规范等问题①，2014年，国务院颁布的《社会救助暂行办法》将城市"三无"人员救助和农村五保供养制度整合为城乡特困人员救助供养制度。两年后即2016年，国务院颁布《关于进一步健全特困人员救助供养制度的意见》（国发〔2016〕14号），进一步明确了特困人员救助供养制度的实施细则。

自国务院要求建立特困人员救助供养制度以来，广东省积极贯彻落实，于2016年制定了总体实施方案——《广东省人民政府关于进一步健全特困人员救助供养制度的实施意见》（粤府〔2016〕147号），并在特困人员供养服务机构和专项救助方面颁布了多个政策文件，形成了完善的、系统的政策体系。在资金投入方面，广东省把特困人员救助供养等保障困难群众

---

① 参见国务院《关于进一步健全特困人员救助供养制度的意见》（国发〔2016〕14号）。

基本生活的事业放在财政支出的优先位置，保证财政投入只增不减。① 在基本生活保障水平方面，广东省规定特困人员基本生活标准不低于当地最低生活保障标准的1.6倍，且不低于当地现行特困人员基本生活标准，并根据当地经济社会发展和物价水平进行调整，呈现不断提升的趋势。

值得注意的是，广东省的特困人员救助供养实践存在两大亮点：一是特困人员照料护理制度的建设。过去，城市"三无"人员救助和农村五保供养制度仅能解决救助对象的温饱问题，无法满足其更高层次的需求，特别是失能、半失能对象的照料护理问题难以得到解决。对此，广东省于2018年出台了《关于加强特困供养人员护理工作的通知》（粤民规字〔2018〕4号），建立起了特困人员照料护理制度，为特困人员，特别是失能、半失能特困人员提供探访慰问、生活照料和住院期间的护理等服务。二是特困人员供养服务机构公建民营改革。2016年，在中央财经领导小组第十四次会议上，习近平强调，"提高养老院服务质量，关系2亿多老年人口特别是4000多万失能半失能老年人的晚年幸福，也关系他们子女工作生活，是涉及人民生活质量的大事"。目前，全国许多地区特困人员供养服务机构受到缺乏必要的护理设备、缺乏专业的护理队伍、护理费用得不到保障等因素的制约，无法满足失能、半失能特困人员对长期照护的需求，也就难以吸引失能、半失能特困人员入住。在传统的公办公营模式难以为继的情况下，广东省于2017年年初开始进行特困人员供养服务机构PPP模式（Public-Private Partnership）的实践，实行公建民营供给侧改革。为了克服对单个特困人员供养服务机构进行公建民营改革所造成的社会资本方"挑肥拣瘦"的问题，广东省在全国率先推行区域统筹打包模式，以县（市、区）为单位，将辖区内所有区域性养老机构、乡镇敬老院等公办特困人员供养服务机构统一打包成一个项目，交给社会资本方运营管理。②

自广东省开展特困人员救助供养制度建设以来，本书作者团队有幸参与了广东省特困人员救助供养政策的制定和实施效果评估的过程，连续3年

---

① 参见《关于进一步落实困难群众基本生活保障工作责任的通知》（粤府办〔2018〕6号）。
② 参见《广东省民政厅关于进一步落实特困人员供养服务机构公建民营社会化改革的通知》（粤民函〔2017〕1142号）。

进行深入的调研和实地考察,收集了丰富的一手资料。基于这一坚实的基础,本书旨在多方位介绍广东省特困人员救助供养制度的建设和发展情况,展现广东省特困人员服务的需求与供给情况,评估广东省特困人员供养服务机构改革成效,并在最后提出完善广东省特困人员救助供养制度的对策建议。

二、研究意义

(一) 理论意义

特困人员救助供养制度是中国特色社会主义进入新时代后建立起来的社会救助制度,取代了过去分割设置的城市"三无"人员救助和农村五保供养制度。由于特困人员救助供养制度建立的时间较短,目前学界对其制度建设、运行效果等方面的研究基本上处于空白状态。首先,本书是中国首部专门论述特困人员救助供养制度的著作,呈现了广东省特困人员救助供养工作大量的一手资料和数据,对于完善特困人员救助供养制度的相关研究具有重要的意义,能够为日后关于特困人员救助供养制度的基本生活保障、照料护理、机构改革等相关研究提供参考借鉴。

其次,本书就有关养老机构公建民营区域统筹打包改革模式和县域老年照护体系[①]开展研究,弥补了目前学界对特困人员供养服务机构公建民营的研究的不足。关于公办养老机构公建民营改革,既有研究主要从其定义、必要性、发展历程、存在的问题以及对策建议等主题展开,积累了一定的成果。然而,既有研究大多集中于政府将单个养老机构委托社会资本运营管理的模式,对于近年来部分地区兴起的区域统筹打包改革和县域老年照护体系则缺乏研究。此外,既有研究在理论上较为充分地阐述了公建民营改革对于提升公办养老机构运营效果的重要性,但是却较少对实践中公建民营改革的效果进行评估。因此,本书希望对广东省特困人员供养服务机

[①] 唐钧、覃可可:《县域老年照护体系:概念框架与方案设计》,载《江苏社会科学》2020年第3期,第1—11页。

构公建民营统筹打包模式的政策设计和实际成效进行研究，以弥补既有研究的不足。

（二）现实意义

自特困人员救助供养制度改革以来，广东省走在全国前列，在供给侧改革方面，特别是在特困人员长期护理和特困人员供养服务机构公建民营改革方面积累了独特的创新经验。特困人员护理问题是广东省乃至全国许多地区实施特困人员救助供养所面临的最突出、最困难、最迫切的问题。[①]对此，广东省出台了特困人员护理制度相关办法，在特困人员生活自理能力评估认定、服务提供方式、护理资金使用、工作落实监管等关键环节上做了相应设计，形成了完善的、可操作性强的政策体系。特困人员供养服务机构社会化改革是特困人员救助供养救助实践另外一个重要的议题。2015年，民政部颁布《关于在全国开展农村特困人员供养服务机构社会化改革试点工作的通知》，决定在全国各地开展供养服务机构社会化改革试点工作，探索实行"公建民营"和"合建合营"模式。民政部关于社会化改革试点的通知颁布后，广东省政府积极响应，于2016年开始在全省范围内开展特困人员供养服务机构公建民营改革试点。2017年11月，民政部选择在广东省云浮市召开农村特困人员供养服务机构社会化改革座谈会，广东省作为代表之一在会上进行了经验介绍，最后会议代表实地考察了云浮市供养服务机构社会化改革的成效。2018年，由广东省民政厅和本书研究团队共同撰写的《广东省特困人员供养服务机构公建民营社会化改革研究》获得民政政策理论研究三等奖。本书对广东省在特困人员救助供养实践中的经验、做法进行全面、深入、系统的总结与提炼，希望能够为全国各地特困人员救助供养实践提供参考借鉴，为增进人民福祉和实现人民美好生活略尽绵力。

---

① 参见《广东省民政厅关于进一步落实特困人员供养服务机构公建民营社会化改革的通知》（粤民函〔2017〕1142号）。

第二节 核心概念与文献综述

一、核心概念

(一) 特困人员

特困人员是指无劳动能力、无生活来源、无法定赡养抚养扶养义务人或者其法定义务人无履行义务能力的城乡老年人、残疾人以及未满16周岁的未成年人。[1] 特困人员的前身是城市"三无"人员和农村五保户(他们在本质上都是"三无"人员),改革开放以来分别依托于城市最低生活保障制度和农村五保供养制度。考虑到两项制度的分割所带来的弊端,2014年国务院颁布的《社会救助暂行办法》,将城市"三无"人员救助和农村五保供养制度整合为城乡特困人员救助供养制度,城市"三无"人员和农村五保户则改称"特困人员"。

(二) 特困人员供养服务机构

特困人员供养服务机构(简称"特困人员供养机构"或"供养机构")是对特困人员进行集中供养的机构和场所。特困人员分为分散供养人员和集中供养人员。分散供养人员指在家供养,集中供养人员则由特困人员供养机构负责集中供养。特困人员供养机构既包括区域性福利中心、养老机构,又包括一般性乡镇敬老院。特困人员供养机构为特困人员提供日常照料、医疗护理、精神慰藉、休闲娱乐等服务。一些特困人员供养机构在保证该区域特困人员床位数和需求的情况下,也为社会老人提供服务。

---

[1] 《国务院关于进一步健全特困人员救助供养制度的意见》(国发〔2016〕14号)。

(三) 公建民营

狭义的公建民营是指政府负责建设养老机构，建设完成后将其委托给社会力量进行运营管理，是增量改革；而与之相类似的称呼还有"公办民营"，是指政府将已有的机构委托给社会力量进行运营管理，是存量改革。[①] 而广义的公建民营则是狭义的公建民营和公办民营的统称。[②] 公建民营具体的运作类型，包括 Build-Operate-Transfer（直译为建设—经营—转让，简称 BOT）模式、Rehabilitate-Operate-Transfer（即重构—运营—移交，简称 ROT）模式、委托运营和租赁运营等。[③] BOT 模式是指政府在一定期限内将养老机构交给社会运营方，由运营方负责养老机构的设计、建造和运营管理，并在期限满后将资产及相关权力移交政府的模式。ROT 模式则是指政府在一定期限内将其管理运营的公办养老机构交给社会运营方，由运营方负责改造、扩建和运营管理，并在期限满后将资产及相关权力移交政府的模式。委托运营是指政府将养老机构整体或部分委托给运营方进行运营管理并向其收取运营管理费的模式。租赁运营是指政府将养老机构场地及设施租赁给运营方进行运营管理并向其收取租金的模式。

(四) 公建民营区域统筹打包改革

公建民营区域统筹打包是指以县（市、区）为单位，将辖区内所有区域性养老机构、乡镇敬老院等公办特困人员供养机构统一打包成一个项目，交给社会资本方管理运营。[④] 与公建民营区域统筹打包改革相反，公建民营单点改革是指将单独的一所特困人员供养机构交给社会资本方运营管理。

---

① 杨团：《公办民营与民办公助——加速老年人服务机构建设的政策分析》，载《人文杂志》2011 年第 6 期，第 124—135 页；闫青春：《养老机构的"公办民营"与"公建民营"》，载《社会福利》2011 年第 1 期，第 13—15 页。

② 董红亚：《养老机构公建民营：发展、问题及规制》，载《中州学刊》2016 年第 5 期，第 71—76 页。

③ 王雪辉：《养老机构公建民营运作模式探析》，载《行政管理改革》2016 年第 8 期，第 38—43 页；王莉莉：《公办养老机构转制发展现状及对策研究》，载《兰州学刊》2019 年第 2 期，第 192—208 页。

④ 参见《广东省民政厅关于进一步落实特困人员供养服务机构公建民营社会化改革的通知》（粤民函〔2017〕1142 号）。

公建民营单点改革容易造成社会资本方"挑肥拣瘦",只承接地理位置较好、本身基础设施相对完善和社会需求比较高的机构,而其他基础条件一般、地理位置偏僻的敬老院则无人问津。

(五) 特困人员照料护理

特困人员照料护理是指为特困人员提供专业的生活照料、医疗护理、康复训练、住院看护等层次较高的护理服务。受到专业护理人员缺乏、硬件设施落后、财政资金有限等因素的制约,许多地区仅能为特困人员提供吃饭、洗澡、清洁卫生等基础性服务,无法提供层次更高的专业护理。

二、文献综述

(一) 关于特困人员救助供养制度的研究

特困人员救助供养制度是近年来新成立的,学界对该制度的研究仍不够充分。因此,应当把研究焦点放在有关特困人员救助供养制度的前身——城市"三无"人员救助和农村五保供养制度的研究上。然而,目前学界关于城市"三无"人员救助的论述基本空白,而关于农村五保供养制度的研究则较为丰富。基于上述情况,本节聚焦于有关农村五保供养制度的相关研究,研究内容主要集中于制度变迁、保障对象需求、存在的问题与原因,以及对策建议等方面。

1. 制度变迁的研究

在对农村五保供养制度的变迁的研究中,责任主体以及融资主体的变迁是学界主流的划分依据。例如,肖林生以2006年《农村五保供养工作条例》为分水岭,将农村五保供养制度划分为社区救助时期和国家救助时期两个阶段:前者依靠农村基层集体互助力量,后者则以国家财政供养为保障。[①] 吴晓林将农村五保供养制度发展分为集体供养阶段(1956—2001年)

---

① 肖林生:《农村五保供养制度变迁研究:制度嵌入性的视角》,载《东南学术》2009年第3期,第32—41页。

和国家供养阶段（2002年至今）。具体而言，集体供养阶段可细分为农业合作社时期和乡镇统筹时期，国家供养阶段可细分为农业税时期和后农业税时期。①宋士云认为，我国农村五保供养制度主要经历了三种模式的更替：第一种模式是1956年至1978年间以农村集体互助力量为实施和融资主体的集体供养模式，第二种模式是1979年至2001年间以村提留和乡统筹为主要融资渠道的集体供养模式，而第三种模式则是2002年至今以财政供养为主的现代社会救助模式。②

也有另外一些学者提出了不同的划分方式。翟永兴将农村五保供养制度的变迁分为形成、曲折发展和完善三个阶段。形成阶段（1953—1958年）是指中央领导人指出了农村贫困群体生存困难问题，并最终以规范性文件确立了农村五保供养制度。曲折发展阶段是指1958年"大跃进"和三年困难时期使许多公社无法履行五保供养工作，大批敬老院关闭。此后，改革开放初期家庭联产承包责任制的推广使原有的农村五保供养工作的资金来源难以为继，导致供养工作落实不到位。完善阶段则是指随着1994年《农村五保供养工作条例》的实施以及2006年《农村五保供养工作条例》的修订，农村五保供养制度逐渐走向制度化、法制化、规范化。③罗锐等则依据经济体制的变迁，将农村五保供养制度沿革分为三个阶段：第一阶段是1956年至1978年间，即在计划经济体制下农村五保供养制度的创立；第二阶段是1978年至2003年间，即改革开放初期，农村经济体制改革形势下农村五保供养制度融资渠道的变革；第三阶段是2003年至今，即社会主义市场经济体制基本建立后农村五保供养制度的发展与完善。④

2. 保障对象需求的研究

关于保障对象需求，学界普遍认为，五保对象在日常基本生活保障方

---

① 吴晓林：《中国五保养老的制度转型与科学发展》，载《人口与发展》2009年第3期，第92—100页。

② 宋士云：《新中国农村五保供养制度的变迁》，载《当代中国史研究》2007年第1期，第93—128页。

③ 翟永兴：《论我国农村五保供养制度的变迁》，载《中国集体经济》2010年第19期，第191—192页。

④ 罗锐、谢圣远：《论我国农村五保供养制度的完善》，载《社会保障研究》2011年第3期，第107—112页。

面基本能够得到满足；然而，农村五保供养制度没有深入考虑到五保对象中失能、半失能人员的照料护理需求，同时缺乏对五保对象休闲娱乐、社会交往等精神生活需求的关注。因此，近年来，学界对农村五保供养工作从重视物质保障到重视物质和精神保障转变的呼声日益高涨。

汪文新等的研究对比不同供养方式对五保对象的心理健康状况产生的影响。该研究发现，集中供养的五保对象在住房和饮食方面能够得到保障，且能够与社会经济地位相近的人共同生活解闷，每天生活起居有人照顾，无忧无虑，幸福感较高；而分散供养五保对象由于经济来源缺乏、住房条件较差，每日需要为饮食起居忧愁且多数人没有亲友依靠，发生心理障碍的可能性较大。①

苗艳梅基于对四川成都某镇五保对象的访谈，从人际交往、休闲娱乐和社会活动三个方面分析五保对象的精神需求状况。② 研究发现，五保对象普遍缺乏亲情关系，与基层干部关系不佳，且五保对象之间的互助和关怀不足。此外，五保对象在娱乐休闲方面的需求与专家界定的需求也存在一定的差异。专家认为，敬老院应该设置健身器材和阅览室，以满足五保对象的健身和"老有所学"的需要。但在现实中，敬老院的健身器材普遍无人问津，且由于五保对象文化程度普遍不高而进入阅览室读书看报的频率也较低。

张红霞等经过调研发现，敬老院在五保方面（保吃、保住、保穿、保医、保葬）基本到位，但五保对象在照料护理以及在休闲娱乐、人际交往等非物质方面的需求则尚未得到重视和满足。③

肖云和王冰燕经过测算，2011 年，中国大致有 34 万失能五保对象，该类群体由于疾病、残疾和年老等原因部分或完全丧失生活自理能力，普遍长期处于卧床状态，需要他人长期照护，在生活上具有高度的依赖性。失

---

① 汪文新、毛宗福、杨玉茹等：《不同供养环境对农村五保老人心理健康影响》，载《中国公共卫生》2006 年第 4 期，第 395—396 页。
② 苗艳梅：《从物质保障到精神保障——农村五保老人精神需求状况分析》，载《社会福利（理论版）》2012 年第 3 期，第 47—51 页。
③ 张红霞、韩旭峰、陆春丽：《需求视角下农村敬老院"五保"老人供养状况研究——以岔口驿敬老院为例》，载《中国农学通报》2015 年第 13 期，第 284—290 页。

能老人照护通常有家庭、社区和机构照护三种方式，但由于五保对象普遍缺乏法定义务人，加上农村社区养老服务建设不完善，机构照护是最适合失能五保老人的照护方式。然而，由于当前的农村五保供养制度缺乏长期护理的制度安排，使敬老院缺乏专门护理经费、专业设施和人员，无法为失能五保对象提供照护服务。[1]

3. 存在的问题及原因研究

自1994年《农村五保供养工作条例》颁布以来，农村五保供养制度从政策层面上升为法规层面，其被重视程度以及地位得到进一步提升，发展进入了一个崭新的阶段。学界对于这一时期存在的问题及原因的探究颇为丰富。

洪大用等基于对安徽、山东、浙江、黑龙江、广东、湖北、青海、四川、江西9个省的实地调查发现，自《农村五保供养工作条例》颁布以来，虽然农村五保供养工作在一些地区取得成效，但从整体上看存在未能实现应保尽保、实际五保供养标准低于政策规定、五保供养内容落实不到位、实施敬老院集中供养难和地区间工作开展不均衡等问题；而五保对象数量激增、资金来源缺乏保障、五保供养制度调整滞后、农村社区建设不完善、农村集体意识淡化是造成上述问题的主要原因。[2]

贡森等也分析了1994年《农村五保供养工作条例》出台以来农村五保供养工作存在的问题。[3] 该研究基于2003年对山东省基层的调查发现，农村五保供养存在应保未保、供养内容未能落实到位、供养标准未能足额到位、集中供养人数下降和管理监督混乱等问题。造成上述问题的原因，一方面在于《农村五保供养工作条例》法规条文自身存在的缺陷，另一方面则是分税制改革、乡镇企业的衰落、税费改革导致基层组织财政收入下降，以及农村人口流动的加剧等一系列宏观环境的变化。

---

[1] 肖云、王冰燕：《中国五保失能老人长期照护服务的困境与解困》，载《重庆大学学报（社会科学版）》2015年第4期，第103—108页。

[2] 洪大用、房莉杰、邱晓庆：《困境与出路：后集体时代农村五保供养工作研究》，载《中国人民大学学报》2004年第1期，第49—56页。

[3] 贡森、王列军、余宇：《农村五保供养的体制性问题和对策——以山东省为例》，载《江苏社会科学》2004年第3期，第231—236页。

杨团、张时飞对税费改革后的农村五保供养制度存在的问题进行了研究。① 该研究以江西省为例，发现农村分散供养人员面临救助标准低导致住房和医疗问题无法解决，失能、半失能人员日常生活照料被忽视等问题。产生上述问题的原因，是因为当时的五保供养制度组织和融资的主要责任集中于管理能力不足、经费来源缺乏的行政村，使农村五保供养责任难以落实到位。

顾昕和降薇的研究也指出了税费改革后的农村五保供养制度存在的问题。② 该研究指出，税费改革后，农村五保供养制度的筹资依赖于上级政府的转移支付，而当时的各级政府财政分成界定的模糊使农村五保供养制度缺乏明确的资金来源，进而导致中西部地区普遍出现集中供养和分散供养标准均下降的局面。

根据上述研究，自1994年《农村五保供养工作条例》颁布以来，供养内容未能落实、供养标准未能足额发放、对五保对象实施集中供养难度大等是这一时期农村五保供养制度面临的主要问题。学界普遍认为，造成这些问题的根源在于经费不足，而经济制度改革、农村社会结构的变迁等因素则是加剧以上问题产生的导火索。③

2006年，新修订的《农村五保供养工作条例》正式实施，农村五保供养制度由集体福利事业转变为现代社会保障制度。尽管农村五保供养制度筹资层次得到进一步提升，资金来源得到进一步保障，但部分学者的研究也发现了这一时期制度建设所存在的不足和短板。

李春根和赖志杰指出，新时期农村五保供养制度存在供养标准过低、敬老院资金来源不足、一些地区过度追求集中供养率、敬老院管理水平不足等问题。④ 黄岩和戴黍发现，2006年农村五保供养由集体筹资转变为国家财政供养后，一些地区出现了供养标准下降的情况。该研究使用福利机会

---

① 杨团、张时飞：《当前我国农村五保供养制度的困境与出路》，载《江苏社会科学》2004年第3期，第217—223页。
② 顾昕、降薇：《税费改革与农村五保户供养融资体系的制度化》，载《江苏社会科学》2004年第3期，第224—230页。
③ 吴晓林：《中国五保养老保障研究》，中国社会科学出版社2013年版。
④ 李春根、赖志杰：《新时期我国农村五保供养制度存在的问题与完善对策》，载《山东财政学院学报》2008年第2期，第17—20页。

主义陷阱去解释这一现象,即由于财政责任的上移,地方政府的机会主义使地方相应的配套资金没有足额投入。[①] 李瑞德分析了闽北地区五保供养工作的建设情况,发现该地区存在农村五保供养制度未能全面落实五保供养内容、五保对象认定标准难以操作化、地区间供养标准差异大、总体供养标准偏低、基层工作人员责任意识不足、敬老院管理不完善和社会力量参与力度不足等问题。[②]

4. 对策建议

基于农村五保供养制度存在的问题及其原因,众多学者对不同时期的农村五保供养制度的发展道路进行了探讨。

自1994年《农村五保供养工作条例》颁布以来,许多学者对农村五保供养工作存在的问题提供了解决措施。其中,强化政府责任、保障资金来源是学界的共识。顾昕和降薇的研究提出了三种路径:从短期来看,以临时性拨款的方式对财政困难较为明显的地区加强转移支付;从强化五保供养体系制度化的视角来看,适宜建立五保供养补助金制度,即省政府向下级政府发放五保供养专项拨款,中央政府对省级政府的五保供养专项拨款给予一定比例的补助;从长远来看,应当合理划分全国性和地方性公共产品的生产,并据此制定各级政府财政资金支出的合理比例,并将五保供养制度和其他农村救助制度进行接轨,建立一个整合性的农村最低生活保障制度。[③] 杨团、张时飞认为,解决分散供养人员的问题,要明确政府对农村五保供养的法定责任,提升五保供养融资和服务递送的层级,把五保供养工作纳入政府绩效考核范围,合理设置分散供养和集中供养人员的比例。[④] 洪大用等指出,应当修订《农村五保供养工作条例》以强化政府责任,保障五保供养金充足稳定,将五保对象纳入低保制度,建立面向农村五保对

---

① 黄岩、戴黍:《从集体福利到公共财政:五保供养政策范式转变的挑战——以广东东部M市为例》,载《学术研究》2008年第8期,第37—42页。

② 李瑞德:《一项关于农村五保供养制度的实证研究——以闽北地区为例》,载《市场与人口分析》2007年第1期,第63—72页。

③ 顾昕、降薇:《税费改革与农村五保户供养融资体系的制度化》,载《江苏社会科学》2004年第3期,第224—230页。

④ 杨团、张时飞:《当前我国农村五保供养制度的困境与出路》,载《江苏社会科学》2004年第3期,第217—223页。

象的医疗救助制度、健全敬老院建设、完善农村社区建设、加强对社会互助精神的宣传、加大对五保供养工作的监督。[1]

自2006年《农村五保供养工作条例》颁布以来，还有一些学者探讨了新时期农村五保制度发展的方向。李春根和赖志杰基于广西五保村建设的经验，提出新时期的农村五保户制度应当采取强化政府责任、拓宽融资渠道、健全敬老院建设、动员社会力量参与、发展院办经济和提供社会自费养老服务等措施解决存在的问题。[2] 吴晓林认为，应当在保护五保对象权利这一理念的基础上，从政府、社会和个体三个层面为五保对象构建积极有效的社会资本网络。[3] 具体而言，首先，政府应当进一步加强对五保供养工作的重视力度，满足五保对象在物质和其他方面的需求。其次，发动社会力量参与和帮扶，形成对五保供养工作的重要补充。最后，推动社会个体的参与，促进五保对象和社会的交流与融合。黄岩和戴黍指出，为了解决财政责任的上移导致地方政府的机会主义，应当采取建立一个明确、透明的上级政府对市县转移支付的标准、使用社区提名法识别五保对象、建立全省供养标准、规范五保对象待遇的发放方式等措施。[4] 肖云和王冰燕认为，为了解决五保失能老人无法享受照护服务的困境，应该从完善关于五保对象照护服务的立法、把照护服务纳入五保供养职能范围、配置专业照护人员和设施、安排照护服务专项资金、把五保失能老人转移至有条件实施照护服务的敬老院等方面着手。[5] 吴连霞指出，农村五保供养制度与其他社会救助制度存在重复，为了实现城乡社会保障体系的整合，农村五保供养制度应当在不损害受惠群体的基础上逐渐退出历史舞台，而原有的农村

---

[1] 洪大用、房莉杰、邱晓庆：《困境与出路：后集体时代农村五保供养工作研究》，载《中国人民大学学报》2004年第1期，第49—56页。

[2] 李春根、赖志杰：《新时期我国农村五保供养制度存在的问题与完善对策》，载《山东财政学院学报》2008年第2期，第17—20页。

[3] 吴晓林：《中国五保养老保障研究》，中国社会科学出版社2013年版。

[4] 黄岩、戴黍：《从集体福利到公共财政：五保供养政策范式转变的挑战——以广东东部M市为例》，载《学术研究》2008年第8期，第37—42页。

[5] 肖云、王冰燕：《中国五保失能老人长期照护服务的困境与解困》，载《重庆大学学报（社会科学版）》2015年第4期，第103—108页。

五保供养制度的功能可以分配至与其重叠的其他救助项目。①

5. 小结

综上所述,目前学界对于特困人员救助供养制度的前身之一——农村五保供养制度的研究颇为丰富。但由于特困人员救助供养制度成立的时间不长,学界对于该制度的深入研究还不够充分。特困人员救助供养制度相比城市"三无"人员救助制度和农村五保供养制度的创新之处、特困人员救助供养制度的内容与特征、特困人员救助供养制度实施的效果和短板、完善特困人员救助供养制度的措施等内容,皆关系着我国全面小康社会的建成和反贫困事业的发展,是未来一段时间学界需要关注的议题。因此,本书希望基于广东省在此方面的实践这一典型案例,深入探究特困人员救助供养制度的建设情况,以弥补目前的研究空白。

(二) 关于养老机构公建民营的研究

关于养老机构公建民营改革,既有研究主要从其必要性、发展历程、存在的问题以及对策建议等主题展开。

1. 养老机构公建民营改革的必要性

近年来,公办养老机构运营中出现的各种问题和挑战,成为近年来公办养老机构公建民营改革的现实背景。目前,学界研究发现的公办养老机构问题主要可以归纳为两个方面:在运营管理方面,存在床位需求高与床位空置率高并存、运营效率低、资金来源匮乏、服务对象定位存在偏差等问题;在服务递送方面,存在缺乏专业的护理人员,硬件设施落后,只能提供吃饭、洗澡、清洁等基础照料,无法提供专业护理等问题,② 使得很大部分公办养老机构已难以适应目前失能、半失能老人数量不断增长的现实

---

① 吴连霞:《"五保"供养制度的退出路径及策略选择》,载《经济纵横》2014年第8期,第117—120页。

② 何文炯、杨翠迎、刘晓婷:《优化配置 加快发展——浙江省机构养老资源配置状况调查分析》,载《当代社科视野》2008年第1期,第29—33页;冯占联、詹合英、关信平等:《中国城市养老机构的兴起:发展与公平问题》,载《人口与发展》2012年第6期,第16—23页;王莉莉:《中国城市地区机构养老服务业发展分析》,载《人口学刊》2014年第4期,第83—92页;吴玉韶、王莉莉、孔伟等:《中国养老机构发展研究》,载《老龄科学研究》2015年第8期,第13—24页。

需求。在这一背景下,随着近年来国家对于社会力量兴办养老服务的支持,通过社会化改革引入先进的运营管理模式,无论在理论和实践中都已成为推动公办养老机构转型升级和可持续发展的重要措施。①

2. 养老机构公建民营改革的发展历程

结合韩艳、方浩和赵辰光等的研究②,我国养老机构公建民营改革大致可以分为三个阶段:在萌芽探索阶段(2000—2010 年),民政部等部门印发的《关于加快实现社会福利社会化的意见》鼓励社会力量参与社会福利建设,尽管其没有明确提出公建民营的概念,但如湖北等一些地区已经开始探索养老机构公建民营改革。在试点实施阶段(2011—2013 年),"公建民营"的概念首次在政府文件中出现,国办印发的《社会养老服务体系建设规划(2011—2015 年)》开始鼓励有条件的地区实施养老机构公建民营改革,已有十多个省市开始改革试点。在全面推广阶段(2013 年至今),民政部印发的《关于开展公办养老机构改革试点工作的通知》指出,公办养老机构要逐步推行公建民营改革。该政策的出台使养老机构公建民营改革在全国范围内全面铺开。

3. 养老机构公建民营改革存在的问题

在探索养老机构公建民营的过程中容易出现的问题,成为既有研究关注的焦点。目前,养老机构公建民营出现的问题主要可以归纳为:公益性没有得到保障,部分社会运营方没有预留足够的床位给予政府兜底对象;政府没有给予社会运营方足够的扶持,影响养老机构可持续建设与发展;招标过程中出现违规操作,使得真正具备资质的社会运营方难以进入;社会运营方资质的审核存在困难,对于社会运营方的经营实力的判断存在误判和错判;监管和风险防范存在缺陷,对于委托给社会运营方运营管理长

---

① 穆光宗:《我国机构养老发展的困境与对策》,载《华中师范大学学报(人文社会科学版)》2012 年第 2 期,第 31—38 页;李小兰:《我国养老服务公共政策结构的失衡与纠偏》,载《探索》2015 年第 6 期,第 104—109 页;董红亚:《养老机构公建民营:发展、问题及规制》,载《中州学刊》2016 年第 5 期,第 71—76 页。

② 韩艳:《中国养老服务政策的演进路径和发展方向——基于 1949—2014 年国家层面政策文本的研究》,载《东南学术》2015 年第 4 期,第 42—48 页;方浩:《养老机构公建民营:现状、特征及问题》,载《经济与管理研究》2016 年第 5 期,第 90—97 页;赵辰光、杨肖肖:《公建民营养老机构运营模式》,载《中国老年学杂志》2017 年第 22 期,第 5714—5716 页。

达数年或几十年的过程中可能存在的问题和风险没有明确科学的预判、监管和应对措施;国有资产存在流失隐患,其评估和测算缺乏科学的标准和细则,容易被低估;农村地区改革难度较大,其市场潜力不足,使得大多数社会运营方不愿进入。①

4. 完善养老机构公建民营改革的措施

对于养老机构公建民营改革存在的问题,既有研究主要从约束和激励社会运营方两个角度来提出相应的解决措施。从约束社会运营方的角度出发,既有研究提出的措施主要包括:建立科学规范的招投标流程,择优选择社会运营方;建立健全严谨细致的合同制度和履约保证金制度,完善绩效评估和监督机制,防范风险的发生;强化公建民营改革后养老机构的公益属性和兜底职能,明确政府兜底对象的床位比例,规范服务价格,优先保障政府兜底对象的需求;完善国有资产评估和管理工作,防止国有资产流失;严格设定养老机构公建民营的建设、服务标准,以推动养老机构公建民营规范发展。② 而从鼓励社会运营方的角度出发,既有研究认为应当给予运营方合理的扶持和补助,降低社会运营方的运作成本。③

5. 小结

综上所述,既有关于养老机构公建民营的研究已经积累了一定的成果,对我们理解养老机构公建民营改革的含义、发展历程、存在的问题和解决措施等议题具有启发性,但仍存在一定的不足。第一,既有研究在理论上

---

① 于新循:《论我国养老服务业之市场化运行模式及其规范——基于公建民营、民办公助和以房养老等模式的法律分析与探讨》,载《四川师范大学学报(社会科学版)》2010 年第 1 期,第 13—20 页;王莉莉:《公办养老机构转制发展现状及对策研究》,载《兰州学刊》2019 年第 2 期,第 192—208 页;董红亚:《养老机构公建民营:发展、问题及规制》,载《中州学刊》2016 年第 5 期,第 71—76 页。

② 闫青春:《养老机构的"公办民营"与"公建民营"》,载《社会福利》2011 年第 1 期,第 13—15 页;董红亚:《养老机构公建民营:发展、问题及规制》,载《中州学刊》2016 年第 5 期,第 71—76 页;崔树义、田杨:《养老机构发展"瓶颈"及其破解——基于山东省 45 家养老机构的调查》,载《中国人口科学》2017 年第 2 期,第 115—125 页;王莉莉:《公办养老机构转制发展现状及对策研究》,载《兰州学刊》2019 年第 2 期,第 192—208 页。

③ 闫青春:《养老机构的"公办民营"与"公建民营"》,载《社会福利》2011 年第 1 期,第 13—15 页;董红亚:《养老机构公建民营:发展、问题及规制》,载《中州学刊》2016 年第 5 期,第 71—76 页;陈芳芳、杨翠迎:《基于政府职责视角的养老机构公建民营模式研究——以上海市为例》,载《社会保障研究》2019 年第 4 期,第 10—18 页。

较为充分地阐述了公建民营改革对于提升公办养老机构运营效果的重要性，但是却较少地对养老机构公建民营改革的实际效果进行评估。第二，既有关于养老机构公建民营模式的研究大多集中于政府将单个公办养老机构委托社会资本方运营管理的模式，对于近年来部分地区兴起的区域统筹打包改革和县域老年照护体系则缺乏研究。因此，本书希望对广东省特困人员供养机构公建民营统筹打包模式的政策设计和实际成效进行研究，以弥补既有研究的不足。

第三节 研究方法

本书研究团队于2016—2020年间参与了广东省特困人员救助供养制度多个政策文件的起草和特困人员供养机构改革运营成效评估，进行了大量的走访和观察，积累了大量的数据和资料。以充足的数据和资料作为基础，本书将采用定性研究与定量研究相结合的研究范式。具体而言，资料收集方法包括收集相关的二手资料、访谈法、问卷调查法和观察法。资料分析方法则包括案例分析法、描述性分析、准实验研究。

一、资料收集方法

（一）收集相关的二手资料

一是梳理政府政策文件、政府官方网站资料、调研报告、会议记录、学术研究、新闻报道等资料，以分析广东省特困人员救助供养制度的整体建设情况。二是收集各地现有关于敬老院的评估指标体系、政府政策文件及相关学术研究，以为建立广东省特困人员供养机构运营成效评估指标体系提供参考和借鉴。三是收集广东省特困人员供养机构的档案、记录、宣传册等资料，以分析特困人员供养机构的基本特征。

（二）对案例中的关键人物进行深度访谈和问卷调查（访谈法和问卷调查法）

一是对广东省民政厅以及地方民政部门相关负责人进行访谈，以了解广东省特困人员救助供养的建设情况以及当前的不足之处。二是选取部分具有代表性和典型性的特困人员进行访谈和问卷调查，以了解分散和集中供养特困人员的需求、救助服务供给情况以及对救助服务的主观满意度。三是选取部分特困人员供养机构相关管理人员进行访谈，以了解特困人员供养机构的建设情况以及当前的不足之处。

（三）深入观察特困人员的基本生活情况和特困人员供养机构的改革成效（观察法）

一是对部分特困人员的基本生活进行观察，了解其基本生活情况、需求和救助服务供给情况。二是分别对云浮市和肇庆市多家改革和未改革的区域性与乡镇特困人员供养机构进行走访及跟踪调查，深入观察两组特困人员供养机构之间的差异。

二、资料分析方法

（一）对广东省特困人员救助供养制度建设和云浮市特困人员供养机构公建民营改革的案例进行研究（案例分析法）

对广东省特困人员救助供养制度建设的案例进行研究，包括其政策体系、财政资金投入、保障水平、供给侧改革以及与精准扶贫工作衔接等情况。对云浮市特困人员供养机构公建民营改革的案例进行研究，包括分析其改革的背景、模式的运行机制及实践效果。

（二）对特困人员的基本生活情况进行描述性分析

通过入户问卷调查、核对信息系统平台、查阅核对档案台账等方式，收集分散和集中供养特困人员的家庭情况、生活自理能力、健康状况、饮食情况、收入状况、支出状况、居住条件、看病负担状况、救助服务供给状况、机构供养需求、生活满意度等数据，进行描述性分析，以全方面呈现特困人员的基本生活情况。

（三）采用准实验研究方法对特困人员供养机构改革成效进行评估

首先，在遵循国家和广东省法律法规、参考其他省市相关的指标体系并充分征求相关领域专家和主管该领域的相关负责人的意见的基础上，结合广东省实际情况，本书研究团队构建了一套特困人员供养机构评估指标体系和特困人员主观满意度问卷，涉及管理服务队伍、硬件设施、服务质量和运营管理等内容。其次，选择云浮市郁南县、云安区的13家改革的特困人员供养机构作为实验组，选择与郁南县、云安区地理、经济、社会因素高度相似的云浮市云城区、新兴县、罗定市和肇庆市广宁县4个县区的47家未改革的特困人员供养机构作为控制组，依据指标体系对这60家机构进行数据收集、评分。最后，使用仅后测和加入控制组的准实验研究方法[①]将实验组和控制组供养机构的评分与特困人员主观满意度进行比较，并且具体呈现实验组和控制组在管理服务队伍、硬件设施、服务质量与运营管理方面的差异。详细的研究设计详见本书第七章。

第四节 本书架构

本书在习近平新时代中国特色社会主义思想和实现全面小康与人民美好生活的背景下，探讨广东省特困人员救助供养制度的建设与成效。全书共分11章，涉及广东省特困人员救助供养制度的主要方面，既有对政策变迁的梳理，又有对政策发展的展望；既有关于全国性政策的宏观评述，又有关于地方经验的深入剖析；既有对基本概念的辨析，又有对具体制度的

[①] 陈晓萍、沈伟：《组织与管理研究的实证方法》，北京大学出版社2018年版。

评估；既有质性资料的整理，又有量化资料的呈现。具体来说，本书的主要内容包括我国特困人员救助供养制度的变迁、进入新时代以来广东省特困人员救助供养制度的政策实践、广东省特困人员的需求评估、广东省特困人员供养机构"公建民营"模式的实践与成效、完善广东省特困人员救助供养制度改革的对策建议，是一本尝试从宏观与微观、实证与经验维度全面描述广东省特困人员救助供养制度的著作。

一、章节介绍

第一章是全书的导论。首先，对本书的研究问题和研究意义进行了介绍；其次，对本书的核心概念进行界定以及对与本书有关的研究进行回顾；再次，提出本书的研究思路和研究方法；最后，分析了本书的架构和提出了本书的主要观点。

第二章的主题是我国特困人员救助供养制度的发展历程。2014年《社会救助暂行办法》颁布前，我国特困人员救助供养制度的前身为城市"三无"人员救助和农村五保供养制度。因此，本章从三个方面梳理特困人员救助供养制度的演变。首先，对改革开放前城市"三无"人员救助和农村五保供养制度的建立及内容进行了介绍。其次，对改革开放后城市"三无"人员救助和农村五保供养制度的发展进行了梳理。最后，对新时代特困人员救助供养制度的内容与特点进行了剖析。

第三章的主题是新时代广东特困人员救助供养制度的发展，是在整体上对新时代以来广东省特困人员救助供养制度建设情况和成效的总结。本章的分析涉及广东省特困人员救助供养制度建设的三大维度：一是政策体系建设状况，二是财政资金投入力度，三是待遇保障水平。

第四章的主题是精准扶贫战略下的广东特困人员救助供养制度改革。第一部分对精准扶贫战略下的广东特困人员救助供养制度供给侧改革进行介绍。第二部分从保障对象、管理和数据三个维度分析广东特困人员救助供养制度与精准扶贫的衔接情况。

第五章的主题是广东特困人员的服务需求与供给分析，主要介绍2017—2019年期间对广东省各地级市特困人员基本情况调查的研究发现。

本章发现，特困人员供养机构改革呼声日趋高涨、特困人员护理需求日趋增长和分散供养特困人员救助供养短板日渐凸显。以上结论为供养机构改革、建立健全特困人员护理制度和继续补齐分散供养特困人员"短板"提供了研究支持。

第六章的主题是广东特困人员救助供养制度供给侧改革：云浮改革的背景。第一部分介绍了云浮市的基本情况，包括地理条件、人口、经济发展状况等。第二部分阐述了广东特困人员救助供养制度供给侧改革选择在云浮试点的原因，包括政策契机与社会基础两个方面。

第七章的主题是云浮特困人员供养机构公建民营模式：运行机制及成效。本章详细剖析了云浮模式的运行机制，包括实践主体、资源和运作方式。与此同时，分析了云浮模式在实现机构转型升级、解决特困人员护理问题、回应社会养老需求和创新特困人员救助供养的供给模式上所取得的成效。

第八章的主题是广东省特困人员供养机构改革成效评估的准实验设计。为了科学、客观地评估广东省特困人员供养机构改革的成效，本书将采用近年来兴起的准实验研究方法。本章在回顾了准实验研究方法及其在公共管理研究中的应用的基础上，对本次评估广东省特困人员供养机构改革成效的准实验设计进行了阐述，并构建了一套系统的评估指标体系。

第九章的主题是广东省特困人员供养机构公建民营改革的成效。在前一章准实验研究设计的框架下，通过对比实验组和控制组的得分排名及其特困人员主观满意度的差异，以及详细分析实验组和控制组在管理服务队伍、硬件设施、服务质量和运营管理四个维度的建设情况，以展现广东省特困人员供养机构改革的成效。

第十章的主题是完善广东省特困人员救助供养制度改革的对策建议。针对前面各章对广东省特困人员救助供养制度建设的分析所发现的问题，本章结合部分国内外经验，对完善广东省特困人员救助供养制度改革提出对策建议，涉及特困人员认定机制、特困人员基本生活保障、特困人员新需求识别、特困人员供养机构改革、特困人员救助供养与2020年后帮扶工作衔接等方面。

最后部分是结语。首先，在总结广东省特困人员救助供养取得的成效和存在的问题的基础上，对未来制度建设的发展进行展望。其次，对广东省特困人员救助供养工作经验对全国其他省份的适用性和可推广性进行了讨论。

二、主要观点

本书提出的主要观点如下。

(1) 广东省特困人员救助供养制度自建立以来,其政策体系建设不断完善,财政投入力度不断加大,特困人员的待遇保障水平持续得到提升。

(2) 在精准扶贫战略下,特困人员救助供养制度与扶贫开发工作有机衔接,形成有效合力,共同塑造广东省贫困治理体系。

(3) 广东省特困人员服务需求与供给之间的脱节,凸显建立健全特困人员护理制度、推动特困人员供养机构改革和补齐分散特困人员基本生活保障工作短板的重要性。

(4) 在特困人员供养机构改革前,广东省特困人员失能、半失能比重高与集中供养率低并存,供养机构的供养服务能力远不能与特困人员的刚性需求对接。

(5) 广东省特困人员供养机构公建民营统筹打包改革能够推动区域供养机构整体协同发展、精确瞄准失能与半失能老人对长期照护的需求,以及提升机构的可持续发展能力。

(6) 着眼于未来,广东省特困人员救助供养制度需要在完善特困人员的认定机制、建立健全动态管理和监督机制、补齐特困人员基本生活保障工作短板、识别特困人员新需求、继续推进供养机构改革、加强特困人员救助供养制度和2020年后帮扶工作的衔接等方面下更大的功夫。

(7) 广东省特困人员救助供养制度建设,一方面,为广东省决胜全面建成小康社会做出了新贡献;另一方面,也为全国各地深化特困人员救助供养制度改革和解决农村失能与半失能老人照料护理难题提供了具体的、可复制的、操作性强的方案,为实现人民美好生活贡献了"广东范本"。

总的来说,本书的主要内容,如特困人员基本生活保障、特困人员服务需求与供给、特困人员照料护理、特困人员供养机构改革和特困人员救助供养制度与扶贫、帮扶工作衔接等,都是当前我国反贫困治理体系发展需要面临的重要议题,也是未来相当一段时间内需要学术界同仁下大力气进行深入研究的议题。

第二章 我国特困人员救助供养制度的发展历程

特困人员救助供养制度源于中华人民共和国成立后建立的城市"三无"人员救助①和农村五保供养制度。城市"三无"人员救助和农村五保供养制度，经过中华人民共和国成立至改革开放前以及改革开放后 30 余年这两个时期的发展，各自的制度体系建设不断完善，为救助城市和农村困难群众贡献了积极的力量。然而，两个制度的并存，也造成了城乡分割、行政资源浪费等问题。2014 年，国务院出台建立特困人员救助供养制度相关办法，正式将城市"三无"人员救助和农村五保供养制度进行合并。相比城市"三无"人员救助和农村五保供养制度，特困人员救助供养制度体系更加科学合理。本章将首先分别介绍城市"三无"人员救助和农村五保供养制度在这两个时期的发展情况，然后分析新时代特困人员救助供养制度的内容与特点。

第一节 城乡特困人员救助供养制度的起源和发展

中华人民共和国成立之初，我国面临内忧外患的严峻形势：一方面，帝国主义对我国进行封锁孤立，妄图扼杀。另一方面，连年战争的破坏使我国的经济和社会千疮百孔。社会上出现了大量的失业人员、难民、流民、乞丐、孤儿和贫困老人等贫困人口，而新旧制度的交替也产生了大量的旧

---

① 全称为城市"三无"人员救济和福利院供养制度。

制度闲散人员，由于他们失去了旧制度的庇护而沦为贫困群体。与此同时，1949年年底至1952年期间，我国发生了全国性的水灾、旱灾等自然灾害，使大量人员受难，也进一步加重了贫困群体的生活困难程度。[1] 这一类贫困群体对当时的社会秩序的稳定是一个较大的挑战，能否妥善解决贫困群体的生活保障问题，关系到人民政权的巩固。此外，中华人民共和国成立之初，经济基础薄弱，物资极度短缺，财政资金匮乏，难以在短时间内建立制度化的社会救助体系。因此，这一时期我国的社会救助主要是建立在"救急不救穷"的理念之上，带有明显的应急性、临时性、非制度化等特征，且维持在较低的水平。[2]

1953年，我国开始实施"三大改造"任务，即对农业、手工业和资本主义工商业三个行业进行改造，并于1956年年底完成。三大改造的完成，使我国确立了社会主义公有制度，促进了经济生产力和社会秩序的全面恢复与发展。这一时期，有了经济社会发展提供的物质保障，我国社会救助逐渐从应急性向制度化转型，分别在城市与农村建立了"三无"人员救助制度和五保供养制度，呈现明显的城乡二元结构特征。

一、改革开放前的城市"三无"人员救助：独立于单位保障制度之外

在这一时期，考虑到要在较短时间内充分利用有限的资源开展社会主义建设，同时为了实现对城市社会的全方位控制，中国在城市建立起一套经济、政治、社会功能一体化的单位制度。国家通过单位制度将绝大部分城市居民分配和安置于各个单位之中（各种机关、事业单位），并充分保障他们的就业、医疗、生育、子女教育、住房、退休养老等需求。由于单位几乎垄断了所有资源，离开了单位，城市居民将寸步难行，因此，这一时期的城市居民也被称为"单位人"。据研究统计，有90%以上的城市居民的

---

[1] 刘喜堂：《建国60年来我国社会救助发展历程与制度变迁》，载《华中师范大学学报（人文社会科学版）》2010年第4期，第19—26页。

[2] 张浩淼：《中国社会救助70年（1949—2019）：政策范式变迁与新趋势》，载《社会保障评论》2019年第3期，第65—77页。

第二章　我国特困人员救助供养制度的发展历程

社会保障依赖单位。①

然而，城市社会中还存在部分人员，他们无法依托单位获得固定收入，生活陷入窘迫。这类群体一部分是"三无"人员，即无劳动能力、无固定收入和生活来源的孤老病残人员；另一部分人员则被称为"特殊对象"，包括原国民党起义投诚人员、摘帽右派人员、归国华侨、下乡返城知青等。②针对这些没有单位依托的困难人员，国家在单位保障制度之外还建立起城市经常性社会救助体系，由中央人民政府内务部进行管理，形成了城市"三无"人员救助工作的雏形。国家对这些孤老病残人员和特殊对象定期定量发放救助金。③1953年，考虑到全国各地在发放救助金时缺乏统一的标准，内务部按照城市规模对全国各地制定了统一的救助标准。1956年，内务部颁布了《关于调整城市困难户救济标准的通知》，取消了统一的救助标准，并要求各地以保障困难居民基本生活为原则，根据各地的实际情况自行制定标准。④除了发放救助金外，国家还在城市设立社会福利机构，对无家可归、无人依靠的"三无"人员进行集中供养。据统计，1959年，全国共有养老院和福利院379个，收养人员6.5万人；到1964年，全国养老院和福利院已发展至733个，收养人员增长至7.9万人。⑤

"文化大革命"期间，党和国家机关受到了严重冲击，社会秩序遭到严重破坏，包括社会救助在内的各项工作陷入停滞。1969年，主管社会救助工作的内务部被撤销，城市"三无"人员救助工作被视为走资本主义道路而遭到批判和削弱，一些城市停止向城市"三无"人员提供救助。⑥

总的来说，这一时期的城市"三无"人员救助独立于单位制度之外，各地自成体系，待遇标准和保障资金不够明确，保障项目也较为单一。同时其法律地位较低，制度稳定性缺乏，容易遭受外部环境变化的影响。

---

① 郑功成等：《中国社会保障制度变迁与评估》，中国人民大学出版社2002年版，第10页。
② 刘喜堂：《建国60年来我国社会救助发展历程与制度变迁》，载《华中师范大学学报（人文社会科学版）》2010年第4期，第19—26页。
③ 张浩淼：《中国社会救助70年（1949—2019）：政策范式变迁与新趋势》，载《社会保障评论》2019年第3期，第65—77页。
④ 郑功成等：《中国民生70年（1949—2019）》，湖南教育出版社2019年版，第67—68页。
⑤ 崔乃夫：《当代中国的民政（下）》，当代中国出版社1994年版，第186页。
⑥ 于秀丽：《排斥与包容：转型期的城市贫困救助政策》，商务印书馆2009年版，第72—76页。

二、改革开放前的农村五保供养制度：农村集体福利事业

1953年，我国在农村地区开展农业合作化运动，通过劳动农民联合组成农业生产合作社进行生产发展、互助合作，把以生产资料私有制为基础的个体农业经济改造为以生产资料公有制为基础的农业合作经济。1956年，农业合作化运动结束后，我国农村开展了人民公社化运动，农村生产合作社进一步演化成融合农业、工业、商业、教育的人民公社，农村集体主义色彩进一步得到了增强。在这一时期，农村大部分居民通过进入社队进行劳动生产，从而获得收入和各项社会保障。然而，还有部分孤老病残者由于丧失劳动能力而无法通过在社队劳动获得生活资源。

1956年，第一届全国人大第三次会议通过《高级农业合作社示范章程》（以下简称《章程》），标志着农村五保供养制度的正式确立。《章程》明确规定，"农业合作社对于缺乏劳动力或完全丧失劳动力、生活没有依靠的老、弱、孤、寡、残疾社员，在生产上和生活上给予适当安排和照顾，保证他们的吃、穿和柴火的供应，保证年幼的受到教育和年老的死后安葬，使他们生养死葬都有依靠"。由于《章程》规定社队必须保证老、弱、孤、寡、残疾社员的吃、穿、柴火、教育和安葬，因此该项制度便被简称为"五保制度"，享受供养的社员则被称为"五保户"。[①] 在这一时期，五保供养的责任主体为合作社以及不久后成立的人民公社，而救助资金和物资则来源于集体提留的公益金。考虑到无人照料的老年人，各地还大力兴建敬老院，对五保户实行集中供养。1958年，中国共产党第八届中央委员会第六次会议通过的《关于人民公社若干问题的决议》规定，"要办好敬老院，为那些无子女依靠的老年人提供一个较好的生活场所"。据统计，截至1958年年底，全国共兴办敬老院15万所，收养老年人超过300万人。[②]

---

① 郑功成等：《中国民生70年（1949—2019）》，湖南教育出版社2019年版，第68页。
② 宋士云：《新中国农村五保供养制度的变迁》，载《当代中国史研究》2007年第1期，第93—128页。

在这一时期,国家将主要精力放在城市和工业发展上,缺乏足够的资金和资源对农村困难群体进行救助,转而只能依托集体力量对农村困难群体进行救助。因此,这一时期的农村五保户救助实质上是一种集体互助而非国家救助。而这一种救助模式容易受到集体本身的发展以及其他外部因素的影响而变得脆弱。例如,在"大跃进"和三年困难期间,集体力量遭到削弱,依托集体力量的五保供养也因此陷入困境。① 如上所述,截至 1958 年年底,全国共兴办敬老院 15 万所,收养老年人超过 300 万人。到了 1962 年,我国敬老院仅剩 3 万所,在院老年人也仅剩 55 万余人。"文化大革命"期间,受到"左倾"思想的影响,加上农村集体经济水平急剧下降,五保供养工作陷入了停滞的状态。②

第二节 改革开放后城市"三无"人员救助制度的变化

"文革"结束后,党和国家各项工作开始逐步恢复,城市"三无"人员救助工作也重新步入正轨。1978 年 3 月,民政部被批准设立,下设城市社会福利司主管城市社会救助工作。与此同时,各级民政部门也迅速建立专门的机构负责社会救助工作。1979 年 11 月,民政部召开的全国城市社会救助福利工作会议明确将城市社会救助的主要对象范围划定为"三无"人员。③ 除了"三无"人员外,城市社会救助对象还增加了平反释放人员、返城知青等。在这一时期,城市"三无"人员救助方式仍然是以定期、定量救助为主,各地救助标准则根据当地实际财政状况、经济发展水平进行调

---

① 肖林生:《农村五保供养制度变迁研究:制度嵌入性的视角》,载《东南学术》2009 年第 3 期,第 32—41 页。
② 宋士云:《新中国农村五保供养制度的变迁》,载《当代中国史研究》2007 年第 1 期,第 93—128 页。
③ 林闽钢:《我国社会救助体系发展四十年:回顾与前瞻》,载《北京行政学院学报》2018 年第 5 期,第 1—6 页。

整。总体而言，这一时期的城市"三无"人员救助工作虽然得到恢复和发展，但是延续了计划经济时期的社会救助特点，存在救助资金投入不足、救助标准过低、认定程序不合理等问题，未能与救助对象的需求相匹配。[1]

20世纪80年代以来，我国经济体制开始转型，单位制度逐渐瓦解，大量工人因失去单位的依托而被迫下岗失业，这不仅让他们失去了基本收入和生活来源，而且他们与原单位挂钩的各项社会保障和社会福利也被取消，令他们的生活陷入窘迫。在这一时期，新兴的下岗失业工人成为城市贫困群体的主体，且数量逐年递增，彻底改变了城市贫困群体的结构。[2] 据研究统计，这一时期城市贫困群体规模在1500万～3700万人。[3] 在这一形势下，由于保障范围和保障资金的限制，原有的城市社会救助制度已经难以适应社会经济发展的需求，难以满足城市不断增长的新兴贫困群体的需要。[4] 能否妥善解决这些下岗失业工人陷入贫困的问题，关系到社会的和谐稳定与否。

为了解决上述问题，1993年，一项更为完善的城市社会救助制度——最低生活保障制度应运而生，并在全国多地进行试点。该制度通过家计调查，将收入低于最低生活保障标准的家庭纳入救助范围，给予救助金和专项救助。准确来讲，最低生活保障制度既包括原有的"三无"人员，又将国企改革所产生的下岗、失业或转业人员中的贫困人员纳入其保障范围，进行安置。[5] 1999年，国务院颁布《城市居民最低生活保障条例》，标志着城市最低生活保障制度正式成为全国性的救助制度，其法律地位得到进一步提升。城市"三无"人员救助工作被明确地写入该行政法规条文中。

根据《城市居民最低生活保障条例》的规定，城市"三无"人员救助实行地方各级政府负责制，县级以上地方各级政府民政部门具体负责本行政区域内城市"三无"人员救助的管理工作，其保障对象为持有非农业户口，无

---

[1] 兰剑、慈勤英：《中国社会救助政策的演进、突出问题及其反贫困突破路向》，载《云南社会科学》2018年第4期，第32—38页。
[2] 林闽钢：《我国社会救助体系发展四十年：回顾与前瞻》，载《北京行政学院学报》2018年第5期，第1—6页。
[3] 张浩淼：《中国社会救助70年（1949—2019）：政策范式变迁与新趋势》，载《社会保障评论》2019年第3期，第65—77页。
[4] 郑功成等：《中国民生70年（1949—2019）》，湖南教育出版社2019年版，第67—68页。
[5] 《关于在全国建立城市居民最低生活保障制度的通知》（国发〔1997〕29号）。

第二章 我国特困人员救助供养制度的发展历程

生活来源，无劳动能力，无法定赡养人、扶养人或者抚养人的城市居民。被纳入救助范围的对象能够全额享受当地城市居民最低生活保障标准，同时，地方政府还提供了水电燃煤（燃气）费用补贴、医疗救助、教育救助、住房救助等专项救助。在资金方面，地方人民政府将城市"三无"人员救助列入财政预算，纳入社会救济专项资金支出项目，专项管理，专款专用。

2010年，国务院出台了《关于加强孤儿保障工作的意见》，针对"三无"人员中的孤儿，专门建立了孤儿保障制度，为失去父母、查找不到生父母的未满18周岁的未成年人提供基本生活费、医疗康复保障、教育保障、住房保障和就业扶持。具体的认定和救助标准由各地民政部门制定，并安排专项资金。

在城市"三无"人员救助保障人数方面，如图2-1所示，2002—2006年，我国城市"三无"人员救助人数在90万~100万人之间波动。在2007年，我国城市"三无"人员救助人数达到了125.8万人。在2008年之后，随着我国城市社会经济的发展、人民生活水平的提高，我国城市"三无"人员救助人数呈现逐年递减的趋势，由2008年的106.9万人递减至2014年的50万人。

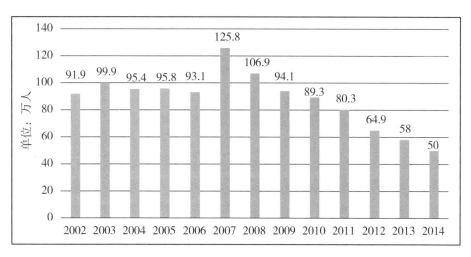

图2-1 2002—2014年我国城市"三无"人员救助人数变化趋势

数据来源：《中国民政统计年鉴2015》。

在保障待遇方面,如图2-2所示,在2003年,我国城市"三无"人员救助金标准为每人每月160元,在2004年小幅下降至每人每月152元。在2005—2006年期间,我国城市"三无"人员救助金标准保持缓慢增长趋势,由2005年的每人每月156元增长至2006年的每人每月169.6元。2007—2014年期间,我国城市"三无"人员救助金标准相比前一时期呈现快速增长的趋势,由182.4元增长至410.5元。

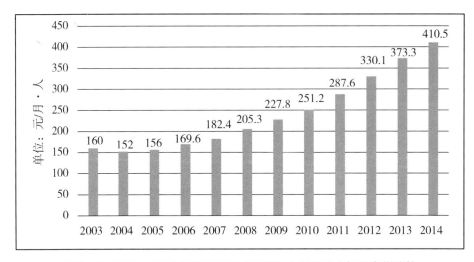

图2-2 2003—2014年我国城市"三无"人员救助金标准变化趋势

数据来源:2003年数据来自《中国民政统计年鉴2004》;2004—2014年数据来自《中国民政统计年鉴2015》。

纵观城市"三无"人员救助制度的发展,改革开放前,城市"三无"人员救助独立于单位制度之外,各地自成体系,待遇标准和保障资金不够明确,保障项目也较为单一,制度稳定性缺乏。而改革开放后的城市"三无"人员救助,被纳入城市最低生活保障制度中,并被写入《城市居民最低生活保障条例》这一行政法规条文中。有了城市最低生活保障制度作为依托,城市"三无"人员救助的法律地位进一步提升,待遇标准更加明确,保障项目更加丰富,救助资金更加有保障。

第三节 改革开放后农村五保供养制度的演变

一、改革开放初期的农村五保供养制度：集体福利性质维持不变

改革开放以来，党和国家各项工作逐步恢复正常，民政部设立，并下设农村社会救济司主管农村社会救助工作。在农村，家庭联产承包责任制替代了传统的工分制，人民公社制度逐步瓦解。在此背景下，集体主义权威的色彩被进一步淡化，集体分配权被削弱，农民自主性大大提升，像改革开放前一样依靠生产队负责实施五保供养的做法已经难以为继。因此，五保供养制度失去了原有的制度基础。在这一时期，资金来源问题成为这一时期继续实施五保供养制度的难题之一。1985年，中共中央、国务院颁布的《关于制止向农民乱派款、乱收费的通知》对五保供养的资金来源进行初步改革："乡和村供养五保户等事业的费用，原则上应当以税收或其他法定的收费办法来解决的做法，在这一制度建立之前，实行收取公共事业统筹费的办法。"在这一规定颁布后，农村五保供养制度逐渐从改革开放前的由人民公社负责实施，以集体公益金为主要资金来源的模式，向由乡镇政府负责实施，以乡镇统筹、村提留为主要资金来源的模式转变，资金来源更加明确和多样化，资金紧张问题得到一定程度的缓解。[①]

1994年，国务院颁布的《农村五保供养工作条例》是我国首部关于五保供养工作的法规，是五保供养工作转向制度化、法制化、规范化的重要标志。该条例对五保供养工作的性质、对象、内容、形式等方面作出了明确的规定。在工作性质方面，该条例规定五保供养属于农村的集体福利事业；在管理机构方面，乡镇政府负责组织管理五保供养工作；在资金来源

---

① 宋士云：《新中国农村五保供养制度的变迁》，载《当代中国史研究》2007年第1期，第93—128页。

方面，农村集体经济组织负责提供五保供养所需的经费和实物，从村提留或者乡统筹费中列支。此外，在有集体经营项目的地方，还可以从集体经营的收入、集体企业上交的利润中列支。1997 年，民政部颁布《农村敬老院管理暂行办法》，进一步对五保户集中供养作出规定。该办法规定，敬老院所的资金来源由乡镇统筹，并通过发展院办经济和吸纳社会捐赠等其他多种方式筹集资金。《农村五保供养工作条例》和《农村敬老院管理暂行办法》颁布以后，全国各地都根据实际情况制定了工作措施和文件，形成了相对完善的农村五保供养制度体系。

在这一时期，尽管中央和各地出台了一系列政策文件，使五保供养制度相比过去更加规范、完善，并且得到更好的落实，但其属于农村集体福利的性质并没有改变，其资金筹集主要来自乡镇，其组织管理则主要依赖乡镇基层组织。

二、21 世纪以来的农村五保供养制度：从集体福利到国家救助

2000 年以来，我国在农村地区实行税费改革，一方面减少了农民的负担和增加了农民的收入，另一方面也给五保供养制度的实施带来了新的问题和挑战。实施税费改革之后，农村取消了乡统筹和村提留并推行"一事一议"筹资筹劳管理制度，五保供养工作的资金来源改从上级转移支付、农业税附加、"一事一议"筹款和村级集体经济收入中支出。然而，实际经验表明，上级转移支付往往不足，且没有明确五保供养金在其中的比例；农业税附加往往难以足额增收，且比原来的乡统筹和村提留要少得多。此外，农业税附加在支付五保供养经费的同时，还要支付村干部的工资和行政经费，有许多地方难以同时满足这三项费用的支出；而"一事一议"筹资筹劳管理制度的推行意味着村内兴办公益事业的资金和人力资源需由村民大会或村民代表大会讨论决定。由于兴办公益事业所需资金关系到村民的切身利益，因此在现实中往往难以通过表决。而在村级集体经济收入方

第二章 我国特困人员救助供养制度的发展历程

面,随着集体经济的转型与衰落,村级集体经济收入大幅削减。[①]

税费改革后,五保供养资金看似来源更加多样化,但实际上筹资难题并未得到解决,甚至有进一步恶化的趋向。2004年以来,农业税的逐步取消,又进一步改变了五保供养的制度环境。

为了适应新的经济社会发展形势,切实保障五保户群体的利益,2006年,国务院对1994年颁布的《农村五保供养工作条例》进行了修订。新修订的《农村五保供养工作条例》的颁布,标志着五保供养工作实现从传统集体福利到以国家财政供养为主、集体保障和社会帮扶为辅的现代社会保障制度的历史性转变。[②] 根据新修订的条例,五保供养的对象为无劳动能力、无生活来源、无法定赡养、抚养、扶养义务人,或者其法定赡养、抚养、扶养义务人无赡养、抚养、扶养能力的农村老年人、残疾人或未满16周岁的儿童;保障内容包括提供基本生活物资和零用钱、住房救助、医疗救助、教育救助和办理丧葬事宜;保障形式包括分散供养和集中供养。相比旧条例,新修订的条例主要有以下改变(见表2-1):

第一,不再将供养工作性质定义为农村集体福利事业。旧条例明确将五保供养工作性质定义为农村集体福利事业,而新修订的条例则取消了这一说法。供养工作的工作性质已由农村集体福利事业转变为现代社会保障制度中的一部分。

第二,供养资金来源实现了从集体筹资到公共财政筹资的转变,相比过去更有保障。传统的五保供养的资金主要来自集体提留公益金以及后来的村提留和乡统筹等。而新修订的条例则明确规定,五保供养资金由地方政府财政支出,中央财政对财政困难地区给予补助。同时,发挥集体保障、土地保障和社会帮扶对政府财政的补充作用。具体而言,在集体保障上,鼓励有条件的地区从集体收入中安排资金补助;在土地保障上,供养对象将

[①] 杨团、张时飞:《当前我国农村五保供养制度的困境与出路》,载《江苏社会科学》2004年第3期,第217—223页;洪大用、房莉杰、邱晓庆:《困境与出路:后集体时代农村五保供养工作研究》,载《中国人民大学学报》2004年第1期,第49—56页;顾昕、降薇:《税费改革与农村五保户供养融资体系的制度化》,载《江苏社会科学》2004年第3期,第224—230页。

[②] 肖林生:《农村五保供养制度变迁研究:制度嵌入性的视角》,载《东南学术》2009年第3期,第32—41页。

表2-1 新旧农村五保供养工作条例比较

	《农村五保供养工作条例》（1994年）	《农村五保供养工作条例》（2006年）
工作性质	农村集体福利事业	现代社会保障制度
资金来源	村提留、乡统筹	地方政府财政预算
供养标准	由乡镇政府制定	由省级或设区的市级或者县级政府制定，并建立自然增长机制
供养机构建设	具备条件的乡镇政府兴办敬老院	各级政府把供养机构建设纳入经济社会发展规划
监督管理	对县级以上地方政府民政部门的监督管理责任作出了规定	对县级以上政府民政部门、乡镇政府、财政部门、审计机关的监督管理责任作出了规定，并建立了向社会公开的监督机制
法律责任	法律责任的认定较为简单	法律责任的认定进一步完善

承包土地交由他人代耕的收益归供养对象本人所有；在社会帮扶上，鼓励社会组织和个人参与供养对象救助。

第三，调整供养标准制定层级，建立供养标准增长机制。旧条例规定供养标准由乡镇政府制定，而新条例则提高了供养制定者的行政级别，规定供养标准可由省级或设区的市级或者县级政府制定。此外，新条例还首次建立起了供养标准增长机制，规定供养标准根据当地村民生活水平进行调整。

第四，进一步提高对供养机构的重视程度。旧条例仅规定具备条件的乡、民族乡、镇人民政府应当兴办敬老院，但没有对人员配备、管理经费等作出规定。而新条例则要求各级政府应当把供养机构建设纳入经济社会发展规划，并明确规定县级、乡镇政府应当为供养机构提供设备、资金和配备工作人员。

第五，进一步加强对监督管理和法律责任的认定。在监督管理方面，旧条例仅对县级以上地方政府民政部门的监督管理责任作出了规定，而新条例不仅对县级以上地方政府民政部门的监督管理责任作出了规定,还对乡镇政府、财政部门、审计机关的监督管理责任作出了规定。此外,新条例还规定了五保供养标准、资金使用情况、申请程序等工作情况向社会公开,建立起了社会监督机制。在法律责任方面,旧条例对法律责任的界定较为简单,仅对工作人员贪污、挪用五保供养款物的情形作出了规定。而新条例则对违规操作五保户审核程序、贪污挪用五保供养款物以及滥用职权、玩忽职守等情形作出了规定,使法律责任的认定进一步完善。

2006年,民政部颁布《关于农村五保供养服务机构建设的指导意见》,要求到"十一五"期末,在农村建成布局合理、设施配套、功能完善、管理规范的五保供养机构网络,对供养机构的建设标准、建设要求、机构管理作出了明确规定。2010年,民政部首次出台了关于农村五保供养机构的规章——《农村五保供养服务机构管理办法》,取代了1997年颁布的《农村敬老院管理暂行办法》,对五保供养机构的规划与建设、服务对象、服务内容、内部管理、工作人员、经费保障和法律责任进行了详细的规定,进一步提升了五保供养机构管理的法律地位,促进了五保供养机构的规范管理,提高了供养服务能力和水平。

2002年至2005年间,我国农村五保供养人数从213.3万人增长至300万人。新条例出台后,2006年,我国农村五保供养人数飙升至503.3万人,并于2010年达到556.3万人的顶峰。2011年以来,随着我国农村社会经济的发展、人民生活水平的提高,我国农村五保供养人数呈现逐年递减的趋势,由2011年的551万人递减至2014年的529.1万人。(见图2-3)

在保障待遇方面,如图2-4所示,在2006年,我国农村五保集中供养对象的救助标准要高于分散供养对象,集中供养对象的救助标准为每年每人1608.2元,分散供养对象的救助标准为每年每人1224.5元,两者每年每人相差383.7元。在2006—2014年期间,集中供养对象和分散供养对象的救助标准呈现逐年递增的趋势,且集中供养对象与分散供养对象的救助标准的差距在不断拉大。2014年,集中供养对象的救助标准增长至每年每人5371.3元,分散供养对象的救助标准增长至每年每人4005.9元,两者相差1365.4元。

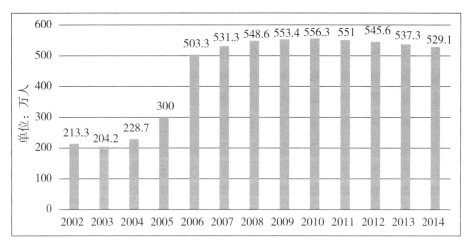

图2-3 2002—2014年我国农村五保供养人数变化趋势

数据来源：2002—2003年数据来源于《2002年民政事业发展统计公报》和《2003年民政事业发展统计公报》；2004—2014年数据来源于《中国民政统计年鉴2015》。

图2-4 2006—2014年我国农村五保供养标准变化趋势

数据来源：《中国民政统计年鉴2015》。

第四节 新时代特困人员救助供养制度的内容与特点

截至2013年年底，全国共有城市"三无"人员58万人，农村五保537.2万人。[①] 本质上，城市"三无"人员和农村五保户都是"三无"人员，即无生活来源、无劳动能力、无法定义务人或其法定义务人无履行义务能力的人，但是由于城乡户籍的差异，所享受的救助制度在保障内容、保障形式和保障标准上均有所不同，造成了城乡分割。在保障内容上，城市"三无"人员和农村五保户都能享受基本生活、医疗、教育、住房方面的救济。在此之外，农村五保户还能享受殡葬待遇，而城市"三无"人员救助在此方面则没有明确的规定。在保障标准上，截至2013年年底，城市"三无"人员救助月标准为373.3元/人，而农村五保户集中供养月平均标准为390.4元/人，分散供养月平均标准为291.5元/人。[②] 在保障资金上，城市"三无"人员救助和农村五保供养都分别有不同的资金安排渠道。

这种城乡分割对实际工作造成了一些问题。首先，城市"三无"人员和农村五保户享受不同的待遇标准和内容，造成了城乡发展不平衡和潜在的社会不公平。其次，两项制度的分割也进一步增加了行政成本，造成了不必要的行政资源浪费，降低了工作效率。此外，两项制度也分别与城乡低保、养老服务补贴、孤儿基本生活保障、困难残疾人生活补贴和重度残疾人护理补贴等政策存在衔接问题，导致保障对象重复享受政策帮扶。而两项制度自身也存在工作机制不健全、资金渠道不通畅、管理服务不规范等问题。

对此，一些地方鉴于"三无"人员救助的城乡分割带来的问题，开启了改革探索的尝试。2008年，西安市参照农村五保供养制度，出台了《城镇"三无"人员保障暂行办法》，城镇"三无"人员可选择享受分散供养或

---

① 参见《中国民政统计年鉴2014》。
② 参见《中国民政统计年鉴2014》。

进入该市敬老院集中供养；同时，对城镇"三无"人员救助和农村五保供养保障标准逐步进行调整和衔接；在国家建立特困人员救助供养制度前，西安市的城镇"三无"人员救助和农村五保供养已实现供养方式、供养标准、供养内容的统一。①

为彻底解决城乡发展不平衡、相关政策不衔接、工作机制不健全、资金渠道不通畅、管理服务不规范等问题，② 2014年，国务院颁布的《社会救助暂行办法》将城市"三无"人员救助和农村五保供养制度整合为特困人员救助供养制度，为建立健全特困人员救助供养制度搭建了基本的框架。2016年2月，国务院颁布的《关于进一步健全特困人员救助供养制度的意见》（以下简称《意见》）制定了特困人员救助供养制度的实施细则。《意见》以解决城乡特困人员突出困难、满足城乡特困人员基本需求为目标，对保障对象、保障内容、保障方式、申请流程、审批程序、保障措施作出了全面部署，旨在建立起城乡统筹、政策衔接、运行规范、与经济社会发展水平相适应的特困人员救助供养制度。2016年10月，民政部正式发布《特困人员认定办法》，重点对特困人员认定原则、认定条件、认定程序、特困人员生活自理能力评估标准作出了具体规定，进一步提升了制度的可操作性。

其中，在保障对象方面，特困人员救助供养制度贯彻了城乡统筹的发展理念。相比原来的城市"三无"人员救助和农村五保供养制度，在特困人员救助供养制度下，城乡特困人员，能够公平地享受同等的保障待遇，不再存在城乡差异。

在保障内容方面，特困人员救助供养制度比城市"三无"人员救助和农村五保供养制度更加全面。其主要的亮点是考虑了失能、半失能的保障对象，增加了对生活不能自理人员的照料护理，包括日常生活、住院期间的必要照料等基本服务，而城市"三无"人员救助和农村五保供养制度没有这一项保障内容。

---

① 雷耀、许娓：《特困人员供养："三无"人员救助的城乡融合》，载《中国社会报》2014年4月2日第001版。

② 参见《关于进一步健全特困人员求助供养制度的意见》（国发〔2016〕14号）。

第二章 我国特困人员救助供养制度的发展历程

在保障形式方面，沿用了城市"三无"人员救助和农村五保供养制度的保障形式，即分散供养和集中供养。在充分尊重特困人员的意愿的前提下，鼓励生活能够自理的人员在家分散供养，优先为失能、半失能人员提供集中供养服务。

在保障标准方面，特困人员救助供养制度保障标准的制定与城市"三无"人员救助和农村五保供养制度存在差异。直辖市、设区的市的城市"三无"人员救助保障标准由市政府民政部门牵头制定，县（县级市）的城市"三无"人员救助保障标准由县（县级市）政府民政部门牵头制定，农村五保供养制度保障标准的制定者为省级或设区的市级或者县级政府，而特困人员救助供养制度保障标准的制定者为省级政府或者设区的市级政府。

此外，相比城市"三无"人员救助和农村五保供养制度，特困人员救助供养制度提升了制度之间的衔接性，形成了制度之间的合力。特困人员救助供养制度对其与养老、医疗、孤儿、残疾人等相关的其他救助、福利制度衔接作出了具体规定，厘清了制度边界，防止了福利叠加，提升了保障的合力，而城市"三无"人员救助和农村五保供养制度在这方面则没有作出规定，容易造成福利叠加和行政资源浪费。具体而言，特困人员救助供养制度规定，特困人员可同时享受城乡居民基本养老保险、基本医疗保险等社会保险和高龄津贴等社会福利待遇。特困人员不重复享受低保待遇，特困残疾人不重复享受困难残疾人生活补贴和重度残疾人护理补贴。而纳入孤儿基本生活保障范围的人员则不再适用特困人员救助供养政策。

值得一提的是，在供养机构建设方面，相比农村五保供养制度下单一的公办公营模式，特困人员救助供养制度考虑到了目前供养机构资金不足、专业护理人员和设施设备缺乏、服务内容单一、服务质量低下等问题，鼓励运用政府和社会资本合作（PPP）模式，采取公建民营、民办公助等多种方式实施供养机构建设，以弥补政府财政和能力的不足，为特困人员提供专业化、个性化服务。表2-2为特困人员救助供养制度与城市"三无"人员救助制度和农村五保供养制度的比较。

表2-2 特困人员救助供养制度与城市"三无"人员救助制度和农村五保供养制度的比较

	特困人员救助供养制度	城市"三无"人员救助制度	农村五保供养制度
保障对象	城乡无劳动能力，无生活来源，无法定赡养、抚养、扶养义务人或者其法定义务人无履行义务能力的城乡老年人、残疾人以及未满16周岁的未成年人	持有非农业户口，无生活来源，无劳动能力，无法定赡养、扶养或者抚养义务人的城市居民	无劳动能力，无生活来源，无法定赡养、抚养、扶养义务人，或者其法定义务人无履行义务能力的农村老年人、残疾人或者未满16周岁的未成年人
保障内容	提供基本生活条件、照料护理、医疗、教育、住房、丧葬	基本生活支出、医疗、教育、住房	保吃、保穿、保住、保医、保葬、保教
保障标准	由省级政府或者设区的市级政府制定	直辖市、设区的市由市政府民政部门牵头制定；县（县级市）由县（县级市）政府民政部门牵头制定	由省级或设区的市级或者县级政府制定
保障形式	分散供养和集中供养	分散供养和集中供养	分散供养和集中供养
制度衔接	与城乡居民基本养老保险、基本医疗保障、最低生活保障、孤儿基本生活保障、社会福利等制度进行有效衔接	—	—

第三章　新时代广东特困人员
救助供养制度的发展

自2016年国务院颁布进一步健全特困人员救助供养制度的意见以来，广东省积极贯彻落实，制定了广东省特困人员救助供养制度的实施方案，出台了多项配套措施，不断提升资金投入力度，并将特困人员供养工作纳入每年省政府"十件民生实事"。整体而言，广东省特困人员救助供养制度在政策体系建设、资金投入力度和保障水平等方面取得了积极的成效。

第一节　政策体系建设的不断完善

自国务院颁布进一步健全特困人员救助供养制度的意见以来，广东省积极贯彻落实，按照广东省的实际情况，围绕建立特困人员救助供养制度颁布了多个政策文件，既包括总体实施方案，又包括特困人员供养机构、特困人员护理制度和其他配套措施的建设方案，使特困人员救助供养制度体系建设不断完善，特困人员救助供养工作的地位不断提升。（见表3-1）

表3-1　广东省围绕特困人员救助供养制度出台的政策文件

类别	出台时间	文件名称
总体实施方案	2016年12月	《广东省人民政府关于进一步健全特困人员救助供养制度的实施意见》（粤府〔2016〕147号）

续表 3-1

类别		出台时间	文件名称
配套措施	特困人员供养机构	2016 年 5 月	《广东省民政厅关于印发广东省特困人员供养服务机构公建民营社会化改革实施方案的通知》（粤发〔2016〕77 号）
		2017 年 5 月	《广东省民政厅关于进一步落实特困人员供养服务机构公建民营社会化改革的通知》（粤民函〔2017〕1142 号）
		2019 年 10 月	《农村特困人员供养服务机构运营规范》（广东省地方标准 DB44/T 2200—2019）
		2019 年 11 月	《广东省人民政府办公厅关于印发广东省加快推进养老服务发展若干措施的通知》（粤府办〔2019〕23 号）
	特困人员护理制度	2018 年 8 月	《广东省民政厅关于加强特困供养人员护理工作的通知》（粤民规字〔2018〕4 号）
		2019 年 3 月	《广东省民政厅关于做好特困供养人员照料护理工作有关事项的通知》（粤民函〔2019〕451 号）
	其他专项救助	2016 年 12 月	《广东省民政厅等六部门关于广东省困难群众医疗救助的暂行办法》（粤民发〔2016〕184 号）
		2018 年 2 月	《广东省人民政府办公厅关于进一步落实困难群众基本生活保障工作责任的通知》（粤府办〔2018〕6 号）
		2018 年 9 月	《广东省民政厅广东省财政厅关于加强困境儿童基本生活保障的通知》（粤民发〔2018〕141 号）
		2020 年 2 月	《关于做好 2020 年特困供养人员基本生活保障工作的通知》（粤民函〔2020〕95 号）

第三章　新时代广东特困人员救助供养制度的发展

一、总体实施方案的制定

按照国务院关于建立特困人员救助供养制度的要求，广东省于 2016 年 12 月颁布了《广东省人民政府关于进一步健全特困人员救助供养制度的实施意见》（粤府〔2016〕147 号，以下简称《意见》）。《意见》制定了广东省特困人员救助供养制度的总体实施方案，对特困人员救助供养制度的总体要求、保障内容、保障标准和保障措施等作出了详细规定。

在保障内容方面，《意见》规定救助供养内容包括提供基本生活条件，对生活不能自理者提供照料护理、疾病治疗、住房救助、提供教育救助和办理丧葬事宜。具体而言，提供基本生活条件是指为特困人员提供粮油、副食品、生活用燃料、服装、被褥等日常生活用品和零用钱；特困人员基本生活标准不低于当地最低生活保障标准的 1.6 倍，且不低于当地现行的特困人员基本生活标准。对生活不能自理者提供照料护理是指通过政府购买服务或采取发放服务券（代金券、代金卡）等形式对失能、半失能人员提供日常生活照料和住院期间的照料。照料护理的标准参照当地的日常生活照料、住院护理水平制定。提供疾病治疗包括资助特困人员参加城乡居民基本医疗保险的个人缴费部分，为特困人员购买商业保险以及全额资助经基本医疗保险、大病保险及各类补充医疗保险、商业保险等报销后个人负担的合规医疗费用。提供住房救助是指对住房困难的特困人员配租公共租赁住房、发放住房租赁补贴和提供危房改造。提供教育救助是指对在义务教育、高中教育（含中等职业教育）、普通高等教育阶段就学的特困人员给予教育救助。办理丧葬事宜是指由特困人员供养机构办理或乡镇政府（街道办）委托村（居）民委员会或者亲属办理特困人员死亡后的丧葬事宜，殡葬基本服务费和其他必要丧葬费用由政府承担，其他必要丧葬费标准为特困人员 6 个月基本生活供养标准。（见表 3-2）

表3-2 广东省特困人员救助供养制度的保障内容

保障内容	详情
提供基本生活条件	为特困人员提供粮油、副食品、生活用燃料、服装、被褥等日常生活用品和零用钱
提供照料护理	通过政府购买服务或采取发放服务券（代金券、代金卡）等形式对失能、半失能人员提供日常生活照料和住院期间的照料
提供疾病治疗	资助特困人员参加城乡居民基本医疗保险的个人缴费部分，为特困人员购买商业保险以及全额资助经基本医疗保险、大病保险及各类补充医疗保险、商业保险等报销后个人负担的合规医疗费用
提供住房救助	对住房困难的特困人员配租公共租赁住房、发放住房租赁补贴和提供危房改造
提供教育救助	对在义务教育、高中教育（含中等职业教育）、普通高等教育阶段就学的特困人员给予教育救助
办理丧葬事宜	由特困人员供养机构办理或乡镇政府（街道办）委托村（居）民委员会或者亲属办理特困人员死亡后的丧葬事宜，殡葬费用由政府承担

在保障形式方面，具备生活自理能力的特困人员可以选择在家分散供养，由乡镇政府（街道办）委托其亲友或村（居）民委员会、社会工作服务机构等提供日常看护、生活照料、住院陪护、社区日间照料等服务；而生活不能自理的特困人员可以选择到就近的供养机构进行集中供养；未满16周岁的特困人员则安置到儿童福利机构。对于特困人员供养机构，《意见》规定，医护及服务人员总数与生活能自理的特困人员数量的比例不低于1/10，与生活不能自理的特困人员数量的比例不低于1/3，有条件的特困人员供养机构应设立医务室、护理站以及配备专业社会工作者。

在保障措施方面，《意见》提出了五点要求。第一，要求各地人民政府和民政、卫健、人社等有关部门把特困人员救助供养工作列入重要议事日程，尽快建立和完善特困人员救助供养制度。第二，加强特困人员救助供

第三章　新时代广东特困人员救助供养制度的发展

养制度与养老、医疗、孤儿、残疾人等相关的其他救助、福利制度衔接，提升制度之间的合力。第三，要求各地人民政府把特困人员救助供养所需资金列入财政预算，省财政对财政困难地区给予补助。第四，鼓励社会组织、社会工作服务机构、企事业单位、志愿者等社会力量参与特困人员救助供养制度建设。第五，要求各地对特困人员救助供养制度的建设情况进行重点监督。

《意见》出台后，广东省各地积极响应，建立了特困人员救助供养制度。其中，广州、深圳、东莞、佛山、中山、云浮、珠海还专门以市政府或市民政局的名义出台了当地特困人员救助供养制度的总体实施方案，进一步提升特困人员救助供养工作的地位。（见表3-3）

表3-3　广东省各地特困人员救助供养制度的总体实施方案

区域	出台时间	出台单位	文件名称
广州	2018年8月	民政局	《广州市民政局关于进一步规范广州市特困人员救助供养管理工作的通知》（穗民规字〔2018〕10号）
深圳	2018年1月	市政府	《深圳市特困人员供养实施办法的通知》（深府办规〔2018〕3号）
东莞	2018年1月	市政府	《东莞市特困人员救助供养办法》（东府〔2018〕16号）
佛山	2018年12月	民政局	《佛山市特困人员供养工作实施办法》（佛民保〔2018〕17号）
中山	2019年10月	市政府	《中山市特困人员救助供养暂行办法》（中府〔2019〕105号）
云浮	2017年6月	市政府	《云浮市人民政府关于进一步健全特困人员救助供养制度的实施意见》（云府〔2017〕19号）
珠海	2017年9月	市政府	《珠海市特困人员救助供养制度实施方案》（珠府办〔2017〕14号）

二、相关配套措施的完善

特困人员救助供养总体方案颁布后，广东省又陆续出台了多项配套措施，使特困人员救助供养制度体系更加完善。在配套措施当中，特困人员供养机构公建民营改革和特困人员护理制度是其中的两大核心。

（一）特困人员供养机构公建民营改革

自 2015 年民政部提出供养机构探索实行公建民营模式以来，广东省积极贯彻落实，针对广东省的实际情况出台了 4 项关于公建民营的政策文件。2016 年 5 月，广东省民政厅发布了特困人员供养机构公建民营改革的总体实施方案——《关于印发广东省特困人员供养服务机构公建民营社会化改革实施方案的通知》（粤发〔2016〕77 号）。总体实施方案对公建民营改革的总体目标、具体任务、工作步骤、实施方式、保障措施作出了详细的规定，力求通过试点阶段（2016 年）、实施改革阶段（2017 年）和经验推广阶段（2018 年），使全省供养机构实现公建民营比例超过 30%，升级改造供养床位总数达到 5 万张，生活不能自理特困人员集中供养率达到 60%。2017 年 5 月，广东省民政厅发布《广东省民政厅关于进一步落实特困人员供养服务机构公建民营社会化改革的通知》，进一步明确了公建民营的改革目标和强化改革措施，以加快推进公建民营改革。

为了进一步规范特困人员供养机构的运营管理，2019 年 10 月，广东省市场监督管理局发布了《农村特困人员供养服务机构运营规范》（广东省地方标准 DB44/T 2200—2019，以下简称《规范》），建立起了广东农村特困人员供养机构管理运营的省级地方标准。《规范》明确了农村特困人员供养机构的总则、建设要求、运营管理、服务管理和服务评价与改进等内容，为农村特困人员供养机构的管理运营提供了政策指引和基本遵循，有利于促进供养机构管理服务水平，确保特困人员以及社会老人在供养机构获得优质的服务。

在机构定义上，《规范》明确，供养机构是为农村特困人员提供住宿、生活照料、膳食、康复护理、医疗保健、精神慰藉、文化娱乐等服务的综合性服务机构。在机构性质和服务对象上，供养机构的职能是托底保障，优先为失能、半失能特困人员提供供养服务，在满足特困人员需求的前提下，可以为社会失能、失智、高龄老人提供养老服务。在建设规模方面，区域性供养机构应服务两个以上乡镇，粤东、粤西、粤北地区的区域性供养机构应不少于 200 张床位，珠三角地区的区域性供养机构应不少于 300 张床位，一般性供养机构应提供不少于 40 张床位，所有机构的护理型床位占总床位数的比例不少于 30%。在人员管理方面，服务人员与生活自理服务对象的比例不低于 1/10，与半失能服务对象的比例不低于 1/6，与失能服务对象的比例不低于 1/3，且区域性供养机构的管理团队至少有 1 名具有中级以上卫生技术职称。此外，《规范》还对生活照料、环境清洁卫生、医疗护理、康复护理、居家照护等具体服务作出了详细的规定，并要求供养机构每年开展一次自我检查和服务满意测评。

2019 年 12 月，广东省人民政府办公厅发布了《关于印发广东省加快推进养老服务发展若干措施的通知》（粤府办〔2019〕23 号），针对供养机构的设施设备和安全管理等问题实施三年改造提升工程，对偏、远、小的乡镇敬老院，采取关、停、并、转的形式进行资源整合，对环境设施、地理位置较好的进行改造升级，确保 2022 年年底每个县（市、区）至少建有 1 间三星级以上标准、以专业照护失能与半失能特困人员为主的县级供养服务设施（敬老院）。

（二）特困人员护理制度

习近平新时代中国特色社会主义思想，党的十九大，十九届二中、三中全会精神和习近平总书记重要讲话精神揭示，要坚持在发展中保障和改善民生，在发展中补齐民生短板、促进社会公平正义，营造共建共治共享的社会治理格局，使困难群众在共建共享发展中有更多获得感。过去一段时间里，尽管城市"三无"人员救助和农村五保供养制度在保障"三无"人员的温饱上取得了一定成效，但是却无法进一步满足"三无"人员，特别是生活不能自理的"三无"人员在生活照料、医疗护理、住院陪护、精神慰藉等方面的需求，救助水平偏低。大部分农村敬老院仅能解决"三无"人员居无定所和吃饭问题，无法提供更高层次的照料护理服务。随着我国经济社会的发展，这一问题已成为当前特困人员救助供养面临的最突出、最困难、最迫切的问题和我国兜底保障工作短板，是影响全面建设小康社会的绊脚石。

为了补齐这一救助的短板，2018年广东省民政厅发布了《关于加强特困供养人员护理工作的通知》（粤民规字〔2018〕4号），提出逐步建立特困人员护理制度，提升特困人员供养机构的护理和服务水平。2019年3月，广东省民政厅发布《关于做好特困供养人员照料护理工作有关事项的通知》（粤民函〔2019〕451号），要求各地民政局进一步加强对《关于加强特困供养人员护理工作的通知》（粤民规字〔2018〕4号）的贯彻落实，加强特困人员照料护理制度建设，把握特困人员照料护理工作的重点任务。广东省特困人员护理制度主要包括两大核心内容。

1. 健全特困人员照料护理服务

特困人员护理制度的对象包括所有特困人员，具体分为全自理特困人员、半失能特困人员和失能特困人员。（见表3-4）

表3-4 广东省特困人员照料护理服务

护理对象	护理内容	护理标准	护理提供方式
全自理	日常看护、住院期间的护理	月人均护理标准按照不低于当地最低工资标准的2%	由特困人员供养机构提供，或通过政府购买服务的方式委托其他专业机构、亲友（配偶、子女除外）、村（居）委会、邻舍等提供
半失能	生活照料、住院期间的护理	月人均护理标准按照不低于当地最低工资标准的30%	
失能	生活照料、住院期间的护理	月人均护理标准按照不低于当地最低工资标准的60%	

特困人员自理能力和护理标准，由县级民政部门在乡镇政府（街道办）、村（居）委会的协助下每年确定一次。有条件的地方可以委托养老、医疗、卫生机构等第三方专业机构进行评估。县级民政部门在接到乡镇政府（街道办）的报告后组织复核评估，并将特困人员名单、拟享受护理档次及标准，通过乡镇政府（街道办）在其户籍所在地的村（居）委会进行公示。

2. 提升公办特困人员供养机构的护理水平

特困人员供养机构是特困人员护理服务的供给主体，特困人员供养机构护理能力的高低关系到特困人员护理服务能否顺利实施。广东省特困人员护理制度的出台，再次强调了特困人员供养机构改革的重要性，对提升公办特困人员供养机构护理能力作出了规定。该制度规定，第一，要盘活政府供养机构闲置床位，在优先满足失能、半失能特困人员服务需求的同时，积极盘活机构内闲置床位，将闲置床位全部向社会失能、半失能以及高龄老人开放，利用从社会老人收取的资金，聘请专业护理人员和改善硬软件设施，进而提升特困人员供养机构的整体护理水平。第二，深入推进特困人员供养机构的公建民营供给侧改革。对护理资金不足、缺乏专业护理服务团队的地区，鼓励其探索实践特困人员供养机构的公建民营改革，运用PPP模式在融资、建设、运营等方面引入社会资本参与，弥补传统公办特困人员供养机构护理能力的不足。

为了保障特困人员护理制度的实施，广东省提出了六大措施：第一，严格落实各地级以上市、县（市、区）、乡镇政府（街道办）的责任；第二，促进特困人员护理和残疾人护理补贴、养老护理补贴等各类护理补贴制度的有效衔接，避免福利叠加；第三，落实特困人员护理资金保障，可从困难群众救助补助资金中支出；第四，要求各地定期对特困人员护理资金管理使用情况进行检查、公开、绩效评估，建立定期巡查制度；第五，将特困人员护理工作纳入信息系统，对特困人员生活自理能力情况实行动态管理；第六，加大对特困人员护理制度的宣传。

《关于加强特困供养人员护理工作的通知》（粤民规字〔2018〕4号）出台后，全省21个地级市积极响应，结合自身实际情况，专门出台了特困人员护理工作的实施方案、细则和待遇标准。（见表3-5）

表3-5 广东省各地特困人员照料护理工作实施方案

区域	出台时间	文件名称
广州	2019年	《广州市民政局关于进一步加强散居特困人员照料护理工作实施方案》（穗民〔2019〕295号）
深圳	2018年	《深圳市民政局关于印发特困人员照料护理供养金标准的通知》（深民规〔2018〕3号）
珠海	2018年	《珠海市特困供养人员照料护理工作实施办法》（珠民〔2018〕313号）
佛山	2019年	《佛山市民政局关于印发佛山市特困供养人员照料护理工作实施办法的通知》（佛民保〔2019〕21号）
东莞	2019年	《东莞市特困供养人员护理工作实施方案》
中山	2018年	《中山市民政局关于制定特困人员护理标准的通知》（中民救字〔2018〕43号）
惠州	2019年	《惠州市民政局关于进一步做好特困供养人员照料护理工作的通知》（惠民办发〔2019〕171号）
肇庆	2018年	《肇庆市特困供养人员照料护理工作实施办法》（肇民〔2018〕103号）
江门	2019年	《江门市民政局 江门市财政局关于特困人员照料护理工作实施办法》（江民〔2019〕151号）
汕尾	2018年	《汕尾市人民政府关于公布2018年全市特困供养人员护理标准的通知》（汕府函〔2018〕420号）
茂名	2018年	《茂名市特困供养人员护理工作实施办法》（茂民规〔2018〕2号）
湛江	2018年	《湛江市特困供养人员护理工作实施细则》（湛民〔2018〕257号）
阳江	2020年	《阳江市特困供养人员照料护理工作实施办法》（阳民规〔2020〕3号）
梅州	2019年	《梅州市特困供养人员照料护理实施办法》（梅市民字〔2019〕33号）

续表 3-5

区域	出台时间	文件名称
韶关	2018 年	《韶关市人民政府办公室关于韶关市 2018 年特困供养人员最低月人均护理标准的通知》（韶府办〔2018〕64 号）
河源	2018 年	《河源市人民政府办公室关于公布我市特困供养人员护理标准的通知》（河府办〔2018〕46 号）
清远	2019 年	《清远市特困供养人员照料护理工作实施办法》（清民〔2019〕9 号）
潮州	2018 年	《关于加强我市特困供养人员护理工作的通知》（潮民发〔2018〕58 号）
湛江	2018 年	《湛江市民政局关于印发〈湛江市特困供养人员护理工作实施细则〉的通知》（湛民〔2018〕257 号）
揭阳	2018 年	《揭阳市民政局关于特困供养人员护理标准的通知》（揭民〔2018〕123 号）
云浮	2018 年	《云浮市民政局 云浮市财政局转发广东省民政厅关于加强特困供养人员护理工作的通知》（云民发〔2018〕96 号）

（三）其他相关配套措施

2016 年 12 月，广东省民政厅联合发改委、财政厅等六部门颁布了《关于广东省困难群众医疗救助的暂行办法》（粤民发〔2016〕184 号，以下简称《医疗办法》），专门对特困人员等困难群众的医疗救助制定了实施细则。《医疗办法》明确，特困人员可以获得参保资助、门诊救助和住院救助。其中，参保资助是指对特困人员参加城乡居民基本医疗保险的个人缴费部分给予全额资助。门诊救助是指将因患慢性病需要长期服药或者患重特大疾病需要长期门诊治疗的特困人员纳入门诊救助范围，采取单病种付费等方式开展救助。住院救助是指对特困人员经基本医疗保险、大病保险及各类补充医疗保险、商业保险等报销后个人负担的住院费用给予资助。在资助额度方面，《医疗办法》明确，对特困人员经基本医疗保险、大病保险及各类补充医疗保险、商业保险报销后的门诊和住院费用给予 100% 资助。

为进一步确保特困人员救助供养工作的责任落实到位，2018年2月，广东省政府出台的《关于进一步落实困难群众基本生活保障工作责任的通知》（粤府办〔2018〕6号）是在2017年8月建立的省困难群众基本生活保障工作联席会议制度的基础上，对省民政厅、省教育厅、省人社厅等26个困难群众基本生活保障工作联席会议成员单位的职责分工进行了明确，并进一步对地级以上市政府、县级政府、乡镇政府（街道办）的工作职责和工作责任落实的督查监管进行了规定。

2018年9月，广东省民政厅联合财政厅颁布了《关于加强困境儿童基本生活保障的通知》（粤民发〔2018〕141号，以下简称《困境儿童通知》），进一步厘清了孤儿基本生活救助、特困人员救助供养、低保、残疾人救助在困境儿童救助上的关系，提升了制度之间的合力。《困境儿童通知》明确，将失去父母或找不到父母的未成年人纳入孤儿基本生活保障范围，将自身困境儿童、家庭困境儿童根据实际情况分别纳入最低生活保障、特困人员救助供养和临时救助范围，并为符合条件的残疾儿童发放困难残疾人生活补贴和重度残疾人护理补贴。

2020年2月，广东省民政厅颁布《关于做好2020年特困供养人员基本生活保障工作的通知》（粤民函〔2019〕451号），要求各地按照不低于低保标准的1.6倍及时提高2020年的特困人员基本生活标准，同时摸清城乡特困人员底数，主动把符合条件的困难群众纳入特困人员救助范围。

第二节 资金投入力度的不断加大

2018年，广东省人民政府办公厅发布的《关于进一步落实困难群众基本生活保障工作责任的通知》（粤府办〔2018〕6号）规定，要把特困人员救助供养等保障困难群众基本生活的工作放在财政投入的优先位置，确保政府投入只增不减。自广东省特困人员救助供养制度建立以来，资金投入力度不断加大，财政投入呈现不断增长的趋势。

第三章 新时代广东特困人员救助供养制度的发展

一、广东省财政投入的时间变化趋势

(一) 广东省城乡特困人员救助供养财政投入

2017年以来,广东省城乡特困人员救助供养财政投入呈现不断增长的趋势。2017年,广东省城乡特困人员救助供养财政投入总额为213053.8万元,2018年增长至234208.8万元,2019年则进一步增长至260058万元。(见图3-1)

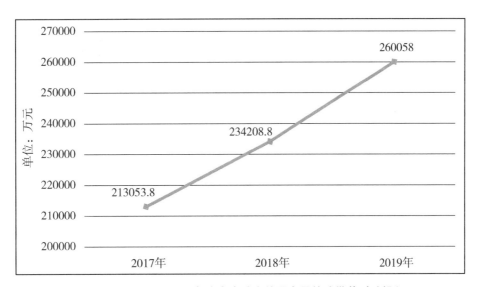

图3-1 2017—2019年广东省城乡特困人员救助供养财政投入

资料来源:广东省民政厅官网《广东社会服务业统计季报(2017年第四季度)》《广东社会服务业统计季报(2018年第四季度)》《广东社会服务业统计季报(2019年12月)》。

(二) 广东省城市特困人员救助供养财政投入

与城乡特困人员救助供养财政总投入相同,城市地区的特困人员救助供养财政投入力度也呈现不断加大的趋势。2017年,城市特困人员救助供养财政投入为7428.4万元,2018年增长至10329万元。2019年,城市特困

人员救助供养财政投入增长至23839.1万元，实现了较大幅度的增长，增长率达到131%。（见图3-2）

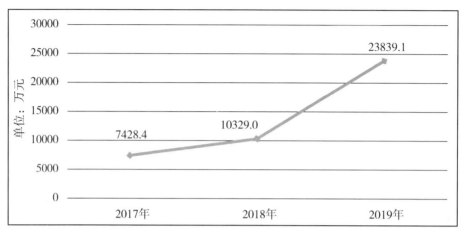

图3-2　2017—2019年广东省城市特困人员救助供养财政投入

资料来源：广东省民政厅官网《广东社会服务业统计季报（2017年第四季度）》《广东社会服务业统计季报（2018年第四季度）》《广东社会服务业统计季报（2019年12月）》。

（三）广东省农村特困人员救助供养财政投入

农村地区的特困人员救助供养财政投入力度也呈现不断加大的趋势。2017年，农村特困人员救助供养财政投入为205625.4万元，2018年增长至223879.8万元，2019年则进一步增长至236218.9万元。（见图3-3）

二、广东省与全国人均财政投入对比[①]

（一）城乡特困人员救助供养人均财政投入对比

与全国和经济发达地区相比，广东省城乡特困人员救助供养人均财政投入位于前列。如图3-4所示，2017年，广东城乡特困人员救助供养人均

---

① 这里的"人均财政投入"=该年的特困人员救助供养财政支出/该年的特困人员人数。

第三章 新时代广东特困人员救助供养制度的发展

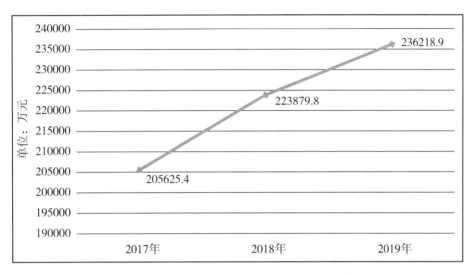

图 3-3 2017—2019 年广东省农村特困人员救助供养财政投入

资料来源：广东省民政厅官网《广东社会服务业统计季报（2017年第四季度）》《广东社会服务业统计季报（2018年第四季度）》《广东社会服务业统计季报（2019年12月）》。

财政投入均高于全国、浙江和江苏。具体而言，2017年广东城乡特困人员救助供养人均财政投入为0.92万元，全国为0.59万元，浙江为0.88万元，江苏为0.71万元。2018年，广东城乡特困人员救助供养人均财政投入高于全国、江苏，低于浙江。具体而言，2018年广东城乡特困人员救助供养人均财政投入为1.02万元，全国为0.70万元，浙江为1.15万元，江苏为0.86万元。

（二）城市特困人员救助供养人均财政投入对比

与全国和经济发达地区相比，广东省城市特困人员救助供养人均财政投入位于前列。如图3-5所示，2017年，广东城市特困人员救助供养人均财政投入均高于全国、浙江和江苏。具体而言，2017年广东城市特困人员救助供养人均财政投入为1.48万元，全国为0.83万元，浙江为0.62万元，江苏为0.56万元。2018年，广东城市特困人员救助供养人均财政投入均高于全国、浙江和江苏。具体而言，2018年广东城市特困人员救助供养人均财政投入为1.19万元，全国为1.06万元，浙江为1.11万元，江苏为1万元。

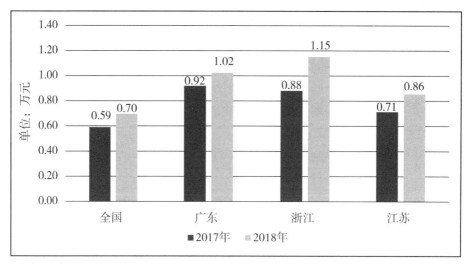

图3-4　2017—2018年广东省与全国城乡特困人员救助供养人均财政投入比较

资料来源：广东省民政厅官网《广东社会服务业统计季报（2017年第四季度）》《广东社会服务业统计季报（2018年第四季度）》，民政部《2017年民政事业发展统计公报》《2018年民政事业发展统计公报》，浙江和江苏的数据通过依申请公开渠道获得。

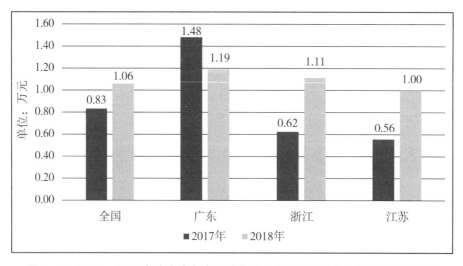

图3-5　2017—2018年广东省与全国城市特困人员救助供养人均财政投入比较

资料来源：广东省民政厅官网《广东社会服务业统计季报（2017年第四季度）》《广东社会服务业统计季报（2018年第四季度）》，民政部《2017年民政事业发展统计公报》《2018年民政事业发展统计公报》，浙江和江苏的数据通过依申请公开渠道获得。

（三）农村特困人员救助供养人均财政投入对比

与全国和经济发达地区相比，广东省农村特困人员救助供养人均财政投入位于前列。如图3-6所示，2017年，广东农村特困人员救助供养人均财政投入均高于全国、浙江和江苏。具体而言，2017年广东农村特困人员救助供养人均财政投入为0.91万元，全国为0.58万元，浙江为0.90万元，江苏为0.72万元。2018年，广东农村特困人员救助供养人均财政投入高于全国、江苏，低于浙江。具体而言，2018年广东农村特困人员救助供养人均财政投入为1.02万元，全国为0.67万元，浙江为1.15万元，江苏为0.85万元。

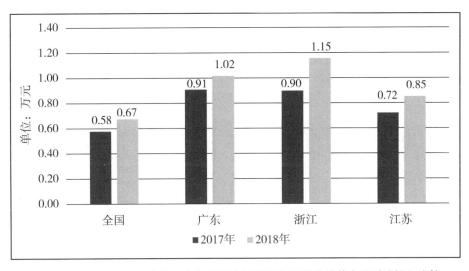

图3-6 2017—2018年广东省与全国农村特困人员救助供养人均财政投入比较

资料来源：广东省民政厅官网《广东社会服务业统计季报（2017年第四季度）》《广东社会服务业统计季报（2018年第四季度）》，民政部《2017年民政事业发展统计公报》《2018年民政事业发展统计公报》，浙江和江苏的数据通过依申请公开渠道获得。

三、广东省地级市财政投入对比

由于经济发展水平和城乡特困人员数量不一，广东省各地级市间特困人员救助供养的财政投入也有所差异。以下将对广东省各地级市间的城乡特困人员救助供养人均财政投入、城市特困人员救助供养人均财政投入和农村特困人员救助供养人均财政投入进行比较分析。

（一）城乡特困人员救助供养人均财政投入

2017—2019年期间，珠海、汕头、韶关、河源、梅州、惠州、中山、江门、阳江、湛江、茂名、肇庆、清远、潮州、揭阳、云浮16个市的城乡特困人员救助供养人均财政投入呈现上升的趋势。（见图3-7、表3-6）

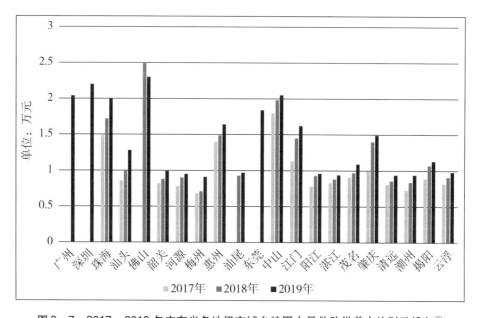

图3-7 2017—2019年广东省各地级市城乡特困人员救助供养人均财政投入①

资料来源：广东省民政厅官网《广东社会服务业统计季报（2017年第四季度）》《广东社会服务业统计季报（2018年第四季度）》《广东社会服务业统计季报（2019年12月）》。

---

① 2016年12月31日广东省颁布《关于进一步健全特困人员救助供养制度的实施意见》后，各地级市城乡特困人员供养制度推进的时间不一，统计口径不一致，统计数据不完整，相关数据存在缺失，导致某些城市在2017年和2018年的数据值偏低，难以反映实际情况，2019年及之后的数据值比较完整准确。

第三章 新时代广东特困人员救助供养制度的发展

表3-6　2017—2019年广东省各地级市城乡特困人员救助供养人均财政投入①

单位：万元

地级市	2017年	2018年	2019年
全省平均（不含省本级）	0.98	1.19	1.39
广州市	—	—	2.04
深圳市	—	—	2.20
珠海市	1.50	1.72	2.00
汕头市	0.86	0.99	1.28
佛山市	—	2.49	2.30
韶关市	0.82	0.88	0.99
河源市	0.78	0.90	0.95
梅州市	0.68	0.71	0.91
惠州市	1.40	1.49	1.64
汕尾市	—	0.93	0.97
东莞市	—	—	1.84
中山市	1.80	1.98	2.05
江门市	1.13	1.45	1.62
阳江市	0.78	0.93	0.96
湛江市	0.83	0.88	0.94
茂名市	0.91	0.97	1.09
肇庆市	0.99	1.40	1.49
清远市	0.81	0.86	0.94
潮州市	0.73	0.84	0.94
揭阳市	0.89	1.07	1.13
云浮市	0.82	0.91	0.98

资料来源：广东省民政厅官网《广东社会服务业统计季报（2017年第四季度）》《广东社会服务业统计季报（2018年第四季度）》《广东社会服务业统计季报（2019年12月）》。

① 各地级市城乡特困人员供养制度推进的时间不一，统计口径不一致，统计数据不完整，相关数据存在缺失，导致某些城市在2017年和2018年的数据值偏低，难以反映实际情况，2019年及之后的数据值比较完整准确。

2017年，全省城乡特困人员救助供养人均财政投入最高的城市为中山，达到每名特困人员1.80万元/年；投入最低的城市为梅州，为每名特困人员0.68万元/年。其中，珠海、惠州、中山、江门、肇庆高于全省平均水平，汕头、韶关、河源、梅州、阳江、湛江、茂名、清远、潮州、揭阳、云浮低于全省平均水平。

2018年，全省城乡特困人员救助供养人均财政投入最高的城市为佛山，达到每名特困人员2.49万元/年；投入最低的城市为梅州，为每名特困人员0.71万元/年。其中，珠海、佛山、惠州、中山、江门、肇庆高于全省平均水平，汕头、韶关、河源、梅州、汕尾、阳江、湛江、茂名、清远、潮州、揭阳、云浮低于全省平均水平。

2019年，全省城乡特困人员救助供养人均财政投入最高的城市为佛山，达到每名特困人员2.30万元/年；投入最低的城市为梅州，为每名特困人员0.91万元/年。其中，广州、深圳、珠海、佛山、惠州、东莞、中山、江门、肇庆高于全省平均水平，汕头、韶关、河源、梅州、汕尾、阳江、湛江、茂名、清远、潮州、揭阳、云浮低于全省平均水平。

（二）城市特困人员救助供养人均财政投入

在城市特困人员救助供养人均财政投入方面，2017—2019年期间，珠海、汕头、佛山、韶关、惠州、梅州、汕尾、中山、江门、阳江、茂名、肇庆、清远、潮州、揭阳15个城市的城市特困人员救助供养人均财政投入呈现上升的趋势。（见图3-8、表3-7）

2017年，全省城市特困人员救助供养人均财政投入最高的城市为惠州市，达到每名特困人员1.64万元/年；投入最低的城市为潮州市，为每名特困人员0.02万元/年。其中，韶关、河源、惠州、中山、江门、湛江、云浮市高于全省平均水平，珠海、汕头、梅州、阳江、茂名、肇庆、清远、潮州、揭阳低于全省平均水平。[①]

2018年，全省城市特困人员救助供养人均财政投入最高的城市为佛山

---

① 由于各地特困人员救助供养制度建立的时间不统一，统计口径不一致，统计数据不完整，导致部分城市2018年的相关数据值偏低，难以反映实际情况。

市,达到每名特困人员 2.48 万元/年;投入最低的城市为珠海市,为每名特困人员 0.11 万元/年。其中,佛山、惠州、中山、江门、阳江、湛江、肇庆、揭阳高于全省平均水平,珠海、汕头、韶关、河源、梅州、汕尾、茂名、清远、潮州、云浮低于全省平均水平。①

2019 年,全省城市特困人员救助供养人均财政投入最高的城市为佛山市,达到每名特困人员 2.55 万元/年;投入最低的城市为湛江市,为每名特困人员 1.11 万元/年。其中,广州、深圳、珠海、佛山、惠州、东莞、中山、江门高于全省平均水平,汕头、韶关、河源、梅州、汕尾、阳江、湛江、茂名、肇庆、清远、潮州、揭阳、云浮低于全省平均水平。

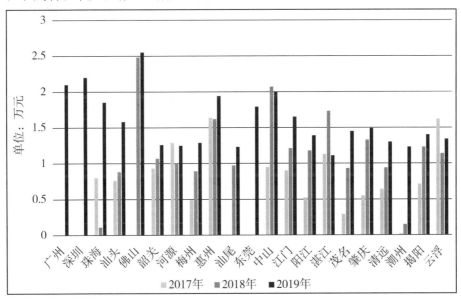

图 3-8　2017—2019 年广东省各地级市城市特困人员救助供养人均财政投入②

资料来源:广东省民政厅官网《广东社会服务业统计季报(2017 年第四季度)》《广东社会服务业统计季报(2018 年第四季度)》《广东社会服务业统计季报(2019 年 12 月)》。

---

① 由于各地特困人员救助供养制度建立的时间不统一,统计口径不一致,统计数据不完整,导致部分城市 2018 年的相关数据值偏低,难以反映实际情况。

② 2016 年 12 月 31 日广东省颁布《关于进一步健全特困人员救助供养制度的实施意见》后,各地级市城乡特困人员供养制度推进的时间不一,统计口径不一致,统计数据不完整,相关数据存在缺失,导致某些城市在 2017 年和 2018 年的数据值偏低,难以反映实际情况,2019 年及之后的数据值比较完整准确。

表 3-7　2017—2019 年广东省各地级市城市特困人员救助供养人均财政投入①

单位：万元

地级市	2017 年	2018 年	2019 年
全省平均（不含省本级）	0.83	1.16	1.59
广州市	—	—	2.10
深圳市	—	—	2.20
珠海市	0.80	0.11	1.85
汕头市	0.76	0.88	1.58
佛山市	—	2.48	2.55
韶关市	0.93	1.07	1.26
河源市	1.29	1.00	1.25
梅州市	0.49	0.89	1.29
惠州市	1.64	1.62	1.94
汕尾市	—	0.97	1.23
东莞市	—	—	1.79
中山市	0.95	2.07	2.00
江门市	0.90	1.21	1.65
阳江市	0.52	1.18	1.39
湛江市	1.13	1.73	1.11
茂名市	0.29	0.93	1.45
肇庆市	0.55	1.33	1.49
清远市	0.64	0.94	1.30
潮州市	0.02	0.15	1.23
揭阳市	0.71	1.23	1.40
云浮市	1.62	1.14	1.34

资料来源：广东省民政厅官网《广东社会服务业统计季报（2017 年第四季度）》《广东社会服务业统计季报（2018 年第四季度）》《广东社会服务业统计季报（2019 年 12 月）》。

① 各地级市城乡特困人员供养制度推进的时间不一，统计口径不一致，统计数据不完整，相关数据存在缺失，导致某些城市在 2017 年和 2018 年的数据值偏低，难以反映实际情况，2019 年及之后的数据值比较完整准确。

第三章　新时代广东特困人员救助供养制度的发展

（三）农村特困人员救助供养人均财政投入

在农村特困人员救助供养人均财政投入方面，2017—2019年期间，广州、珠海、汕头、韶关、河源、梅州、惠州、汕尾、东莞、江门、阳江、湛江、茂名、肇庆、清远、潮州、揭阳、云浮18个城市的农村特困人员救助供养人均财政投入呈现上升的趋势。（见图3-9、表3-8）

2017年，全省农村特困人员救助供养人均财政投入最高的城市为中山，达到每名特困人员2.09万元/年；投入最低的城市为梅州，为每名特困人员0.69万元/年。其中，广州、珠海、佛山、惠州、东莞、中山、江门市高于全省平均水平，汕头、韶关、河源、梅州、汕尾、阳江、湛江、茂名、肇庆、清远、潮州、揭阳、云浮低于全省平均水平。

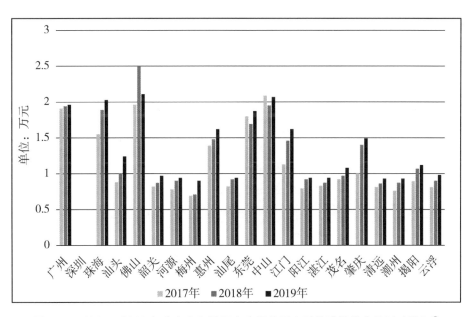

图3-9　2017—2019年广东省各地级市农村特困人员救助供养人均财政投入[①]

资料来源：广东省民政厅官网《广东社会服务业统计季报（2017年第四季度）》《广东社会服务业统计季报（2018年第四季度）》《广东社会服务业统计季报（2019年12月）》。

---

① 随着城镇化的推进，2004年，深圳成为全国首个没有农村的城市。故在本研究中，没有统计深圳农村特困人员救助供养的相关数据。

表3-8　2017—2019年广东省各地级市农村特困人员救助供养人均财政投入

单位：万元

地级市	2017年	2018年	2019年
全省平均	1.13	1.26	1.33
广州市	1.91	1.94	1.96
深圳市	—	—	—
珠海市	1.55	1.89	2.03
汕头市	0.88	1.00	1.24
佛山市	1.96	2.50	2.11
韶关市	0.82	0.87	0.97
河源市	0.78	0.90	0.94
梅州市	0.69	0.71	0.90
惠州市	1.39	1.48	1.62
汕尾市	0.82	0.92	0.94
东莞市	1.80	1.69	1.87
中山市	2.09	1.95	2.07
江门市	1.13	1.46	1.62
阳江市	0.79	0.92	0.94
湛江市	0.83	0.87	0.94
茂名市	0.92	0.97	1.08
肇庆市	1.00	1.40	1.49
清远市	0.81	0.86	0.93
潮州市	0.76	0.87	0.93
揭阳市	0.89	1.07	1.12
云浮市	0.81	0.90	0.98

资料来源：广东省民政厅官网《广东社会服务业统计季报（2017年第四季度）》《广东社会服务业统计季报（2018年第四季度）》《广东社会服务业统计季报（2019年12月）》。

2018年，全省农村特困人员救助供养人均财政投入最高的城市为佛山，达到每名特困人员2.50万元/年；投入最低的城市为梅州，为每名特困人员0.71万元/年。其中，广州、珠海、佛山、惠州、东莞、中山、江门、肇庆高于全省平均水平，汕头、韶关、河源、梅州、汕尾、阳江、湛江、茂名、清远、潮州、揭阳、云浮低于全省平均水平。

2019年，全省农村特困人员救助供养人均财政投入最高的城市为佛山，达到每名特困人员2.11万元/年；投入最低的城市为梅州，为每名特困人员0.90万元/年。其中，广州、珠海、佛山、惠州、东莞、中山、江门、肇庆高于全省平均水平，汕头、韶关、河源、梅州、汕尾、阳江、湛江、茂名、清远、潮州、揭阳、云浮低于全省平均水平。

第三节 最低生活保障水平的不断提高

广东省政府颁布的《关于进一步健全特困人员救助供养制度的实施意见》（粤府〔2016〕147号）明确规定，城乡特困人员基本生活标准分别按照不低于当地最低生活保障标准的1.6倍，且不低于当地现行特困人员基本生活标准来确定。一方面，该规定使广东省各地的特困人员基本生活标准不低于过去的城市"三无"人员救助和农村五保供养制度的基本生活标准，确保了新旧制度的衔接的平稳。另一方面，由于各地的低保标准每年都会根据当地经济社会发展和物价水平进行调整，该规定将特困人员基本生活标准与低保标准挂钩，相当于建立了特困人员基本生活标准的自然增长机制，确保特困人员基本生活标准随着经济社会发展和物价水平不断提升。此外，广东省特困人员基本生活标准要高于民政部所规定的特困人员基本生活标准不低于低保标准1.3倍的要求。2020年，广东省民政厅颁布《关于做好2020年特困供养人员基本生活保障工作的通知》（粤民函〔2019〕451号），再次强调各地要按照不低于当地低保标准的1.6倍，按时提高2020年的城乡特困人员基本生活标准，并对未达标的月份予以补发。

一、特困人员的基本生活标准

（一）全省整体水平

自特困人员救助供养制度建立以来，广东省城市和农村特困人员基本生活标准整体上呈现不断上升的趋势，且城市标准要高于农村。如图3-10所示，2017年，广东省21个地级市城市和农村特困人员基本生活标准平均水平分别为每人每月1145元和1003元。2020年，21个地级市的城市和农村特困人员基本生活标准平均水平分别增长至每人每月1475元和1257元。与2017年相比，2020年的城市特困人员基本生活标准平均水平增长了330元，农村特困人员基本生活标准平均水平增长了254元。

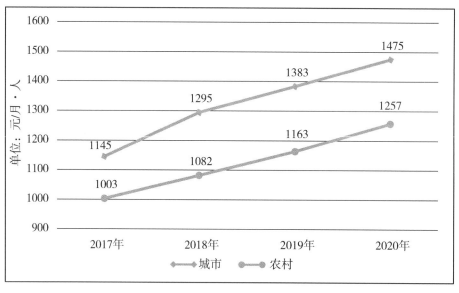

图3-10　2017—2020年广东省21个地级市城乡特困人员基本生活标准

数据来源：根据广东省民政厅、广东省各地级市民政局或人民政府官网数据进行整理。

第三章 新时代广东特困人员救助供养制度的发展

(二) 城市间对比

1. 城市特困人员基本生活标准

如图3-11所示,在2017—2020年期间,全省21个地级市中有20个地级市的城市特困人员基本生活标准呈现不断增长的趋势,1个地级市(惠州市)则在4年期间维持不变。

如表3-9所示,2017年,全省城市特困人员基本生活标准最高为佛山,标准为每人每月1712元;最低为茂名,标准为每人每月580元。其中,广州、珠海、东莞、惠州、佛山、中山、肇庆、江门、揭阳、湛江高于全省平均水平,汕头、潮州、汕尾、阳江、茂名、云浮、韶关、梅州、清远、河源低于全省平均水平。

2018年,全省城市特困人员基本生活标准最高为佛山,标准为每人每月1863元;最低为潮州、汕尾和清远,标准为每人每月1021元。其中,广州、深圳、珠海、东莞、惠州、佛山、中山、肇庆高于全省平均水平,江门、揭阳、汕头、潮州、汕尾、阳江、茂名、湛江、云浮、韶关、梅州、清远、河源低于全省平均水平。

2019年,全省城市特困人员基本生活标准最高为佛山,标准为每人每月2023元;最低为潮州,标准为每人每月1123元。其中,广州、深圳、珠海、东莞、惠州、佛山、中山、肇庆高于全省平均水平,江门、揭阳、汕头、潮州、汕尾、阳江、茂名、湛江、云浮、韶关、梅州、清远、河源低于全省平均水平。

2020年,全省城市特困人员基本生活标准最高为佛山,标准为每人每月2192元;最低为河源,标准为每人每月1235元。其中,广州、深圳、珠海、东莞、惠州、佛山、中山、肇庆高于全省平均水平,江门、揭阳、汕头、潮州、汕尾、阳江、茂名、湛江、云浮、韶关、梅州、清远、河源低于全省平均水平。

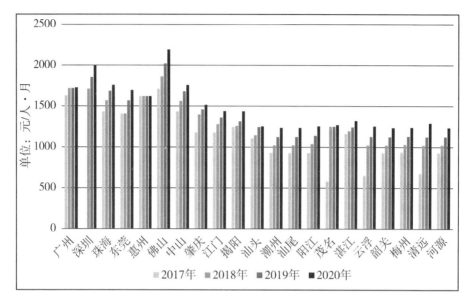

图 3-11 2017—2020 年广东省 21 个地级市城市特困人员基本生活标准

数据来源：根据广东省民政厅、广东省各地级市民政局或人民政府官网数据进行整理。

表 3-9 2017—2020 年广东省 21 个地级市城市特困人员基本生活标准

单位：元/月·人

城市	2017 年	2018 年	2019 年	2020 年
广州	1630	1721	1721	1728
深圳	—	1712	1856	2000
珠海	1434	1568	1688	1760
东莞	1408	1408	1568	1696
惠州	1620	1620	1620	1620
佛山	1712	1863	2023	2192
中山	1434	1562	1680	1760
肇庆	1177	1397	1459	1515
江门	1177	1280	1360	1440
揭阳	1246	1260	1315	1437
汕头	1106	1146	1246	1253

第三章　新时代广东特困人员救助供养制度的发展

续表 3-9

城市	2017 年	2018 年	2019 年	2020 年
潮州	928	1021	1123	1236
汕尾	928	1021	1124	1236
阳江	928	1040	1140	1255
茂名	580	1251	1251	1270
湛江	1163	1196	1243	1321
云浮	653	1024	1128	1256
韶关	930	1022	1124	1236
梅州	938	1032	1130	1240
清远	674	1021	1124	1292
河源	929	1025	1124	1235

数据来源：根据广东省民政厅、广东省各地级市民政局或人民政府官网数据进行整理。

2. 农村特困人员基本生活标准

如图 3-12 所示，在 2017—2020 年期间，全省各地级市中的农村特困人员基本生活标准均呈现逐年上升的趋势。

如表 3-10 所示，2017 年，全省农村特困人员基本生活标准最高为广州，标准为每人每月 1952 元；最低为云浮，标准为每人每月 653 元。其中，广州、珠海、东莞、佛山、中山、肇庆、江门高于全省平均水平，惠州、揭阳、汕头、潮州、汕尾、阳江、茂名、湛江、云浮、韶关、梅州、清远、河源低于全省平均水平。

2018 年，全省农村特困人员基本生活标准最高为广州，标准为每人每月 1964 元；最低为潮州、汕尾、韶关、清远，标准为每人每月 704 元。其中，广州、珠海、东莞、惠州、佛山、中山、肇庆、江门高于全省平均水平，揭阳、汕头、潮州、汕尾、阳江、茂名、湛江、云浮、韶关、梅州、清远、河源低于全省平均水平。

2019 年，全省农村特困人员基本生活标准最高为佛山，标准为每人每月 2023 元；最低为清远，标准为每人每月 755 元。其中，广州、珠海、东莞、惠州、佛山、中山、肇庆、江门高于全省平均水平，揭阳、汕头、潮州、汕尾、阳江、茂名、湛江、云浮、韶关、梅州、清远、河源低于全省平均水平。

2020年，全省农村特困人员基本生活标准最高为佛山，标准为每人每月2192元；最低为潮州，标准为每人每月851元。其中，广州、珠海、东莞、惠州、佛山、中山、肇庆、江门高于全省平均水平，揭阳、汕头、潮州、汕尾、阳江、茂名、湛江、云浮、韶关、梅州、清远、河源低于全省平均水平。

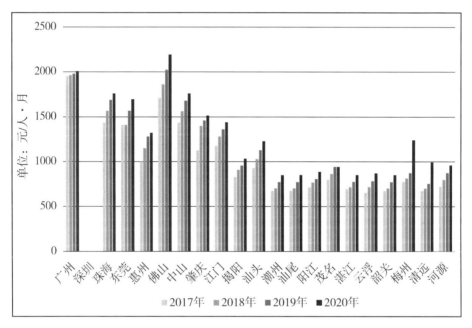

图3-12　2017—2020广东省21个地级市农村特困人员基本生活标准

数据来源：根据广东省民政厅、广东省各地级市民政局或人民政府官网数据进行整理。

表3-10　2017—2020年广东省21个地级市农村特困人员基本生活标准

单位：元/月·人

城市	2017年	2018年	2019年	2020年
广州	1952	1964	1978	2008
深圳	—	—	—	—

续表 3-10

城市	2017 年	2018 年	2019 年	2020 年
珠海	1434	1568	1688	1760
东莞	1408	1408	1568	1696
惠州	1000	1150	1280	1320
佛山	1712	1863	2023	2192
中山	1434	1562	1680	1760
肇庆	1124	1397	1459	1515
江门	1177	1280	1360	1440
揭阳	830	910	958	1034
汕头	930	1029	1129	1229
潮州	674	704	774	851
汕尾	674	704	775	852
阳江	713	768	807	888
茂名	800	865	943	943
湛江	695	720	778	852
云浮	653	720	784	872
韶关	674	704	775	852
梅州	779	816	875	1240
清远	674	704	755	992
河源	723	799	875	961

数据来源：根据广东省民政厅、广东省各地级市民政局或人民政府官网数据进行整理。

二、特困人员照料护理标准

自 2018 年特困人员护理制度建立以来，广东省特困人员不仅能够获得基本生活救助，还能根据生活自理情况享受照料护理服务。全省 21 个地级市按照全自理、半失能和失能特困人员分别不低于当地最低工资标准的 2%、30% 和 60% 的标准制定了特困人员护理标准。当前，广东省全省全自理、半失能和失能特困人员平均护理标准分别为每人每月 73.2、574.6 和 1098.4 元。（见图 3-13、表 3-11）

就全自理特困人员护理标准而言，最高为深圳，达到每人每月620元；最低为韶关、汕尾、阳江、清远、潮州和云浮，标准为每人每月28.2元。其中，深圳、珠海、佛山、惠州、中山高于全省平均水平，广州、汕头、韶关、河源、梅州、汕尾、东莞、江门、阳江、湛江、茂名、肇庆、清远、潮州、揭阳、云浮低于全省平均水平。

就半失能特困人员护理标准而言，最高为深圳，达到每人每月1100元；最低为韶关、梅州、汕尾、阳江、清远、潮州、揭阳和云浮，标准为每人每月423元。其中，广州、深圳、珠海、佛山、中山高于全省平均水平，汕头、韶关、河源、梅州、惠州、汕尾、东莞、江门、阳江、湛江、茂名、肇庆、清远、潮州、揭阳、云浮低于全省平均水平。

就失能特困人员护理标准而言，最高为珠海、佛山和中山，达到每人每月1720元；最低为韶关、梅州、汕尾、清远、潮州和云浮，标准为每人每月846元。其中，广州、深圳、珠海、佛山、惠州、中山、阳江高于全省平均水平，汕头、韶关、河源、梅州、汕尾、东莞、江门、湛江、茂名、肇庆、清远、潮州、揭阳、云浮低于全省平均水平。

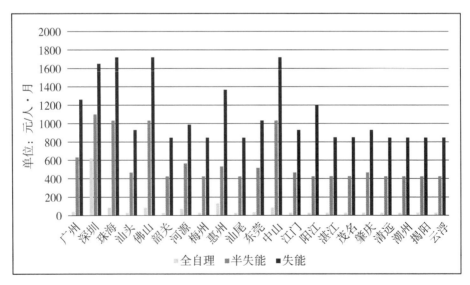

图3-13 2018—2020年广东省21个地级市特困人员护理标准

数据来源：根据广东省民政厅、广东省各地级市民政局或人民政府官网数据进行整理。

表 3-11 2018—2020 年广东省 21 个地级市城乡特困人员护理标准

单位：元/月·人

地级市	全自理	半失能	失能
全省平均	73.2	574.6	1098.4
广州	42	630	1260
深圳	620	1100	1650
珠海	86	1032	1720
汕头	31	465	930
佛山	86	1032	1720
韶关	28.2	423	846
河源	71	564	987
梅州	30	423	846
惠州	130	532.5	1365
汕尾	28.2	423	846
东莞	34.4	516	1032
中山	86	1032	1720
江门	31	465	930
阳江	28.2	423	1200
湛江	30	425	850
茂名	30	425	850
肇庆	31	465	930
清远	28.2	423	846
潮州	28.2	423	846
揭阳	29	423	846
云浮	28.2	423	846

资料来源：根据广东省民政厅、广东省各地级市民政局或人民政府官网数据进行整理。

第四章　精准扶贫战略下的广东特困人员救助供养制度改革

精准扶贫战略是具有中国特色的贫困治理体系，其不仅包含精准扶贫工作，也包含特困人员救助供养制度在内的各项社会救助制度。① 随着精准扶贫战略的深入推进，以开发式扶贫为主体的精准扶贫工作对现存深度贫困人口的减贫效应渐弱，以社会救助制度为代表的社会保护式扶贫成为决胜脱贫攻坚的主力制度之一。② 对于无法依靠产业扶持和就业帮扶脱贫的深度贫困人口，政策性保障"兜底脱贫一批"的做法有着不可替代的效应。其中，以特困人员救助供养制度为重要抓手之一，其不仅是精准扶贫战略的有机组成部分，同时也与精准扶贫工作一同塑造着我国独特的贫困治理体系。

作为政策性保障脱贫手段，特困人员救助供养制度兜底脱贫目标的实现对供给侧的质量有着较高要求。就广东而言，其特困人员救助供养制度在政策体系建设、资金投入力度以及保障水平三个层面的政策实践为其制度效能的发挥提供了前提条件。然而，从宏观政策的愿景到微观需要的满足，关键在于承担着供给侧任务的供养机构能否扮演好中间人角色——特困人员供养机构的供给能力、运行效果从微观上决定着特困人员救助供养制度改革的实效。因此，本章将重点分析广东省特困人员救助供养制度的改革如何从供给侧实现提质增效，从而实现其兜底保障脱贫的目标。

此外，特困人员救助供养制度作为我国贫困治理体系的有机组成部分，

---

① 杨立雄：《"一揽子"打包，还是单项分类推进？——社会救助立法的路径选择》，载《社会保障评论》2020年第2期，第56—68页。

② 左停等：《路径、机理与创新：社会保障促进精准扶贫的政策分析》，载《华中农业大学学报（社会科学版）》2018年第1期，第1—12页。

第四章 精准扶贫战略下的广东特困人员救助供养制度改革

其与精准扶贫工作的协调成效直接影响着其减贫效果,为此,本章将重点分析两者间有机衔接的情况。一方面,不同的贫困治理政策具有异质性,在保障对象、保障水平、保障内容、保障方式、筹资和管理方面均有所不同。另一方面,特困人员救助供养工作的运行具有"条块结合、以条为主"的特征,作为社会救助政策之一的特困人员救助供养制度正在受到其他贫困治理政策的影响,且必须服从于其他社会政策或经济政策的改变。[1] 因此,特困人员救助供养制度的运行不能脱离医疗救助等社会救助项目;与此同时,特困人员也不能与贫困人口、贫困边缘群体等完全脱离。[2] 这意味着特困人员救助供养制度的改革要充分考虑其与其他制度、社会情景的协调关系,其中,特困人员救助供养制度与精准扶贫工作的协调显得尤为重要。精准扶贫工作与特困人员救助供养同为我国精准扶贫战略和贫困治理体系的重要组成部分,两者产生背景相似并在转型期被赋予了相似的救济功能。在操作上,特困人员救助供养制度瞄准的"三无"人员与精准扶贫工作针对的贫困人口具有很大共通性。然而,由于两种制度的建立依据存在差异,其依托的行政管理部门也不同,加之两种制度在实施过程中存在的碎片化问题等因素,特困人员救助供养与精准扶贫工作在协调与衔接上一直存在着壁垒。[3]

针对特困人员救助供养制度在服务递送过程中存在的实际问题,广东先行先试,从供给侧入手改革特困人员救助供养制度,并在这一过程中坚持将特困人员救助供养与精准扶贫工作进行统筹考虑,为精准扶贫战略下的特困人员救助供养制度改革增效提供了广东方案。本章将详细介绍广东在这方面的改革经验。

---

[1] 杨立雄:《"一揽子"打包,还是单项分类推进?——社会救助立法的路径选择》,载《社会保障评论》2020年第2期,第56—68页。
[2] 吴晓林:《中国五保养老保障研究:制度沿革、权利保护与策略选择》,中国社会科学出版社2013年版。
[3] 毕金平:《论我国精准扶贫与社会救助制度的衔接和调适》,载《学术界》2018年第7期,第72—81页。

第一节　广东特困人员救助供养制度改革：
　　　　来自供给侧的经验

广东特困人员救助供养制度改革的经验主要集中于对特困人员供养机构的改革方面，这为我国特困人员救助供养制度的供给侧改革提供了可行的样本。

供给侧是与需求侧相对的概念，供给侧改革是由需求侧"元动力"引发的响应、适应机制，要求与该议题相关的要素配置和制度安排动力机制的优化，其在运行中往往以政府理性的供给管理优化进一步释放微观主体潜力。[①] 供给侧改革这一概念最早出现在经济学领域，常常被用于解释经济发展新常态下要素动力体系再造创新的机制，其核心观点是经济发展动力的认知框架要对接供给侧的结构性动力机制。[②] 特困人员救助供养制度的供给侧改革是近年来才兴起的概念，对此，学术界尚未形成公认的解释。在本章中，供给侧改革指的是政府对特困人员救助供养制度中的参与主体、经营机制、运作方式等要素配置方面的优化安排，目的是适应特困人员救助供养制度需求侧的新变化。例如，近年来，政府与社会资本合作的深化即可被视为特困人员救助供养制度供给侧改革的样本，其中涉及的主体、资源配置及运作方式优化对更好地释放微观主体的潜能、降低特困人员救助供养制度的运行成本并推动特困人员救助供养制度的提质增效具有重要意义。本节将围绕供给侧这一视角，分析广东省在特困人员救助供养制度改革的经验启示。

特困人员供养机构是落实特困人员救助供养制度的重要主体与场域，

---

① 贾康、苏京春：《论供给侧改革》，载《管理世界》2016年第3期，第1—24页。
② 贾康：《"十三五"时期的供给侧改革》，载《国家行政学院学报》2015年第6期，第12—21页。

第四章　精准扶贫战略下的广东特困人员救助供养制度改革

是为城乡特困人员提供集中供养服务的主要阵地。①

在政策层面，特困人员供养机构自 2016 年《国务院关于进一步健全特困人员救助供养制度的意见》（国发〔2016〕14 号）颁发以来，便被赋予"优先为失能、半失能特困人员提供集中供养服务"的新定位，原则上，全自理特困人员的探望、照料，失能、半失能特困人员的护理服务均由特困人员供养机构或其他专业机构等主体提供，以满足失能、半失能特困人员的集中护理需求。

然而，在实践层面，囿于供养机构管理服务能力的缺陷，地方政府在落实特困人员救助供养制度的政策目标时面临着巨大的张力与不确定性。作为特困人员救助供养服务递送的重要一环，特困人员供养机构的缺陷使得特困人员救助供养制度的愿景在递送过程中受到侵蚀，这使得特困人员救助供养制度效能的发挥面临很大的挑战。

大部分乡镇供养机构建于 20 世纪 80 年代末 90 年代初，其普遍存在机构入住率偏低，工作人员待遇偏低，管理制度不完善，老人就医不方便和绿化、休闲等基础设施建设滞后，硬件设备简陋等问题，供养机构的管理、服务等仍处于一种只能实现基本居住、生活保障的状态，难以满足失能、半失能特困人员更高层次的护理需求②，这使得特困人员供养机构的改革成为必然趋势。

然而，受供养机构数量多、分布广、基础弱等现状的制约，特困人员供养机构的改革将是一个历时长、耗费大、动员广的过程，单靠政府力量难以达成目的。在新公共管理运动的推动下，谋求与社会资本合作的公建民营、合建合营模式成为特困人员供养机构改革发展的必由之路。

2015 年 7 月《关于在全国开展农村特困人员供养服务机构社会化改革试点工作的通知》（民办函〔2015〕256 号）提出供养机构探索实行"公建民营"模式这一意见。为响应民政部这一要求，同时，基于对特困人员供养机构现存问题的精准把握，广东省于 2016 年起在全国范围内率先开展特

---

① 苑晓美、赖志杰：《农村特困人员供养的供给侧改革探讨——基于天津市的调查》，载《老区建设》2020 年第 8 期，第 17—25 页。

② 赖志杰：《农村五保集中供养的现状及其政策思考》，载《中州学刊》2019 年第 11 期，第 79—83 页。

困人员供养机构公建民营改革，探索性地为特困人员供养机构赋能——其把握住了民间资本参与 PPP 项目这一重要抓手，成功将特困人员救助供养、社会养老和 PPP 模式结合，对各地政府整合式解决特困人员救助供养问题，满足社会养老需求及推广 PPP 模式提供了一举三得的经验借鉴。本节将系统地探讨广东省特困人员供养机构公建民营改革的历程，并对其改革经验进行总结。

一、广东省特困人员供养机构的运行及其存在的问题

广东省特困人员供养机构改革是基于问题逻辑展开的，改革的首要目标是破除特困人员供养机构在集中供养服务递送中存在的诸多矛盾：第一，供养机构面临"三缺两低"状态，供养能力低下；第二，供养服务有效供给不充分，供养刚性需求与床位空置并存；第三，供养机构区域发展不平衡，农村地区普遍小、散、差。上述三个问题有的源自供养机构硬件方面的落后，也有源自服务供给方式、机构管理方式等软件方面的弊端，极大地损害了特困人员平等享受救助的权利，尤其是生活不能自理的特困人员获得护理服务的权利，这些问题使得广东省特困人员救助供养制度的优势难以落到实处。

（一）供养机构处于"三缺两低"状态，供养能力低下

广东省大部分特困人员供养机构由政府运营，相比私人部门，政府在资金筹资、编制提供、专业化水平、运营效率等方面存在局限，导致目前全省特困人员供养机构普遍存在经费不足、规模偏小、专业化服务团队缺乏、护理资源缺乏、资金使用效率不高等问题。

政府运营的特困人员供养机构中有很大一部分为非营利性质的乡镇敬老院，主要经济来源为财政拨款，其机构管理相对松散，硬件设施落后，护理人员短缺，无法满足特困人员的护理需求。不少供养机构工作人员仅仅解决特困人员的基本吃饭和公共卫生问题，而对于其他方面的护理需求均不作处理。广东省民政厅于 2019 年开展的全省特困人员调查显示，在集中供养的受访人员中，27.01% 的人不愿意继续入住供养机构；分散供养的受访人员中仅

第四章　精准扶贫战略下的广东特困人员救助供养制度改革

有13.03%的人愿意入住供养机构,这从侧面反映了广东省特困人员供养机构在运行中存在着供养能力的缺陷,难以满足特困人员的供养需求。

此外,由于我国基层政府工作繁杂,政府缺乏足够的注意力与资源去逐一监管数量庞大的供养机构,特困人员救助供养工作在落实环节中存在一定的缺位问题。就地处基层的特困人员供养机构而言,其机构管理人员在特困人员救助供养制度的落实中拥有绝对的话语权,机构提供的护理服务易受机构管理人员的主观影响。由于供养机构工作人员对特困人员的护理方面的投入较少,特困人员的基本生活护理需求难以得到有效满足。

总的来说,政府运营固有的弊端、财政拨款下机构管理的松散以及基层政府管理松散状态下供养机构工作人员的缺位行为共同导致了供养机构在现实中的"三缺两低"状态,即缺专业护理人员、缺资金、缺基础设备和管理水平、服务质量低,其集中表现为供养能力低下,难以提供实质性服务以满足特困人员的需求。

(二) 供养机构区域发展不平衡,农村地区普遍小、散、差

除了总体上的"三缺两低"状态,广东省特困人员供养机构还面临着区域发展不平衡的问题,与区域级别的供养机构相比,乡镇级别的特困人员供养机构处于着更为窘迫的状态。在我国,特困人员供养机构的管理模式以属地管理为主,供养机构的运营受其所辖地区政府能力的影响较大。就广东省而言,乡镇级别的供养机构占据主体部分,它们的运行成效对全省特困人员救助供养制度效能的发挥具有重要影响。然而,与区域性供养机构相比,由于当地政府财力有限,乡镇供养机构存在规模小、机构设施落后、经济来源紧张、管理制度混乱等诸多问题,同时,部分供养机构管理人员对供养政策的执行不力,使得供养资金未能用到最需要之处。此外,部分供养机构为节省开支,倾向于少雇佣或不雇佣护理人员。这些问题极大地阻碍了全省层面的整体效能的发挥。

(三) 供养服务有效供给不充分,供养刚性需求与床位空置并存

"三缺两低"与"农村小、散、差"的状态分别从总体和内部差异上概

述了特困人员供养机构的运行水平。深入分析其本质，这一现象背后最大的问题在于供给与需求的不匹配。

在需求侧方面，截至 2016 年年底，广东省共有生活不能自理的特困人员 4 万名[1]，这部分人对护理型床位的需求很高，表现为对集中供养的刚性需求。从更大的范围来看，全省失能、半失能老年人的数量将近 192 万[2]，这部分老年人具有强烈的机构养老需求，这种需求是对市场养老的刚性需求。

在供给侧方面，截至 2016 年年底，广东省共有农村特困人员供养机构 1252 所，床位 8 万张。[3] 然而，受特困人员供养机构基础设施落后、运营经费缺乏、管理服务低下等问题的制约，这些床位质量并不高，主要表现为"三无"，即无必要的护理设施设备、无专业的护理队伍以及无护理费用保障。因此，特困人员供养机构的现有床位根本无法满足失能、半失能特困人员的护理需求，更难以吸引健康特困人员及社会老年人入住，造成特困人员供养与市场养老双重刚性需求下供给床位闲置率高企的窘况。

根据广东省民政厅 2018 年第一季度数据统计，全省特困人员中失能和半失能的比例高达 21.9%；然而，全省特困人员的集中供养率仅为 8.73%，与失能和半失能人员的比例存在一定程度上的差距，这说明在改革以前，供养机构提供的供养服务很大一部分是缺乏效能的——机构供给侧的供养服务远不能与特困人员集中供养的刚性需求对接。[4]

广东省特困人员供养机构运行中的供需不匹配问题集中表现为机构床位空置率高企。2017 年，珠三角地区的敬老院共有床位 33979 张，但仅入住老年人 12855 人（特困人员 6332 人、社会老年人 6523 人），床位空置率达 62%；粤东西北地区共有床位 44906 张，入住老年人 17433 人（特困人员 17388 人、社会老年人 45 人），床位空置率达 61%，全省范围内分布在

---

① 调研数据。
② 调研数据。
③ 数据来源：《广东"公建民营"助推特困人员供养》，http://gongyi.people.com.cn/n1/2017/1109/c151132-29637371.html。
④ 数据来源于广东省民政厅官网。

县城和乡镇的公办特困人员供养机构共拥有空余床位约 6 万张。①

二、广东省特困人员供养机构公建民营模式的探索

针对上述特困人员供养机构在运营中面临的三大突出问题，广东省于 2016 年起实施特困人员供养机构公建民营社会化改革，运用政府与社会资本合作即 PPP 模式进行公共服务创新，以期提高特困人员供养机构的运营效能。公建民营社会化改革的核心着眼点在于提高特困人员救助供养服务的有效供给能力：一是要引入社会资本，努力补齐失能、半失能特困人员旺盛的供养需求与大量床位闲置之间的供需失衡的短板；二是要充分挖掘闲置床位资源的市场价值，从而整合式解决特困人员救助供养问题和社会养老问题。

作为全国范围内特困人员供养机构改革的排头兵，广东的改革模式有何特色？其改革进程如何推进？其改革成效如何？本部分将通过对上述三个方面的论述，总结广东省特困人员供养机构"公建民营"模式的探索经验及其为全国范围内供养机构的社会化改革及供养制度的供给侧改革提供启示。

（一）改革模式：区域统筹打包的公建民营改革模式

广东省特困人员供养机构公建民营社会化改革是参照 PPP 模式进行的公共服务供给侧改革和创新。特困人员供养机构改革涉及硬件与软件设施的全面改造，其核心是要解决机构的适老化改造问题。

对广东省而言，要实现这一目标有两种方案。

一是沿用传统的公办公营模式，继续实行政府包办。然而，若要完善供养机构硬件设施和软件服务，需要大量资金和人员投入。经过测算，要达到护理型床位条件，平均每张床位的升级改造资金应不低于 5 万元，全省 10 万张供养床位的改造费用则高达 50 亿元。此外，经测算，全省约有 4 万

---

① 调研数据。

名失能、半失能特困人员，每年的护理经费需约 7 亿元，2017 年至 2020 年 4 年需要投入 28 亿元。因此，继续采用公办公营模式，则总共需要投入 78 亿元，各级财政难以承担。[①] 与此同时，在国家严格管控编制的情况下，增加机构的护理人员也难以实现。因此，对于注意力及各类资源有限的政府而言，沿用公办公营模式并不可取。

二是创新推行公建民营模式，实行社会化改革。在需求侧方面，农村和乡镇的失能、半失能社会老年人具有强烈的机构养老及护理需求，具有对市场的刚性需求。在供给侧方面，分布在县城和乡镇的公办特困人员供养机构拥有 6 万张空余床位。此外，从企业意愿看，养老服务业已逐渐成为朝阳产业，越来越多企业将投资眼光集中在失能、失智老年人的养老需求上，尤其是失能、失智及高龄老年人的护理服务方面。然而，由于土地、税收等政策落地较慢，企业参与养老的路径仍不畅通。因此，公建民营模式更能够吸引企业的投资意愿，这对于发挥闲置床位的市场价值，破解供需失衡问题具有重要意义。

然而，按照以往的经验，如果采用单点承接的方式推进公建民营改革，会导致企业"挑肥拣瘦"，即只改条件好的，剩下条件差的，可复制、可推广性不强。特别是在绝大多数敬老院分布在乡镇，加之其普遍小、散、差的现实条件下，单点承接的公建民营模式既不利于企业降低运营成本，也不利于机构健康持续发展。

因此，在传统的公办公营模式难以为继和单点承接公建民营改革模式弊端逐渐凸显的情况下，广东省于 2016 年开始以云浮市云安区和郁南县为试点地区，在全国率先推行区域统筹打包的公建民营改革模式，将县级区域内的区域性、乡镇敬老院等公办特困人员供养机构统一打包成一个整体，委托有实力和专业水准的运营方管理运营，即"区域统筹打包模式"。

"区域统筹打包"公建民营改革模式是参考 ROT 模式进行的方案设计，其核心在于长期合约下的政府委托运营与到期移交机制，其中，政府监管角色的到位是其成效发挥的重要基础与前提。

首先，在改造之前，政府需将特困人员供养机构现有设施先进行清产

---

① 调研数据。

第四章　精准扶贫战略下的广东特困人员救助供养制度改革

核资、登记造册，而后将其转移给社会资本方，并由其对现有设施先进行改建、扩建。改建扩建的标准由改革方案明确规定，即社会资本方要对现有特困人员供养机构按照平均每个床位不低于5万元的标准落实升级改造资金，履行一定的投资责任，以实现特困人员供养机构的适老化改造目标。同时，方案规定要进一步将公建民营改革范围从升级改造现有床位拓宽至新建扩建领域，社会资本方投入5万元/张的资金，政府配套投入1.5万元/张的资金，以满足平均6.5万元/张的新建床位造价，切实发挥政府财政资金的杠杆作用。产权上，特困人员供养机构的所有权仍属于属地政府，使用权则转移到运营方手中，运营方负责协助政府履行兜底责任，两者是委托运营关系而非租赁关系。此外，政府通过建章立制的手段，从价格、管理和服务三个方面对企业进行实质性和长期性的监管。

其次，特困人员供养机构的运营由社会资本方负责。广东特困人员供养机构改革通过区域统筹打包改革模式，明确以县（市、区）为单位，将辖区内区域性养老机构、乡镇敬老院等公办特困人员供养机构统一打包成一个整体，交由社会资本方运营。社会资本方负责机构的日常运营，并提供特困人员供养服务和社会养老服务。付费机制为政府部分付费加使用者付费，即社会资本方在保证完全接纳特困人员的前提下，盘活机构资源，提供社会化养老服务，并通过使用者付费的方式获得回报；政府支付特困人员在供养机构中的基本生活费用，缺口由社会资本方的市场化运营回报进行弥补。特困人员供养机构接纳的特困人员比例控制在30%～50%，在30年的运营期内免除场地租金与管理费。社会养老服务价格采取政府指导价，以确保机构能有充足的社会养老床位及足够的运营时间，通过适当的养老服务价格和合理的成本控制实现平账和合理盈利，实现机构的可持续发展。

最后，项目将在合同规定的期限内移交给政府。此次改革规定的运营期限不超过30年，经营期满后，供养机构的土地使用权、主体建筑物和增添购置的设施、设备全部回归政府所有。

（二）改革进程：分"三步走"的阶段式推进

广东省特困人员供养机构改革分三步进行阶段式推进：第一阶段

（2016年）先确定试点，在全省范围内至少启动50所供养机构的公建民营改革试点工作；第二阶段（2017年）在试点单位全面实施改革；第三阶段（2018年）将试点经验推广全省，做到成熟一个改革一个。

1. 确定试点阶段：单个机构单点改革模式（2016年）

2016年，广东省出台的《特困人员供养服务机构公建民营社会化改革实施方案》，明确升级改造标准，并在全省范围内择优选取51所特困人员供养机构开展第一批改革试点工作。试点初期，大部地区均采用单个机构单个改革的传统运作模式，但在实践中发现，这种模式会导致社会运营方"挑肥拣瘦"，只改条件好的，剩下条件差的，可复制性、可推广性不强，既不利于社会运营方降低运营成本，也不利于推动机构可持续发展。

不同于其他地区单个机构推进的模式，云浮市云安区、郁南县先试先行，创新性地采用将辖区内所有特困人员供养机构统一打包成一个项目进行招标的方式，选择有实力和专业水准的运营方统一进行运营管理。运营方无论特困人员供养机构条件好坏、规模大小，必须全部承接并升级改造，不得随意撤并。云浮市的改革涉及敬老院23所，床位2180张，引进社会资本超过1亿元，用于硬件适老化改造和专业护理服务人员队伍建设，其改革成效迅速引起了省民政厅及各地市的关注。

2. 实施改革阶段：探索区域统筹打包模式（2017年）

为解决单个推进模式下的"不适症"，2017年，结合第一批改革试点经验，广东省推出第二批改革试点，鼓励省内各地市参照云浮经验，全面推广以县（区）为单位的区域统筹打包改革模式，明确以县（市、区）为单位，将辖区内区域性养老机构、乡镇敬老院等公办特困人员供养机构统一打包成一个项目，交由社会运营方管理。第二批改革试点，囊括17个县（区），这些地区将参照云浮经验，加快改革步伐。2017年5月，《广东省民政厅关于进一步落实特困人员供养服务机构公建民营社会化改革的通知》（粤民函〔2017〕1142号）对这一阶段的改革进行了统筹部署，对改革目标、改革模式、运营方选取、改革关键环节、改革平稳过渡、民政部门管理职务职责等作出明确规定，从总体上推进全省特困人员供养机构管理体制改革。按照这一文件的精神，广东省力争到2018年年底改造床位超过2.5万张，各县（区）生活不能自理特困人员集中供养率达到30%。

第四章 精准扶贫战略下的广东特困人员救助供养制度改革

3. 经验推广阶段：全面推广区域统筹打包模式（2018年）

自2018年起，广东省特困人员供养机构改革进入全面性的经验推广阶段，积极对接民政部提出的"广东省要在推进特困人员供养机构社会化改革上为全国做示范、树品牌、出经验"的目标部署。这一阶段的改革目标是到2020年，全省特困人员供养机构改造床位5万张以上，各县（市、区）生活不能自理特困人员集中供养率达到60%，最终达到政府、企业和社会三赢的效果。总结经验、积极培育、切实做到成熟一个改革一个是本阶段的重要改革思路。

2020年5月28日，广东省民政厅、广东省发展改革委、广东省财政厅、广东省人力资源和社会保障厅联合印发《广东省特困人员供养服务设施（敬老院）改造提升工程三年行动计划（2020—2022年）》（以下简称《行动计划》）。《行动计划》以"构建功能完善、管理规范、布局科学、配置均衡、服务到位的农村养老服务兜底保障体系"为目标，提出从2020年起，针对特困人员供养服务设施（敬老院）的设施条件、设备配置、服务功能、人员配备和管理工作实施为期三年的改造提升工程。《行动计划》将推进社会化改革作为五项重点任务之一，要求全省各地要按照政策规定，鼓励县级（区域）供养机构、区域性敬老院、有条件的乡镇敬老院开展公建民营社会化改革。

（三）改革成效：可持续、可推广的广东样本

广东省特困人员供养机构公建民营社会化改革巧妙地利用政府和社会资本互补的优势，通过建立政府和社会资本合作的风险最优分配机制，实现了为公众提供护理型养老公共服务，为特困人员提供护理型供养的模式创新。其不仅解决了民营资本进入养老行业的后顾之忧，而且能够真正以市场化的方式提高养老行业各项服务标准。对于广东省特困人员供养机构的公建民营改革的成效，本部分将从公益维护性、效益可持续性及机制可推广性三个维度展开论证，总结广东样本为全国范围内特困人员供养机构公建民营改革带来的启示。

特困人员集中供养服务属于公共产品，公益性是其根本属性。因此，判断其改革成效如何应该首先看其是否维护了政府对特困人员集中供养的

兜底责任与政府对社会养老的公共责任。2018年，广东省特困人员供养机构运营成效评估报告显示，改革通过政策和合约设计保证了国有资产保值增值，通过实质性长期性监管保证特困人员救助供养和社会养老的质量，通过特困人员"入住优先"的机制设计实现政府对特困人员的兜底责任。此外，整体打包改革后的供养机构在基础设施的适老化水平、团队管理水平及专业化水平上有了显著的提升，有力地提升了供养服务的均等化水平。这些做法保证了特困人员救助供养及社会养老在市场机制下的公益性，有利于实现政府、市场和社会的共赢。

相比于政府包办，广东省探索的公建民营模式融合了政府和社会资本在资金、人员专业化水平及运营效率上的优势。值得一提的是，社会资本的稳定性对上述优势的发挥具有重要的影响，就该模式对企业的强大吸引力而言，广东省的改革具有很强的可持续性：首先，通过免除机构场地租金的政策优惠与对机构运营的政策扶持降低了企业的运营成本，这是企业获得合理盈利的关键变量；其次，通过区域统筹打包的方式，为企业提供有效的利益激励，促进企业的集约化和产业化运作；最后，本次改革采用30年长期合约模式，通过政府与企业合作中的长期风险共担机制，保证企业参与养老服务的意愿和能力，从而促进特困人员救助供养和养老服务社会化运营的可持续稳定发展。

广东省的特困人员供养机构公建民营改革是针对失能、半失能特困人员和老年人的护理需求与落后的护理设施和服务之间的矛盾进行的，其改革问题在全国范围内具有普遍性，改革模式在全国范围内具有推广的社会基础，改革目标具有兼容性：实现解决特困人员机构供养问题、满足社会养老需求，落实中央对各地大力推广PPP模式的要求三大目标，这将极大地激励各级政府认真借鉴，复制学习，为全国范围内的特困人员供养机构改革创造了广东的经验。

第二节　特困人员救助供养制度与精准扶贫工作相衔接情况

兜底保障扶贫是精准扶贫工作"五个一批"的重要组成部分，它主要瞄准贫困人口中的自身发展和生计能力不足的老弱病残群体，这一体系当中的特困人员救助供养制度对于"三无"人员的减贫发挥着不可替代的作用[1]，其目的是保障完全丧失劳动能力和部分丧失劳动能力且无法依靠产业就业帮扶脱贫的贫困人口的基本生活。作为精准扶贫战略和贫困治理体系的有机组成部分，特困人员救助供养是打赢脱贫攻坚战的最后一道防线，事关完全或部分丧失劳动能力的贫困人口能否如期脱贫，更关系到扶贫攻坚能否走完"最后一公里"。

然而，与其他贫困群体特别是有劳动能力的困难群体相比，对"三无"人员进行扶贫的边际收益更低。[2] 因此，与开发式扶贫相比，政府在实行特困人员救助供养制度等社会保护式扶贫时，积极性可能较低，对两者的关系处理可能会有所偏差。习近平总书记在考察山西时指出："中央明确扶贫攻坚目标后，地方出现了两种错误倾向。一是急躁。有些地方急功近利、对脱贫目标层层加码；有的不考虑稳定脱贫，单纯计算当年收入，把贫困人口'算'出去；有的不研究帮助贫困人口增加收入的措施，简单采取'低保兜底、一兜了之'的做法。"[3] 这种错误做法很大程度上是由于未能处理好特困人员救助供养与精准扶贫工作的关系，从而损害了两项制度的效能，不仅不利于打赢扶贫攻坚战，更会给脱贫攻坚留下后遗症。

---

[1] 左停：《强化兜底保障扶贫，筑牢脱贫攻坚底线》，载《中国社会报》2020年5月27日第003版。

[2] 吴晓林：《我国五保老人生存境遇及政策研究综述——一个"社会资本与政府责任"的分析框架》，载《人口与发展》2010年第3期，第83—88页。

[3] 韩振峰：《坚持和运用好脱贫攻坚的方法论》，https：//article，xuexiCNOHides/index html，2020-05-24。

在理论层面，有学者对社会救助的贫困治理功能进行了分析。李棉管通过对 20 世纪末期至今我国社会救助研究的分析，建构了社会救助反贫困功能的分析框架，即社会救助反贫困功能的发挥需要综合考虑瞄准效率、保障水平和功能定位等三个因素。[①] 在实践中，由于扶贫对象与救助对象认定方式的差异、保障水平的差异以及经办管理主体的差异[②]，部分扶贫对象未能被纳入特困人员救助供养范围，同样也有部分特困人员未被认定为扶贫对象的情况，未能享受"两不愁三保障"政策。

一方面，为了确保在 2020 年完成现有标准下贫困人口全部脱贫的目标，民政部与国务院扶贫办印发《社会救助兜底脱贫行动方案》，对发挥包括特困人员救助供养在内的社会救助对扶贫攻坚的作用提出了明确部署，这其中就包括如何推动特困人员救助供养与精准扶贫工作相衔接的要求。另一方面，部分学者对包括特困人员救助供养在内的兜底扶贫措施在决胜脱贫攻坚中的负面性提出了质疑。例如，王晓毅就指出，为如期实现脱贫任务，一些地方通过简单地扩大兜底的覆盖面而使一些本不该被兜底的贫困户也通过财政转移实现了脱贫，这种一兜了之的做法表面上解决了贫困问题，但并未提高贫困人群的发展能力，缺乏可持续性。[③]

由此可见，特困人员救助供养作为一种兜底脱贫手段，其效能的高低取决于其能否与精准扶贫工作进行有机的衔接：衔接得好，将推动最困难的群众如期脱贫；衔接得不好，则会导致假脱贫。为推动特困人员救助供养制度与精准扶贫工作更好地衔接，发挥好特困人员救助供养服务在扶贫攻坚战中的效能，自 2016 年起，广东省从政策衔接、对象衔接、管理衔接、数据衔接等维度做了全方位的努力，为我国推进社会救助制度与精准扶贫工作的衔接提供了参考。（见表 4-1）

[①] 李棉管：《社会救助如何才能减少贫困》，载《社会建设》2018 年第 4 期，第 23—35 页。
[②] 江治强：《精准扶贫需要社会救助精准发力》，载《中国民政》2016 年第 5 期，第 27—29 页。
[③] 王晓毅：《2020 精准扶贫的三大任务与三个转变》，载《人民论坛》2020 年第 2 期，第 19—21 页。

第四章　精准扶贫战略下的广东特困人员救助供养制度改革

表 4-1　广东省推动特困人员供养与扶贫攻坚相衔接的相关政策文件

时　　间	政　　策
2016 年 10 月	《广东省民政厅关于底线民生精准扶贫精准脱贫三年攻坚的实施方案》（粤发〔2016〕13 号）
2018 年 11 月	《广东省民政厅、省财政厅、省扶贫办关于发挥社会救助在精准脱贫中兜底扶贫的实施意见》
2018 年 12 月	《广东省民政厅、省财政厅、省扶贫办关于在脱贫攻坚三年行动中切实做好社会救助兜底保障工作的实施意见》
2018 年 12 月	《关于进一步做好建档立卡贫困人员社会救助兜底保障有关具体问题的通知》（粤民函〔2018〕2753 号）
2020 年 4 月	《广东省民政厅、广东省扶贫办联合印发社会救助兜底脱贫行动实施方案》（粤民发〔2020〕49 号）

资料来源：根据广东省民政厅网站数据进行整理。

实现特困人员救助供养等社会救助和精准扶贫工作的有效衔接是精准扶贫战略与贫困治理体系的重要内容，但是在二者衔接的过程中，仍然存在诸多现实问题，特别是社会救助与精准扶贫的目标偏差与群体偏差问题，这使二者无法真正实现有效对接与统一。[①] 结合广东省特困人员供养机构改革的实践，本部分将概述广东省特困人员救助供养与精准扶贫工作相衔接的情况，为优化两者间的关系及衔接机制提供启示。

一、政策对象衔接：应兜尽兜、应扶尽扶

广东省着力在政策创制上下功夫，有效加强特困人员救助供养制度与精准扶贫工作的衔接。2018 年 11 月 12 日，省民政厅、省财政厅、省扶贫办联合印发《关于发挥社会救助在精准脱贫中兜底扶贫的实施意见》（以下

[①] 戴旭宏：《精准扶贫：资产收益扶贫模式路径选择——基于四川实践探索》，载《农村经济》2016 年第 11 期，第 22—26 页。

简称《意见》），全面推动社会救助制度和精准扶贫工作有效衔接。《意见》将全省所有符合条件的农村低保对象、特困人员纳入贫困人员建档立卡范围，享受"三保障"（义务教育、基本医疗、住房安全有保障）政策，同时也将符合条件的农村建档立卡贫困人口纳入农村低保和特困人员救助供养范围，实现两类人群的双向衔接。

（一）扶贫对象应兜尽兜：将建档立卡户纳入特困人员救助供养范围

广东省强调将建档立卡户纳入特困人员救助供养范围。根据省民政厅《关于在脱贫攻坚三年行动中切实做好社会救助兜底保障工作的实施意见》《关于进一步做好建档立卡贫困人员社会救助兜底保障有关具体问题的通知》等文件，广东省将完全丧失或部分丧失劳动能力且无法依靠产业扶持和就业帮扶脱贫的建档立卡相对贫困人员纳入农村低保与特困人员救助供养进行兜底保障。截至2019年年底，全省60.5万户、157.4万建档立卡贫困户中，有16.9万户、17.5万人被纳入特困人员救助供养范围[①]，努力做到对扶贫对象的应兜尽兜。

（二）特困人员应扶尽扶：将符合条件特困人员全部纳入建档立卡范围

广东省将符合条件的特困人员全部纳入建档立卡范围。省民政厅、省财政厅、省扶贫办印发《关于发挥社会救助在精准脱贫中兜底扶贫的实施意见》（下称《实施意见》），强调将全省符合条件的农村低保对象、特困人员全部纳入建档立卡范围，享受"三保障"政策，努力实现对特困人员的应扶尽扶，实现两类人群的互相衔接。对未纳入建档立卡范围的特困人员，要足额发放救助供养金，并通过多种途径加大帮扶力度。

---

① 广东省民政厅：《迎接第二十次广东民政会议召开——奋进新时代 凝心聚力谱写广东社会组织工作发展新篇章》，http://smzt.gd.gov.cn/mzzx/ywdt/content/post_2700598.html。

（三）厘清扶贫对象与特困人员在认定方式上的差异

扶贫人口的识别主要有两个环节：首先，各省将抽样测算得出的贫困人口数逐级分解到县、乡镇和行政村，即"分指标"；其次，贫困人口数量指标下达到村后，根据总量控制的原则，通过收入核查、村级评议、乡镇审核、县级审批等环节确定贫困户，并对识别出来的贫困户进行建档立卡。[1] 特困人员的认定则不存在"分指标"的政策依据，其认定办法是"三无"，即无劳动能力，无生活来源，无法定赡养、抚养、扶养义务人或法定义务人无履行义务能力。特困人员动态审查周期的认定已经做到了动态管理，而扶贫对象的认定由于受成本制约，动态审查的周期要长得多。[2] 加之不同省市的认定标准存在差异，特困人员救助供养制度与精准扶贫工作在衔接上存在很多不便。

为此，广东省民政厅、广东省财政厅、广东省扶贫办联合印发《关于发挥社会救助在精准脱贫中兜底扶贫的实施意见》，对特困人员认定的工作提出更高的要求，强调其与扶贫对象认定、脱贫攻坚工作的衔接。随着扶贫攻坚战进入决胜阶段，在特困人员救助供养工作中也更加注重其贫困的不同成因，通过综合考虑家庭成员因残疾、患重病、上学等刚性支出和人口结构、收入状况、财产状况等维度，细化认定识别条件，健全特困人员认定机制。

二、管理衔接：提高特困人员救助供养水平

在精准扶贫战略下，特困人员主要由民政部门负责管理，且遵循属地管理的原则；精准扶贫工作则由专门的扶贫部门负责。部门分割等因素制约了特困人员救助供养与精准扶贫工作的统筹推进，这种张力集中体现为两者在标准上的异质性。为此，广东省近年来从完善救助供养标准自然增

---

[1] 参考《国务院扶贫办关于印发〈扶贫开发建档立卡工作方案〉的通知》（国开办发〔2014〕24号）。

[2] 江治强：《精准扶贫需要社会救助精准发力》，载《中国民政》2016年第5期，第27—29页。

长机制、提高供养机构管理服务水平及建立特困人员照料护理服务标准等层面统筹特困人员救助供养与精准扶贫工作，促进两者在管理上的有机衔接，推进特困人员救助供养制度向精准扶贫工作靠拢。

（一）完善救助供养标准自然增长机制

2016年广东省民政厅颁布的《关于底线民生精准扶贫精准脱贫三年攻坚的实施方案》规定，农村特困人员救助供养标准按照不低于当地上年度农村居民人均可支配收入的60%制定，确保农村特困人员生活水平达到当地平均生活水平。特困人员救助供养标准自然增长机制的建立从本质上是与精准扶贫工作中建立基于基本生活需要的多维贫困标准这一方向相一致的，因而也是2020年之后贫困治理的重要着力点之一。

（二）提高供养机构管理与服务水平

特困人员供养机构是特困人员救助供养制度效能发挥的核心场域，其负责集中供养的失能、半失能人群是特困人员中最为困难的群体，因此，供养机构管理服务水平与精准扶贫工作的"最后一公里"有着紧密的联系。其中，农村地区的供养机构是重中之重。为确保特困人员的需求，省民政厅要求县级以上政府要将供养机构运转费用列入财政预算，强化特困人员救助供养资金保障，探索供养机构社会化改革路径，提升特困人员供养机构的活力，为特困人员提供生活照料、医疗康复、精神慰藉等多层次服务，并出台农村特困人员供养机构管理细则，加强农村特困人员供养机构基础设施建设，从而促进失能、半失能特困人员的兜底保障工作，全面提升救助供养水平。这一举措对于缺乏劳动能力而不得不由兜底保障措施来实现脱贫的一部分人群来说极为重要。

（三）建立特困人员照料护理服务标准

随着老龄化的进一步加剧，广东省特困人员中失能、半失能人群所占比例进一步上升。然而，在当时的特困人员救助供养制度下，特困人员救助供养内容以提供基本生活条件为主，失能、半失能特困人员照料护理服务的实施细则尚未明确。

第四章　精准扶贫战略下的广东特困人员救助供养制度改革

基于这一实际情况，广东省民政厅于 2018 年出台《广东省民政厅关于加强特困供养人员护理工作的通知》（粤民规字〔2018〕4 号），明确指出半自理（半失能）特困人员的月人均收入护理标准以不低于当地最低工资标准的 30% 确定，全护理（失能）人员的月人均护理标准以不低于当地最低工资标准的 60% 确定，并明确了原则上全自理特困人员的日常看护，失能、半失能特困人员的护理服务均由供养机构或其他专业机构等主体提供。这一政策举措以针对性地解决特困人员的照料护理问题为目标，在解决这部分人群的贫困问题上有着较好的政策效能。

三、数据衔接：建立监测预警机制

（一）建立数据互通平台，实现信息共享

在对象认定上的精准性及灵活性是特困人员救助供养制度及精准扶贫工作效能发挥的基础，民政部门及扶贫部门分别有着认定自身服务对象的机制及数据系统，如何接通这两个分属不同部门的系统是实现两项制度衔接的基础与重中之重。

为实现民政部门救助对象数据与扶贫部门扶贫对象数据的互联互通，2018 年以来，广东省民政厅积极挂接省目录管理系统，实现每日上传全省最新低保、特困人员救助供养数据，提供给扶贫部门用于识别扶贫对象，协助省扶贫办建设扶贫数据互通共享平台。目前，广东省已建立起底线民生信息化核对管理系统，依托省政务信息资源共享平台，实现民政救助和扶贫开发的数据互通、资源共享。

一方面，民政部门将认定的特困人员信息及家庭经济状况信息提供给扶贫部门，便于扶贫部门认定扶贫对象和选择扶贫方式。另一方面，扶贫部门将扶贫对象信息和扶贫对象脱贫信息以及无法依靠产业扶持和就业帮助脱贫的家庭信息提供给民政部门，方便民政部门及时将符合救助条件的扶贫对象纳入救助范围，应救尽救，同时对已经脱贫的扶贫对象逐步降低补助标准或将其移出兜底范围，应退尽退。

（二）加强信息比对：强化返贫监测预警与动态帮扶

2020年是脱贫攻坚决战决胜、全面收官的关键阶段，为高质量打赢脱贫攻坚战，广东省民政厅、广东省扶贫办联合印发《社会救助兜底脱贫行动实施方案》（以下简称《实施方案》），编密织牢基本民生兜底保障网，确保贫困人口应保尽保、应救尽救，"不漏一户、不落一人"。《实施方案》突出了健全完善检测预警机制的要求，从贫困人口监测、社会救助信息共享、潜在对象跟踪研判、发现转介机制完善等维度强化返贫监测预警与动态帮扶工作。

一是通过省政务数据共享平台，每月开展未脱贫人口及收入不稳定、持续增收能力较弱、返贫风险较高的已脱贫人口和建档立卡边缘人口与农村低保、特困人员的相关信息比对，找出未纳入农村低保、特困人员救助供养范围的人员，建立台账，深入分析其返贫致贫风险，为做好兜底保障工作提供实时监测数据。经家庭经济状况核对和生活状况评估，对不符合条件但存在一定困难的对象以及家庭收入在社会救助标准与脱贫标准区间的对象进行备案管理，登记在册，及时做好预判，完善预警机制。二是要指导乡镇（街道）、村（居）委会充分运用主动发现机制，重点摸排核查贫困人口、低收入和边缘对象，实施类别化、差异化救助。符合兜底保障条件的，民政部门给予生活救助或转介相关部门给予专项救助；不符合兜底保障条件的贫困人口，由扶贫部门协调落实其他帮扶措施。

第三节 小 结

特困人员救助供养制度与精准扶贫工作都是我国精准扶贫战略和贫困治理体系的重要组成部分，两者的贫困治理路径有所差异，也有需要协调发力之处。决胜脱贫攻坚不仅要求两项制度更好地衔接，也要求两项制度本身进行供给侧改革，通过在制度层面优化主体、资源、运作方式等各项要素配置，达到降低制度运行成本、提高制度运行效能的效果。

第四章　精准扶贫战略下的广东特困人员救助供养制度改革

本章的主要观点是特困人员供养机构公建民营改革的运行效果从微观上决定着特困人员救助供养制度改革的实效,为此,广东省特困人员救助供养制度改革重点围绕供给侧发力,其创造的"区域统筹打包"公建民营改革模式对破解特困人员救助供养领域的供需失衡问题具有重要价值,同时也为优化政府与市场的关系提供了现实路径。此外,广东在特困人员救助供养制度改革过程中努力破除因行政管理体制碎片化等问题带来的壁垒,加快特困人员救助供养制度与精准扶贫工作的衔接,从对象、管理及数据衔接等层面为精准扶贫战略下的特困人员救助供养制度改革贡献了广东方案。

第五章　广东省特困人员的服务需求与供给分析

党的十九大着眼于人民物质文化生活水平不断提高的社会背景，将我国社会主要矛盾明确为"人民日益增长的美好生活需要和不平衡不充分发展之间的矛盾"。这一历史性转变表明了亟须对现实的供给和需求进行战略调整。为了贯彻以人民为中心的新发展理念，在发展中保障和改善民生，打赢脱贫攻坚兜底保障的攻坚战，完善特困人员救助供养制度和工作，提高特困人员生活保障水平是关键的一步。目前，广东省特困人员生活保障情况如何？

本章对本书研究团队于2017—2019年期间每年在广东省多个典型县（市、区）所获得的调查数据进行分析，结果发现，目前广东省特困人员的服务需求与供给之间存在脱节。整体而言，特困人员的人口学特征表现出相对弱势，如老年人口数量庞大、非婚状态比重高、多数人无子女、受教育程度普遍较低、收入来源较为单一以及支付能力十分有限。广东省特困人员有较高的集中供养需求，然而，集中供养率在现实中被低水平锁定。研究发现，集中供养特困人员的评价不高以及分散供养特困人员的吸纳力不够是两大主要原因，而进行特困人员供养机构改革是破解这一问题的关键之道。特困人员自理能力的欠缺、代际支持的缺乏、社会交往的不足以及现有照料护理服务相对低的水平等现实矛盾，时刻敦促特困人员照料护理制度的建立。此外，分散供养特困人员救助短板主要集中在基本生活保障不全、看病负担较重、生活满意度不高和政策知晓度不高四个方面。

本章通过对当前广东省特困人员的人口学特征、特困人员集中供养需求、特困人员照料护理需求、分散供养特困人员生活保障状况等方面的数据进行剖析，以凸显进一步完善特困人员基本生活保障工作、推进特困人员供养机构改革、建立健全特困人员照料护理制度等深化特困人员救助供养制度改革的重要性和必要性。

第一节 数据来源与人口学特征

一、数据来源

本章广东省特困人员服务需求与供给评估的数据主要来源于本书研究团队于2017—2019年期间每年对广东省多个典型县（市、区）的调查。首先，根据2017年年底广东省各县（市、区）的农村特困人员数量，筛选出24个特困人员数量超过3000人的县（市、区）（如表5-1所示），作为2017—2019年期间的调查范围，涉及10个城市（湛江、茂名、肇庆、梅州、汕尾、河源、阳江、清远、揭阳、云浮）。2017年，对24个县（市、区）中特困人员数量超过4000人的县（市、区）以及海丰县进行入户问卷调查。2018年和2019年则选取24个县（市、区）中的15个县（市、区）进行入户问卷调查，两年均覆盖10个城市。对各市下属县（市、区）的选择，遵循随机抽样原则进行，并且对选定的县（市、区）进行全覆盖。

在调查人数方面，2017年，对26304人进行入户问卷调查。2018—2019年对3000人进行入户问卷调查。此外，2017—2019年期间还通过民政信息系统平台对另外一批特困人员进行了核查。其中，2017年核查了75950人，核查地区涉及全省21个地级市；2018年和2019年分别核查了27000人，核查地区与入户调查的地区相同。

就具体的入户问卷调查地区而言，2017年对河源市（龙川县）、梅州市（五华县）、汕尾市（陆丰市、海丰县）、阳江市（阳春市、阳西县）、湛江市（雷州市、廉江市、遂溪县、吴川市）、茂名市（电白区、信宜市、高州市、化州市）、清远市（清新区、英德市）、云浮市（罗定市）17个县（市、区）进行调查。

2018年对河源市（龙川县）、梅州市（兴宁市、五华县）、汕尾市（陆丰市、海丰县)、阳江市(阳东区)、湛江市(徐闻县、遂溪县)、茂名市(电白区)、肇庆市(怀集县)、清远市(清新区)、云浮市(郁南县、罗定市)、揭阳市(揭西县、普宁市)15个县(市、区)进行调查。

2019年对湛江市(廉江市、雷州市)、茂名市(高州市)、肇庆市(怀集县)、梅州市(五华县、兴宁市)、汕尾市(海丰县、陆丰市)、河源市(龙川县)、阳江市(阳西县)、清远市(英德市)、揭阳市(揭西县、普宁市)、云浮市(郁南县、罗定市)15个县(市、区)进行调查。

表5-1 2017—2019年入户问卷调查地区

调查地区	2017年特困人员数量(人)	2017年	2018年	2019年
湛江市				
遂溪县	5772	√	√	
徐闻县	3369		√	
廉江市	9516	√		√
雷州市	10612	√		√
吴川市	4339	√		
茂名市				
电白区	5756	√	√	
高州市	6667			√
化州市	7487	√		
信宜市	6421	√		
肇庆市				
怀集县	3873		√	√
梅州市				
五华县	4175	√	√	√
兴宁市	3390		√	√
汕尾市				
海丰县	3711	√	√	√
陆丰市	6431	√	√	√

续表 5-1

调查地区	2017年特困人员数量（人）	2017年	2018年	2019年
河源市				
龙川县	4668	√	√	√
阳江市				
阳东区	3438		√	
阳西县	4109	√		√
阳春市	4918	√		
清远市				
清新区	4301	√	√	
英德市	4837	√		√
揭阳市				
揭西县	3409		√	√
普宁市	3900		√	√
云浮市				
郁南县	3142		√	√
罗定市	6251	√	√	√

数据来源：由广东省民政厅提供。

二、特困人员人口学特征

拥有良好的个体素质是维持基本生活的关键。个体的年龄、婚姻、受教育程度、收入、支出等各方面的条件不仅直接影响其生活质量和方式，而且也是贫困与否的重要因素。

（一）以老年人为主体

老年人是特困人员的主要群体，中青年人占比其次，未成年人占比最少。根据2018—2019年入户调查数据，2018年，60岁以上老年人口的比例为82.82%，18～60岁的中青年人口的比例为16.19%，18岁以下未成年人口的比例为1.00%；2019年，60岁以上老年人口的比例为86.55%，18～60岁的中青年人口的比例为12.69%，18岁以下未成年人口的比例为0.76%。

（二）性别比例失衡，男性多于女性

特困人员性别构成比例失衡，男性特困人员显著多于女性。根据3年的入户调查数据，2017年，男性和女性的比例分别为82.82%、17.18%；2018年，男性和女性的比例分别为88.37%、11.63%；2019年，男性和女性的比例分别为87.98%、12.02%。数据直观地表明，男性陷入贫困的风险相对较高。

（三）户籍异质性大，农村多于城市

户籍分布也存在较大差异，农村特困人员数量显著大于城市特困人员数量。根据2018—2019年入户调查数据，2018年，农村特困人员占比为97.99%，城市特困人员占比为2.01%；2019年，农村特困人员占比为96.38%，城市特困人员占比为3.62%。

（四）非婚比例较大

特困人员多处于非婚状态。入户调查发现，2018年与2019年未婚人员分别占74.27%和80.68%，离异人员分别占0.25%和2.71%，丧偶人员分别占2.90%和9.27%，而在婚人员则分别仅占16.09%和7.33%（见图5-1）。由此可见，特困人员大多为未婚人员，没有配偶相互照料，物质和精神方面的需求难以得到满足。是否有配偶是影响特困人员幸福感的重要因素，有配偶意味着有更多的物质和精神支持，可以避免因生病而面临照料不足等方面的风险。

第五章 广东省特困人员的服务需求与供给分析

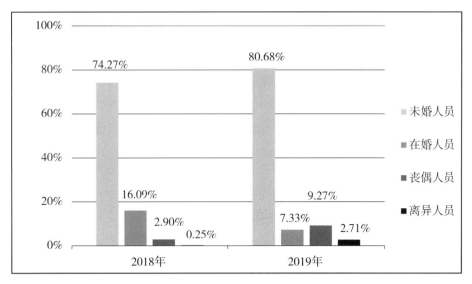

图5-1 广东省特困人员婚姻状况

【典型案例5-1】

ZXM,梅州市五华县某村人,先天性残疾,属于肢体残疾,一直长不高,48岁还没找到属于自己的如意郎君,现今借住在兄长家里,母亲已经年迈,一同在兄长家吃住。ZXM的母亲说:"如果女儿能长高一点早就该有自己的家庭了,无奈长成这样,耽误了一生。"母亲责怪自己害了她,没能让她像平常人一样,有自己的家庭,生儿育女。还好有政府一直帮助她,每个月给予金钱资助,生活还算过得去。

(五)多数无(健在)子女

无法定赡养人员或法定赡养人员无能力赡养是认定特困人员的条件之一。2019年的入户调查显示,在60岁以上的特困人员中,89.8%无健在子女,仅10.2%有健在子女。这意味着代际间的照顾资源处于匮乏状态,使得特困人员易遭受生病、照料等的风险,这也从侧面反映了提高集中供养率的必要性和紧迫性。

【典型案例 5-2】

HZY、WCT,肇庆市怀集县某村人,是一对特困户夫妻,在做问卷调查的过程中,当问及是否愿意去养老院时,这位婆婆说,不愿意。并诉说她成为特困人员的原因:早些年她的儿子被别人害了,掉到水里面淹死了,儿子娶了媳妇三年还无后代,结果儿子不在了,他的媳妇也就跑了,只剩下他们两个老人家相依为命。

(六) 受教育程度总体较低

受教育程度是特困人员生存和生产能力的体现之一。根据2019年的入户调查,高达42.25%的特困人员没有接受过任何学校教育和职业教育,受教育程度为小学的人员占比46.33%,受教育程度为初中的人员占比9.27%,受教育程度为高中的人员占比2.11%,仅0.03%的人员接受过大专及以上教育。(见图5-2)特困人员普遍偏低的文化程度,较差的生存能力,是造成其陷入贫困状态的重要因素。

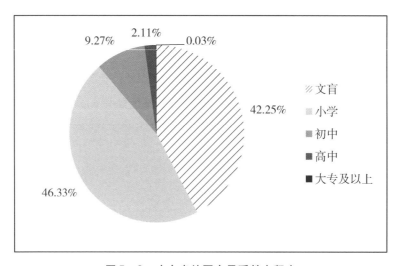

图 5-2 广东省特困人员受教育程度

第五章 广东省特困人员的服务需求与供给分析

（七）收入来源单一，制约生活水平

收入状况直接关系着特困人员的生活水平。根据2018年的入户调查，除了社会救助金外，有社会保险养老金（退休金）的受访人员占比44.35%，有亲友资助的受访人员占比11.06%，有以往储蓄的受访人员占比9.39%，有劳动收入的受访人员占比1.54%，有村分红的受访人员占比0.16%。（见图5-3）这反映了特困人员收入渠道单一，大部分特困人员依靠社会救助金作为生活费的主要来源，部分特困人员有养老金收入，而极少数特困人员有劳动收入、村分红、亲友资助和以往储蓄作为生活费的主要来源。

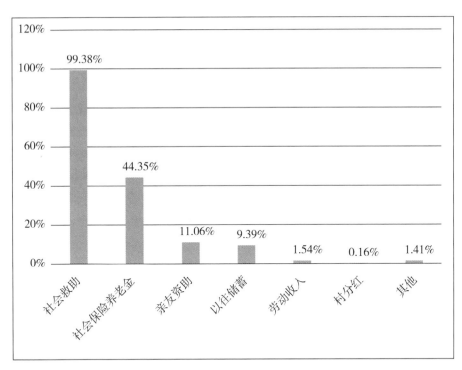

图5-3 广东省特困人员收入状况

【典型案例5-3】

　　XFH,男,65岁,盲人,茂名市高州市某村人。日常生活由外甥照顾。无自有住房,只能住在外甥租来做废品回收的破旧大仓库里。他的床位摆在仓库中间,前面堆着回收的废品,居住环境极其恶劣。可能是因为老人看不见,他表示对此早已习惯,并无大碍。老人的收入主要来源于政府给予的特困金,无其他经济收入来源。家中条件极为简陋,缺乏生活用品。大仓库也是铁皮式的,房顶是瓦砖,且年久失修,显得破破烂烂的,有明显的漏风漏水现象。

【典型案例5-4】

　　HYL,家住电白区某村。这位老人左手有点残疾,所以干不了什么重活,老人也没有土地或房子,住在村委会提供给他的一间小店面里,村委会不收老人任何费用,老人的吃、住都在那里。小店面靠近学校,所以老人就开了一间小卖部,卖一些零食和水,平时生意还是挺不错的,再加上政府的补贴,老人的生活过得也是比较好的。老人的小卖部靠近学校和村的主干道,虽然老人没有儿女,但平时来买零食的小孩子和村里面的人来找老人聊天的很多,很热闹,所以老人过得并不孤单。在和老人聊天的过程中,并不难发现老人的言语之中,是十分感谢村委会的,所以出于感谢,老人经常会给村委会送一些水,虽然村委会多次婉拒,但老人还是坚持要送。

(八) 支付能力有限,消费结构固定

　　消费支出是特困人员生活水平的体现。2017—2018年,广东省城乡居民月人均消费水平分别为2068元和2171元。[①] 而广东省特困人员消费支出远低于这一标准,绝大多数特困人员月消费支出低于1000元。2017年和

---

① 数据来源于《中国统计年鉴(2018)》和《中国统计年鉴(2019)》。

第五章 广东省特困人员的服务需求与供给分析

2018 年的入户调查结果显示，受访特困人员每月支出金额不足 500 元的特困人员分别占 30.07% 和 25.14%，每月支出金额为 500～1000（含 500 元）元的特困人员分别占 51.72% 和 53.36%，每月支出金额为 1000～1500（含 1000 元）元的特困人员分别占 12.10% 和 16.22%，每月支出金额达到 1500 元及以上的分别占 6.11% 和 5.28%。

2019 年的入户调研显示，特困人员的日常花费主要为食品、日用品、医疗费用支出和衣着支出。食品支出是 98.34% 的特困人员的主要支出；紧随其后的是日用品支出，为 70.73% 的特困人员的主要支出；医疗/药品支出与衣着支出分别是 67.44% 和 43.00% 的特困人员的主要支出。相比之下，交通支出（10.17%）、通信支出（7.18%）、文教娱乐支出（0.93%）占比较小。（见图 5-4）从特困人员的支出结构可以看出，大部分特困人员目前的生活水平仅停留在温饱层面，无力支持其他消费。尤其是对于大部分患有疾病，需要以药物维持正常生活的特困人员来说，想要提升生活水平和质量并非易事。

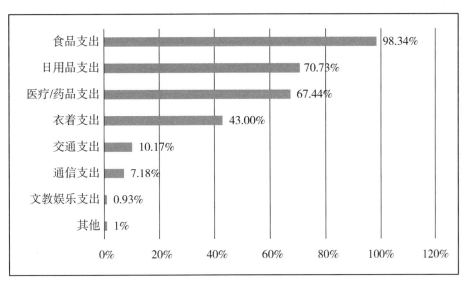

图 5-4 广东省特困人员消费支出状况

【典型案例 5-5】

　　OQS，湛江市徐闻县某村人，2019年已经73岁高龄，且已丧失了劳动力，而且孤身一人。老人虽说已经73岁高龄，但仍坚持自己做饭吃，虽说艰苦，但也乐得开怀。从与他的交流中得知，在农忙的时候他还帮助他的侄子带孩子，打发一下时间，也有个陪伴，能够借此享受一下天伦之乐。虽说日子过得清苦——没有了劳动力，只能拿着政府每月674元的特困供养金和120元的社会保险养老金，但是孩童的欢声笑语，给予了老人不一样的幸福与快乐。

　　进入OQS老人的屋内，虽然家里啥都没有，但是老人家也把自己的生活打理得井井有条，去到OQS老人家里的时候，他正在吃午饭，桌面上摆着一碟豆腐干，少许肉还有粥。OQS很高兴地说："感谢政府，现在每个月能领到794元，能吃饱饭，不用饿肚子。"

【典型案例 5-6】

　　CZW，肇庆市怀集县某村人，来到CZW老人家中的时候，他刚好外出耕作回来。老人说在家闲不住，所以会经常到田里耕作，一来可以补贴家用，二来也可以消遣一下时间。老人家里养的鸡是由村里扶贫部门发的，他说当初还是小鸡苗，现在已经被他喂得胖胖了。不只是扶贫的鸡苗，村里还帮他申请了特困户，每个月可以拿到800元的生活补助，这很好地解决了老人的生活难题，一改以前食不果腹的日子。老人笑着跟我们说，在政府的帮助下，他现在不愁吃喝了。

第二节　特困人员供养机构改革的呼声日趋高涨

　　目前，广东省特困人员中的失能、半失能人员比重较高，在理论上具有较高的集中供养需求。2018年，《广东省民政厅关于进一步落实特困人员

第五章 广东省特困人员的服务需求与供给分析

供养服务机构公建民营社会化改革的通知》(粤民函〔2017〕1142号)规定,到2020年,全省失能、半失能特困人员集中供养率要达到60%。然而,在现实中,与失能、半失能人员比例相比,广东省特困人员的集中供养率却很低,形成了失能、半失能比重高(集中供养需求高)和集中供养率低并存的局面与悖论。为了探究这一现象,本节从集中供养人员和分散供养人员两个群体的调查入手,揭示出提升集中供养率需要从供给侧寻找突破口,改善供养机构的环境并提升服务供给能力,进而提升特困人员的入住意愿。

一、失能、半失能比重高与集中供养率低并存

集中供养是指国家财政负担兴建供养机构,将特困人员集中安置到供养机构并提供日常生活照料的供养模式。从理论上说,集中供养的日常生活照料可及性较高、供养内容便于统一落实,具有高保障性的优势,入住集中供养机构能够满足特困人员的日常衣、食、住、行、医等基本生活需求,降低生活风险。同时,由于集中供养管理操作的便捷和高效率,大大节省了供养支出和生活照料费用。鉴于失能、半失能特困人员生活自理能力弱,对其照顾需要花费相当大的时间和精力,因此入住供养机构是该类人员理想的选择。然而,即便集中供养模式是广东大力推崇的救助途径,在政策实际运作过程中,集中供养率[①]仍难以实现有效突破。

根据广东省民政厅2018年第一季度数据统计,广东省失能人员占全体人员的比例为5.72%,半失能人员占全体特困人员的比例为16.18%,失能、半失能人员占全体特困人员的比例为21.90%(见图5-5);与失能、半失能人员相比,集中供养人数仅占全体特困人员的比例为8.73%;而分散供养人员占全体人员比例高达91.27%。[②] 因此,占全体人员21.90%的失能、半失能人员对集中供养有较大的需求。然而,实际的集中供养率仅有

[①] 集中供养率:用以衡量入住供养机构的集中供养对象人数占供养对象总人数的比例。其计算方式为:集中供养率=(集中供养对象人数/供养对象总人数)×100%。

[②] 数据来源于广东省民政厅官网。

8.73%,形成了失能、半失能比重高（集中供养需求高）与集中供养率低并存的局面和悖论。对于这一现象，需要从集中供养人员和分散供养人员两个群体的角度进行分析，以揭示特困人员供养机构改革的必要性。

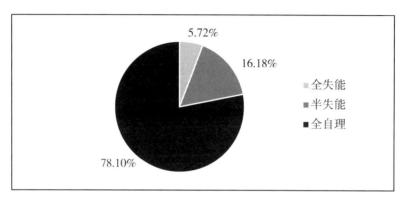

图 5-5　广东省特困人员生活自理能力状况

二、集中供养特困人员——既有服务对象的评价有待提升

集中供养特困人员是目前居住在供养机构的人员，对供养机构的建设情况具有较为直观、深切的感受。通过调查集中供养人员继续入住机构的意愿、生活满意度以及对机构环境与服务的评价，可以在一定程度上了解到目前特困人员供养机构的建设情况。

（一）继续入住意愿不强

根据 2019 年入户调查，通过询问集中供养人员"是否愿意继续入住供养机构"这一问题，结果显示：72.99% 的人愿意继续入住供养机构，其中 36.21% 的人员非常愿意继续入住，36.78% 的人员比较愿意继续入住。然而，仍有 27.01% 的人员不愿意继续入住，其中 12.36% 的人员不太愿意继续入住，14.66% 的人员非常不愿意继续入住。

（二）生活状况满意度有进一步提升空间

集中供养人员的生活满意度直接反映集中供养机构的服务质量和运作效果，是影响特困人员是否愿意入住供养机构的重要因素。根据 2019 年入户调查，在集中供养的特困人员中，66.38% 对目前的生活满意，29.89% 持一般态度，3.73% 对目前的生活状态不满意。即便是持满意态度的特困人员超过半数，持有一般态度的特困人员近 1/3，仍有小部分特困人员对生活状况不满意。从这个角度来看，特困人员对生活满意度的评价有进一步提升的空间，也说明了特困人员供养机构建设有待进一步完善和提升。

（三）机构评价与认同感不高

除了自身生活自理能力情况、家庭照顾者情况和传统安土重迁思想等因素外，对机构环境与服务的评价是影响集中供养特困人员生活满意度的重要因素，进而影响其继续入住机构的意愿，同时还会对分散供养人员的入住机构意愿产生潜移默化的影响。2019 年的入户调查结果显示，在集中供养特困人员中，54.89% 的人员对供养机构的环境和服务评价比较高，认为供养机构提供的服务比较好或非常好。然而，有 36.21% 的人员认为供养机构的环境与服务一般，8.90% 的人员认为供养机构的环境和服务不太好或非常不好。这说明了供养机构的环境与服务有进一步提升和改善的空间。

三、分散供养特困人员——对潜在服务对象的吸纳不力

如上所述，分散供养特困人员中虽有很大一部分人口有集中供养的刚性需求，但是实际上住进供养机构的比例却很低。尽管分散供养人员没有住在供养机构，但对该类人员的入住机构意愿和对机构环境与服务的评价进行调查，能够推动日后特困人员供养机构改革，进而让更多分散供养特困人员因看到供养机构环境与服务的改善而愿意入住。

（一）对供养机构的入住意愿不高

分散供养人员是否有意愿入住供养机构，关系到其生活方式、生活环

境、生活水平等各方面的调整安排。根据理性经济人假设，只有当个体认为某一行为的收益大于所付出的成本时，他才会采取行动。对于分散供养人员，只有当集中供养机构所提供的服务和环境达到改善目前生活状态的标准时，选择集中供养方式才是最优化的决定。根据2019年的入户调查，关于"是否愿意入住供养机构"这一问题，分散供养特困人员中仅有13.03%的人愿意入住供养机构，其余86.97%的人并不愿意入住。这反映了分散特困人员对特困人员供养机构的入住意愿并不高。

（二）对供养机构的刻板认知与评价

如前所述，除了自身生活自理能力状况、生活照顾者情况和传统观念的影响外，供养机构环境与服务的好坏也是影响分散供养特困人员入住供养机构的意愿的一个重要因素。根据2019年的入户调查结果显示，仅有22.54%的分散供养特困人员认为供养机构的环境与服务比较好或非常好，而58.49%的分散供养特困人员则认为供养机构的环境与服务一般，18.97%的人认为供养机构的环境与服务不好。由此可见，分散供养特困人员对供养机构的环境与服务总体评价并不高，进而影响其入住供养机构的意愿。

第三节　特困人员护理需求的日趋增长

当特困人员由于身体机能衰退而丧失部分或全部生活自理能力时，其主要护理支持来源于家庭成员。现实的矛盾在于特困人员的家庭支持表现出明显的不足和脆弱，这就对建立专业的特困人员照料护理服务制度提出了需求。

一、自理能力欠缺，护理需求强烈

广东省特困人员自理能力欠缺，表现为整体身体素质欠佳，失能、半失能人员和重度残疾人员比重较大，对照料护理服务的需求日益增长。此外,特困人员看病难问题依然存在,完善照料护理服务制度有利于解决特困人员看病难的问题。

(一) 整体身体素质欠佳

身体健康状况是影响特困人员能否自我照料的重要因素。通过核对民政信息系统从中发现,2017—2018年特困人员健康状况为健康或良好的比例分别为13.74%、9.86%,健康状况为一般或较弱的比例分别为85.38%、89.06%,而重病人员分别占比0.55%、1.08%。这反映出特困人员身体健康状况一般或较弱的比重较大,且小部分人员处于重病缠身的境况。由于身体素质欠佳,这部分人群自我照料难度大,对照料护理服务存在一定的需求。

【典型案例5-7】

ZLY,女,茂名高州市某村人,丧偶,无儿女。ZLY患有心脏早搏,是危险性很高的疾病,只能靠药物维系生命。她平日胃口不好,猪肉都很少买,省下来的钱就拿来买药。因为患有肾积液,她就连种菜的能力都没有,只能去亲戚家吃饭。由于身体因素,她只能吃一点青菜和粥,一日三餐大概如此。张女士所在村属于省级贫困村,她的亲戚也只是普通农民,平日只能在生活方面多照顾一下她。尽管张女士有安全住房,但年久失修,下雨天门口以及厨房的天花板总会漏水,给生活带来很大的不便。她自己也没有多余的钱去修缮房屋,只能求助政府有关部门组织爱心人士帮忙修理。

(二) 失能、半失能人员比重较大

根据广东省民政厅2018年第1季度数据统计,2017年全省失能、半失能特困人员比例高达21.90%。[①] 由此可见,目前广东特困人员中失能、半失能人员比重较大。这部分人员的自理能力弱,单靠自身能力无法完成日

[①] 数据来源于广东省民政厅官网。

常生活自我照料,对照料护理服务有较为强烈的需求。

> **【典型案例5-8】**
>
> CHZ,72岁,阳江市阳春某村人,肢体二级残疾,卧床已经有几十年了。他的下半身是根本动不了的,平时的吃喝拉撒都是依靠他弟弟一家人来照顾。因为他弟弟一家不是专门的护工,所以也不会一直待在他身边照顾他,特别是农忙的时候就更加不可能了。"如果渴了怎么办呢?"他回答求助经过的人。而且吃饭也是没人喂的。调查员问:"那你怎么吃?"他就一边示范一边说:"就这样侧着吃。"这些都是因为他没有额外的收入请个专门的护工来照顾他。而且,因为他动不了,平时生病什么的,都是叫医生上门给他看病,而这些看病的钱是不能报销的,所以更加重了他的经济负担。

(三)重度残疾人员需要特殊照顾

特困人员中不乏"因残致贫"的对象。无论是肢体残疾抑或精神残疾,都对自理能力产生重要的抑制作用。通过核对民政信息系统从中发现,2017年全省特困人员中重度残疾人员[①]比例达12.09%。就残疾等级而言,一级残疾占比24.07%,二级残疾占比44.75%,三级残疾占比17.66%,四级残疾占比13.52%。

就重度残疾的类型而言,肢体残疾占比39.25%,精神残疾占比19.77%,智力残疾占比13.95%,视力残疾占比11.02%,多重残疾占比6.71%,听力残疾占比6.34%,言语残疾占比2.97%。(见图5-6)整体而言,肢体残疾与精神残疾所占比重较大。肢体残疾限制了特困人员的行为能力,使其无法正常生活;而精神残疾更是限制了特困人员的照料护理工作和活动,其照料护理的时间成本和经济成本更为高昂。

---

① 这里的"重度残病"是指一至四级残疾等级。

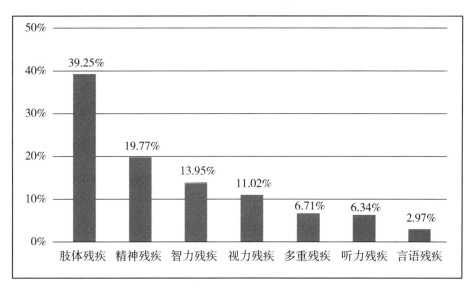

图 5-6 广东省特困人员重度残疾具体类型

【典型案例 5-9】

LGZ，湛江市雷州市某村人，自小体弱多病，身患残疾，被可怕的脂肪瘤缠身，其父不幸被雷电击中身亡。前些年因家庭贫困，没钱治疗，已做好了死亡准备，后来由深圳广电集团号召社会人士和集团施以援手送她前往外地就医，就医期间也获得爱心人士的捐助救济，治疗费用共约 80 万元。但不幸的是四年之后，其旧病复发，家中已无钱救助。无奈之下只能送她去尼姑庵住，让时日不多的她有个宁静的环境。

【典型案例5-10】

　　ZJH，男，现居廉江市某村，85岁，半失能人士。因为他是精神二级残疾，无法正常行动，会四处乱跑，照顾他的侄子便放了两条狗看门以防其跑出家门。

　　ZJH住的地方是一间旧时候的泥房，墙已经开裂，屋上的瓦片也所剩无几。他一天吃不到三顿，有时家人忘记给他送饭，他就会一直没有东西吃。

　　据了解，大多数照看特困人员的亲戚都面临这样的问题：拿着他们的特困供养金的亲友疲于照顾他们，嫌弃他们，但是又不能不照顾他们，所以有时会有很多矛盾出现。从另一个角度看，因为他们大多也是经济状况不好的，家里也有很多困难。他们觉得照顾这些特困人员并不是他们的义务。

（四）看病难的问题依然存在

2018年入户调查数据显示，57.61%的特困人员认为看病较为方便，但仍有22.49%认为看病不太方便，19.90%的特困人员认为看病很不方便。造成看病不方便的原因包含：路程太远（21.63%）、行动不便（20.59%）、交通不便（19.45%）、没有人陪伴（18.17%）、无法与医生护士沟通（12.53%）。此外，存在排队难（2.32%）、预约挂号难（2.01%）和家务太多走不开（0.36%）等困难。（见图5-7）由此可见，路程太远、行动不便、交通不便、没有人陪伴、无法与医生护士沟通等是造成看病难的重要原因。如果有专人协助特困人员看病，如帮忙安排交通工具、协助行走、陪伴就医、与医生护士沟通、帮助舒缓看病恐惧感等，那么就可以在很大程度上解决特困人员看病难的问题。

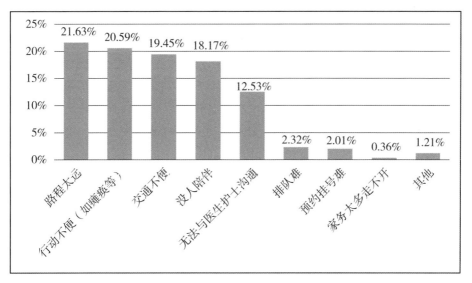

图5-7 广东省特困人员看病不方便的原因类型

【典型案例5-11】

几经周折,我们沿着曲折的小道终于来到了阳江市阳西县某村80岁高龄的WT家中。一间由政府出资改造的旧房,历经风雨早已发发可危且面临崩塌的边缘,四周只有破旧和腐朽或者一些腐臭的气味,并不是老人不打扫整理,而是年迈的老人被周身的病痛折磨得连基本的生活自理都非常艰难,更别提做家务活了。没有收入的老人只能靠着政府救助,勉强度日,但是高昂的药费压得他挺不起腰,负担太重,苦不堪言。当问及这么严重的疾病怎么不去医院处理的时候,老人回答道:"因为只会说方言,沟通不便,根本去不了更大的医院就医,而且没有文化也不认识路,最重要的原因还是没有钱。"

【典型案例 5-12】

DB，女，80岁，阳江市阳西县某村人，属肢体二级残疾，没生活自理能力。右腿完全不能走路，需要拖着右腿才能行走，爬比走更快，其堂侄子称是先天性残疾；极少到附近医院看病，除了交通不便、资金问题外，还因为 DB 容易晕车，稍有颠簸便会不舒服，只能通过医疗人员入乡为其诊断；无嫡亲子女，只有她的老伴与其共同生活，老伴已有 80 岁，患有白内障，也是特困人员。

二、家庭结构不完整，代际支持缺乏

特困人员作为社会中的弱势群体，其特殊性之一表现为正常家庭结构的不完整，无法正常发挥代际支持作用。心理学上的生命周期理论指家庭和个人的出生、成长、衰老、生命和死亡全过程，并假定子女和父母的生命阶段可以满足前者对后者的照料护理。然而对于大部分特困人员而言，其婚姻状态为非婚状态，既无配偶在生活中互相扶持，更别谈及子女照料。少部分特困人员由于子女意外离世，失去家庭核心支柱，家庭支离破碎。

（一）法定赡养、扶养、抚养义务人缺乏

是否有法定赡养、扶养、抚养义务人是特困人员能否获得家庭支持的主要因素。2019 年入户调查发现，特困人员无法定赡养、扶养、抚养义务人的比例为 75.93%，法定赡养、扶养、抚养义务人没有履行义务能力的比例为 24.07%。该数据反映了大部分特困人员无法定赡养、扶养、抚养义务人，少部分特困人员的法定赡养、扶养、抚养义务人无履行义务能力。由于其无法定义务人或法定义务人没有义务能力，许多特困人员的基本生活由村委会、亲戚或邻居照顾，而村委会、亲戚或邻居等非正式照顾者可能由于自身时间、精力和财力有限，对特困人员的照护止步于保障其基本的

生活，如饮食、居住，有时候甚至会疏于照顾。[①] 而长年月累的照料护理也可能使非正式照顾者疲于照顾，产生不满的情绪，进而给供养对象本人带来消极的心理影响。

【典型案例5-13】

　　SMY，家住肇庆市怀集县某村，78岁，丧偶，膝下无儿女。因不慎摔倒造成骨折，现在生活无法自理，已经在床上躺了8个月。她的侄子等人轮流照顾她，包括给她送饭、洗澡，这才使得其一日三餐得以保障。除了政府发的1200元特困金和170元养老金外，SMY没有其他任何收入。目前，她暂住在她侄子家，房间很简陋，除了床和桌椅外，没有其他家具。SMY感叹道："如果不是有政府的补贴，自己的生活会过得更艰苦，还连累侄子们来照顾自己。"她很感谢村干部能时常来探望自己，对此她已经很满足了。

（二）独自居住比重较大，存在一定的安全隐患

根据2017年的入户调查，广东省特困人员中有61.70%处于独自居住状态，而38.30%的特困人员则处于非独居状态。该数据反映出广东省独居的特困人员的比重较高。在独自居住时长方面，独自居住不足半年的比例为1.02%；独自居住半年至3年的比例为4.39%；独自居住3年至5年的比例为6.64%；独自居住5年以上的比例最大，为87.95%。（见图5-8）这说明在独居的特困人员中，大部分的独居时长超过5年。由于独自居住，这部分群体一旦发生意外，可能难以被察觉，存在一定的安全隐患，因此，他们对照料护理服务也具有强烈的需求。

[①] 孙意乔、高丽、李树茁：《农村老年人子女提供日常照料的影响因素研究——基于安徽省农村老年人福利状况调查》，载《中国农村观察》2019年第1期，第81—97页。

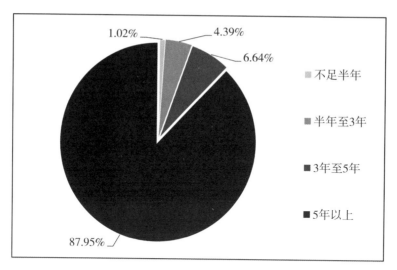

图 5-8　广东省特困人员独居状况

三、照料护理服务供给短缺

由于全省缺乏统一、具体可操作的照料护理体系,现有的特困人员照料护理存在服务覆盖面不宽、服务种类偏少和服务频率偏低等问题,难以满足全省特困人员更高层次的照料服务需求。

(一)服务覆盖面不宽

根据 2018 年的入户调查,高达 84.94% 的广东省特困人员表示未享受过包括生活照料、家政服务、医疗护理、心理咨询、康复保健、日间托老、文娱活动、紧急援助、住院陪护等照料护理服务,仅有 15.06% 的广东省特困人员表示享受过照料护理服务。

(二)服务种类偏少

根据 2018 年的入户调查,在接受过照料护理服务的特困人员中,73.91% 享受过生活照料,37.38% 享受过医疗护理,21.01% 享受过文娱活动,11.14% 享受过住院陪护,11.11% 享受过心理咨询,10.87% 享受过家政服务，8.21%享受过康复保健，6.04%享受过紧急援助，0.48%享受过日间托老。（见图5-9）总体而言，目前对特困人员的照料护理服务以生活照料为主，服务的种类偏少。

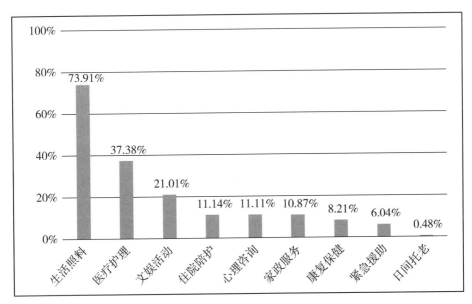

图5-9 广东省特困人员享受照料护理服务种类

（三）服务频率偏低

根据2018年的入户调查，在接受照料护理服务的特困人员中，29.50%表示享受服务的时间不固定，20.95%表示每月享受的服务少于一次，13.29%表示每月享受一次服务，3.83%表示半个月享受一次服务，12.84%表示一个星期享受一次服务，3.15%表示一个星期享受两次服务，16.44%表示一个星期享受三次或以上服务。（见图5-10）也就是说，每个月至少享受一次服务的比例为49.55%，而每个月享受服务少于一次或享受服务时间不固定的比例则达到50.45%，说明整体的服务频率仍然偏低。

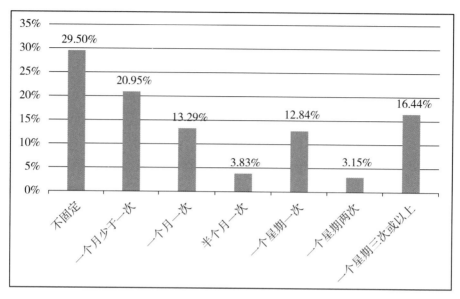

图 5-10　广东省特困人员享受照料护理服务频率

四、对社会交往关注不足，缺乏精神慰藉

马斯洛将人类需求划分为 5 个层次，从下至上依次为生理需求、安全需求、社交需求、尊重需求和自我实现需求。目前，特困人员救助供养还仅仅停留在低层次的生理需求和安全需求的满足上，而特困人员的其他需求尚未得到足够的关注。

（一）日常交流对象缺乏，社会人际关系脆弱

2019 年入户调查发现，高达 70.13% 的特困人员在日常生活中感到孤独，而仅 29.86% 的特困人员在日常生活中不感到孤独。具体到人际交往方面，66.08% 的特困人员日常与邻居接触比较多，58.48% 的特困人员日常与亲属接触比较多，31.28% 的特困人员与村/居委会干部接触比较多，26.63% 的特困人员与朋友接触比较多。另外值得关注的是，有 10.34% 的特困人员表示日常没有可接触对象。（见图 5-11）据此推算，有 33.92% 的特困人员在日常生活中较少与邻居接触，41.52% 的特困人员在日常生活

第五章　广东省特困人员的服务需求与供给分析

中较少与亲戚接触，73.37%的特困人员在日常生活中较少与朋友接触，甚至接近一成人没有任何可接触对象。由于缺乏日常交流对象，这部分人容易产生孤独感，是日常生活中需要重点关注的对象。

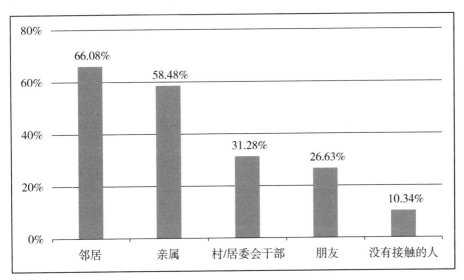

图 5-11　广东省特困人员日常接触人群情况

【典型案例 5-14】

2017 年 8 月 11 日中午，我们去了河源市龙川县黎咀镇的龙潭村，见到了百岁老人 HNM。老人现今 103 岁，一个人居住在当地村委建造的给无家可归的人居住的房子里，虽说是钢筋水泥的构造，环境却不好，室内不仅没有厕所，连厨房也是用砖头临时搭建的，稍有不慎就会发生火灾。由于去的时候刚好是中午，老人在吃饭，饭菜就是几颗豆豉和几块猪肉，闻起来已经有点不新鲜了。老人年纪大了，耳朵有些背，想和我们说话，却听不到我们说什么，但她的笑容很暖人。我们很多人去看望她，她很开心，因为已经很久没有人和她聊天说话了。厨房里还有三四天前已经完全馊掉变质的一盘菜，她也不知道，就一直放在那里，她有个侄子一天就会给她送一顿饭，也不知道她的一日三餐是否有保障。老人一个人孤苦伶仃地度过了几十年，虽有政府的补助，但对她的生活起居似乎作用并不大，希望能够有人照顾她，给予这位百岁老人 HNM 的温暖。

【典型案例 5-15】

我们刚踏进清远市英德市某村年事过百的 HG 老人的屋里，就看见瘦骨嶙峋的 HG 老人独自一人站在陈旧的木桌上摸着砖头，将砖头旁边的食物放在煲里，此情景让调查员十分痛心。村干部告诉我们，HG 老人独自生活十分不易，因为他是残疾人士，听不见也看不见，话也说不清楚，日常生活也只能勉勉强强自己过。在仅仅 21 平方米的屋里，只有一张木床、一张木桌和一张矮小的木柜，这使得整间屋子看起来更加的简陋不堪。地上放了许多砖头和用坏了的电饭煲，HG 老人可以通过摸这些砖头来确定食物放在了哪里。床边是用一块大布全包起来的衣服，看起来尘封已久。HG 老人无亲戚，平常也只能靠邻居的帮助来过日子。

（二）娱乐方式单一，精神生活空虚

特困人员日常的娱乐消遣主要以聊天、散步和看电视为主，方式比较单一，精神生活容易空虚。根据 2019 年入户调查，日常娱乐消遣方式为聊天、散步和看电视为主的特困人员的比例分别为 68.58%、64.05% 和 47.15%。娱乐消遣方式为种植花草农作物、听收音机、打牌打麻将和看书的特困人员较少，其比例分别为 8.93%、8.58%、4.08% 和 3.82%。另外值得关注的是，有 21.96% 的特困人员表示日常没有任何娱乐消遣活动，精神生活空虚。（见图 5-12）

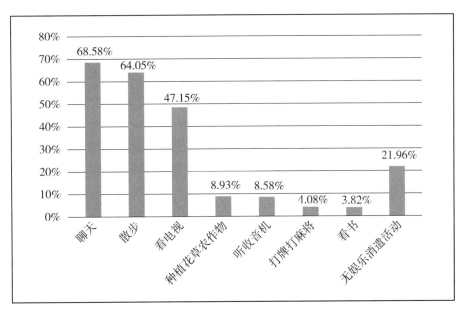

图 5-12　广东省特困人员的娱乐消遣情况

【典型案例 5-16】

　　LY，男，83 岁，未婚，揭阳市揭西县某村人，身体状况差，患有精神类疾病，生活无法自理，日常由邻居提供生活照料。老人居住的房子是政府翻新过的，泥砖结构的，住房较安全。每月支出大都集中在医疗方面。除了特困供养金和村分红，老人没有其他收入。由于行动不便，路途太远，且年纪大、病痛多，除了报销的费用，另外由自己承担的医药费他也难以负担。家里没有任何耐用电器，他也没有娱乐活动。老人认为敬老院活动范围小，也不愿意离开身边熟悉的环境，因此不愿意去敬老院生活。

第四节 分散供养特困人员救助供养的短板

由于集中供养特困人员在机构生活有专人照护,理论上其生活会比分散供养人员得到更好的保障。因此,分散供养特困人员的生活状况是否得到了较好的保障,也是需要重点关注的领域。调查发现,就分散供养特困人员而言,目前主要存在基本生活保障尚未实现全覆盖、看病负担问题仍然困扰部分人员、部分人员生活满意度不高、总体政策知晓程度不够充分等问题。

一、基本生活保障尚未实现全覆盖

实现特困人口的不愁吃、不愁穿,保障其教育、医疗、住房安全是国家对贫困人口进行帮扶的最低标准。调查发现,分散供养特困人员的基本生活状况存在饮食上不规律、基本生活用品缺乏、住房安全性不足等问题。

(一) 部分特困人员的饮食问题需要得到关注

1. 饮食情况

特困人员的饮食需求能否得到满足是衡量其基本生活是否得到充分保障的重要指标。2019 年入户调查数据显示,分散供养特困人员中仍有约 11.53% 有时无法达到一日三餐的标准,约 88.47% 能够满足一日三餐的基本饮食需求。由此可见,仍有部分人员的饮食问题需要得到关注和解决。

第五章 广东省特困人员的服务需求与供给分析

【典型案例 5-17】

湛江市雷州市某村特困人员 WY，从小瘫痪，不能走路，生活不能自理，无妻无儿，一直都是由哥哥嫂嫂照顾其生活起居。他的哥哥嫂嫂也并非富裕人家，有时候他们出去干活，没空煮饭，那他也就没饭吃，所以有时候并不能完全保证一日有三餐。他的家人表示，照顾他很辛苦，而且他的医药费也是一笔大数目，所以他们希望除了特困供养金外，政府还能给予另外一些的帮助。

2. 饮水情况

解决特困人员饮水困难并优化取水途径是特困人员救助供养制度的保障范围之一。2017 年入户调查数据显示，仍有 13.31% 的分散供养特困人员在饮水上存在困难的情况，分散供养特困人员在饮水上没有困难的情况则占总体的 86.69%。

大部分分散特困人员为获取饮用水源所需步行的时间不算太长，但仍有部分特困人员获取饮用水源所需步行的时间较长。具体而言，2017 年入户调查数据显示，获取饮用水源所需步行的时间在 5 分钟以内的比例为 77.16%；步行时间在 5～15（≤15）分钟的比例为 17.26%；步行时间在 15～30（≤30）分钟的比例为 2.66%；步行时间在 30 分钟以上的比例为 2.92%。（见图 5-13）

综上，大部分特困人员能够无困难获得饮水且获取饮用水源所需时间较短，但仍有小部分人员饮水困难，获取饮用水源所需时间较长。

【典型案例 5-18】

LC，64 岁，汕尾市陆丰市某区人，独自居住在祖屋里。我们来到 LC 家时，他正坐在家门口乘凉。走进 LC 的房间，我们可以看到屋顶上的砖瓦缺了几块，阳光透过这几个缺口照射进来。而因为时间久远，屋子里的墙都污迹斑驳，长满了苔藓。因为年久失修，看上去随时有坍塌下来的危险。来到 LC 老人家的房间，我们看到的是他在床顶上装了一块塑料膜，从而防止在雨天雨水滴落到床上，看着不免让人感到心酸。而这间祖屋里没有自来水，他喝的水都是跟邻居要的。

【典型案例 5-19】

CSM，云浮市罗定市某村人，已经81岁了，老人的住房是农村危房改造的。虽然是新的房子，但是房子内并没有通自来水。老人年事已高，身体不好，不能干重体力活，无法从20米外的水井打水回来。幸好有好心的邻居每天都帮老人打水，方便老人用水。

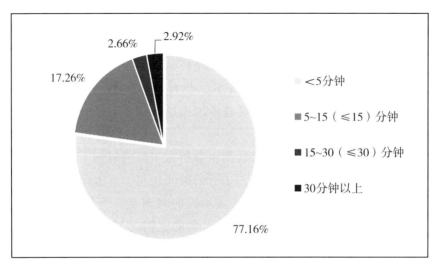

图 5-13 广东省分散特困人员获取水源时长

（二）耐用消费品缺乏

耐用消费品拥有情况是反映特困人员生活质量的重要依据。根据2019年入户调查数据，仍有46.36%的分散供养特困人员没有任何耐用消费品。在拥有耐用消费品的分散供养特困人员中，37.38%拥有电视机，12.02%拥有电冰箱，8.60%拥有智能手机，7.60%拥有热水器，7.29%拥有摩托车或电动车，7.14%拥有洗衣机，2.90%拥有空调。（见图5-14）

第五章　广东省特困人员的服务需求与供给分析

【典型案例 5-20】

HYC，男，54 岁，梅州五华县某村人。他自小患有肢体残疾，需要依靠两张长凳撑起自己的身体才能移动。他居住在弟弟家中，帮忙照顾弟弟的孙子，骑三轮电动车接送孩子上下学。多年来的病痛并没有消磨他的意志，他现在乐观地生活，做着自己力所能及的事，帮助家里人减轻负担。他说，现在最大的愿望就是能有一辆电动轮椅，使自己能够更方便地出行。他希望政府能够给予帮助，资助他买电动轮椅。

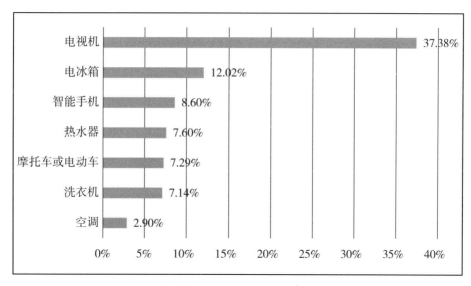

图 5-14　广东省分散特困人员耐用消费品拥有类型

（三）部分特困人员居住条件尚需提升

住有所居是基本生活需求，保障困难群体住房安全是打赢脱贫攻坚战的重要要求。就房屋类型而言，根据 2019 年的入户调查，51.03% 的分散特困人员的住房为砖混房，36.84% 的人员的住房为泥砖房，但仍有 12.13% 分散特困人员居住在简易房、框架房、木瓦房、石头房、铁皮房、草房、棚屋等房屋中，存在一定的安全隐患。（见图 5-15）

【典型案例5-21】

CSP，男，87岁，汕尾市陆丰市某村人。他身材瘦小，但是生活特别积极向上的态度使我们特别感动。他住在一个用竹子和瓦片搭建的又破又漏的小房子里，且房内陈设破旧不堪，积满了灰尘。

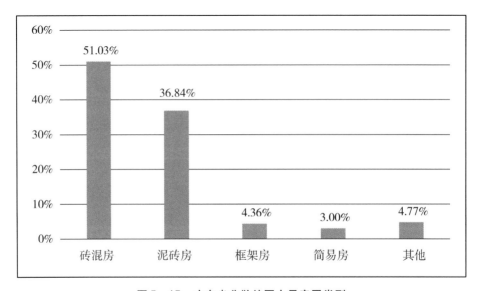

图5-15 广东省分散特困人员房屋类型

此外，2019年的入户调查显示，77.79%的分散特困人员居住的房屋不存在安全隐患，然而，还有22.21%的分散特困人员房屋存在安全隐患。其中，雨天漏水（83.28%）、门窗破损严重（50.68%）、经常透风（35.15%）等隐患类型较为普遍；此外，小部分分散特困人员的房屋还存在裂痕（25.77%）、坍塌风险（9.04%）、周边环境恶劣（3.24%）、明显倾斜（3.07%）等隐患；另外，有1.71%的分散特困人员的房屋被评定为危房C级和D级。（见图5-16）

第五章 广东省特困人员的服务需求与供给分析

【典型案例 5-22】

ZWH，男，阳江市阳春某村人。调查员由村干部骑摩托车载着出发，骑了两三千米后，下车沿着弯弯的羊肠小道绕过几户人家才到达老人家中。然而，映入眼帘的房子已经坍塌掉了一半，剩下倾斜的泥砖外墙横七竖八地用木材支撑着以防止倒塌，大门口是用不同颜色的烧结砖修补的，门半掩着，不知道是不是年久失修已经关不上了，屋顶瓦块也还遗留着被自然天气破坏过的迹象。

伴随着一些颤抖的声音，门被缓缓地打开，一个穿着内裤和烟熏布上衣的老人探出头来。调查员进去之后发现屋里面有很多的"丁达尔"效应，抬头一看，屋顶上的瓦片已经衔接不起来了，露出星星点点的天空。地面也是坑坑洼洼的。老人的床顶上铺了好几层不透水的材料，压得硬板床摇摇欲坠。瓦房里没有厕所，而且老人也行动不便，因为年纪大，四肢都在不停地颤抖，那些日常产生的垃圾也是堆在屋子里。

据老人说，他有两个儿子、三个女儿，一个儿子意外离世，还剩下的这个又患精神病，已经送去精神病院治疗。

【典型案例 5-23】

ZJY，女，清远市英德市某村人，政府为其提供了危房改造，住房安全，她的家电比较齐全。她平时由她的侄子照顾，过年过节都会和其他亲戚一起度过，生活也不会太孤寂。她平时买菜都很方便，看病也不会太困难。她对政府的这个政策非常感激，表示自己不愿意去敬老院居住，因为不想离开熟悉的地方和朋友，而且在这儿还有亲戚照顾着。

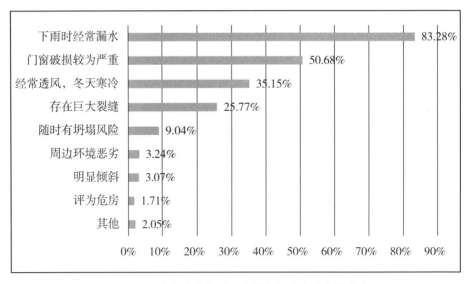

图5-16 广东省分散特困人员房屋安全隐患的种类

二、医疗负担问题是特困人员较为关注的事项

2019年的入户调查发现：22.09%的分散供养特困人员的看病负担较轻，不存在压力；47.90%的分散供养特困人员认为医疗负担压力一般。但仍有30.02%的分散特困人员认为负担较重，难以承受。因此，从整体上看超过半数的分散特困人员对看病时个人负担的部分仍感到一定的压力。

【典型案例5-24】

LGL，男，68岁，未婚，听力三级残疾，现居广东省梅州市五华县某村。他的侄子一家为他提供生活照料。随着年龄的增长，他的身体也大不如前，不能务农，只能靠政府每个月提供的微薄的保障金过日子，除此以外再也没有别的收入。平常有些小病小痛，他就只能到村里的医疗卫生站就医买药，但一买药，每个月固定的生活费就显得有些紧巴。

三、部分特困人员生活满意度不高

生活状况满意度是特困人员对于目前生活状态最综合的评价。2019年入户调查发现，49.55%的分散特困人员对目前的生活感到满意，41.47%的分散特困人员对目前生活满意度感到一般。此外，8.98%的分散特困人员对目前的生活状况感到不满意。（见图5-17）这部分群体需要重点关心和照护。

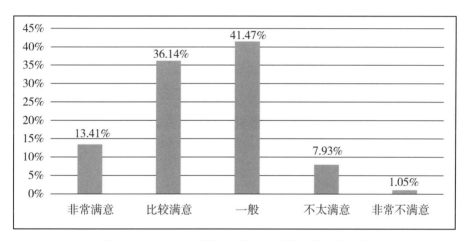

图5-17　广东省分散特困人员生活状况满意度分布

四、总体政策知晓程度不够充分

特困人员救助供养政策涵盖面广，涉及基本生活救助、照料护理、医疗救助、住房救助、教育救助等政策。根据2019年入户调查，26.34%的分散特困人员对当前的特困人员救助供养政策非常了解或比较了解，28.10%的分散特困人员的了解程度则为一般，45.57%的分散特困人员对当前的特困人员救助供养政策不太了解或几乎不了解。（见图5-18）这意味着接近一半的分散特困人员对当前的特困人员救助供养政策的了解不够充分。特困人员对政策的低知晓度意味着无法有效获取政策帮扶信息，从而对扶贫政策的"最后一公里"的完成产生抑制作用。

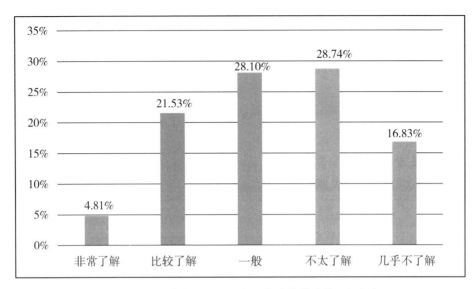

图 5-18 广东省分散特困人员救助供养政策了解程度

第五节 小 结

根据 2017 年至 2019 年的深入调查分析，当前特困人员救助供养工作短板依旧存在。为此，需要进一步改进和完善特困人员供养工作，具体而言可以从以下三个方面努力。

一、以特困人员供养机构改革为突破口，提升集中供养率

发挥特困人员救助供养制度的最大效应，从根本上来说需要实现特困人员需求与施策者服务供给之间的协调。[①] 而当前集中供养对象的继续入住

---

① 豆书龙、张明皓、王小航：《精准需求视角下养老机构特困老人状况探索——以山东省A镇养老服务机构为例》，载《社会福利》2016 年第 10 期，第 18—22 页和第 35 页。

意愿不高、分散供养对象的选择入住倾向不强，主要原因在于特困人员供养机构的服务质量、服务能力有待提升，目前仍无法提供按质按量的物质生活保障和服务保障。实施供养机构改革，提高集中供养率迫在眉睫。增强集中供养对象对机构的认同感与归属感，将服务从简单化、低层次提升至全方位、高品质。改善分散供养对象对供养机构的刻板印象以及引导其突破传统观念的束缚，吸纳这部分人员至集中供养体系中来，满足其对集中供养的需求。

二、建立健全特困人员护理制度，满足照料需求

理论上，当特困人员由于身体机能衰退而丧失部分或全部自理能力时，其主要护理支持来源于家庭成员，以配偶和儿女为主要支持对象。目前，广东省特困人员整体身体素质欠佳，且失能、半失能人员比重较大，更存在相当比例的需要特殊照顾的重度残疾人员，这些因素都指向照料护理供给的完善。而现实的矛盾在于特困人员的家庭支持表现出明显的不足，如无法定赡养、抚养、扶养义务人，独自居住，因而对社会照料护理提出了需求。即便当前已有照料护理供给，仍存在服务覆盖面较窄、服务种类偏少和服务频率偏低等问题。建立统一、具体、完善的照料护理体系是现实的呼唤，也是未来发展的走向。应全面完善照料护理服务标准规范，也可通过社会力量参与的形式壮大照料护理体系。此外，供养对象的社会交往状态急需得到关注，提供必要的精神慰藉也应成为照料护理的主要内容之一。除了为失能、半失能的特困人员提供护理服务外，还应当对尚能够自理的特困人员提供医疗服务，如定期进行身体检查，对于小病小痛及时医治，避免小病演变成为大病，造成照料护理更高的时间和经济成本。

三、补齐分散供养特困人员救助供养短板，实现兜底保障

分散供养是特困人员通过供养机构以外的渠道获得物质和服务的供养形式。不同于集中供养特困人员有统一固定的服务供给方，分散供养特困

人员的服务供给方尚不明确，服务获得是非程式化且具备不稳定性特征，同样面临供需错位的问题。[①] 目前，部分分散供养特困人员的基本生活未得到良好保障，饮食与饮水保障仍旧是困扰，病有所医、老有所养、住有所居的需求不能得到满足，极大地降低了他们的生活满意度。在未来，应当继续完善分散供养特困人员的保障工作，解决其饮食上的不规律、低质量，提高其住房的安全性，医疗服务的可及性等问题，发挥好社会救助政策"最后一张安全网"的兜底作用。

[①] 苑晓美、赖志杰：《农村特困人员供养的供给侧改革探讨——基于天津市的调查》，载《老区建设》2020年第8期，第15—23页。

第六章 广东特困人员救助供养制度供给侧改革实践：云浮改革的背景

在广东特困人员救助供养制度供给侧改革的实践中，云浮在特困人员供养机构公建民营模式中扮演了排头兵的角色。广东特困人员救助供养制度供给侧改革按照试点的模式推开，云浮市云安区、郁南县作为第一批试点单位，创新性地将辖区内所有特困人员供养机构统一打包进行改革，探索出一条操作性、复制性强的改革新路径。然而，仅看到其改革成效是远远不够的，更重要的是要剖析其改革过程中的微观要素。云浮特困人员供养机构公建民营改革并非一蹴而就，从其成为第一批试点单位，到改革方案制定，再到落地实施，云浮改革中的每一个细节都值得我们关注。本章从微观视角出发，回顾云浮市探索特困人员供养机构公建民营改革的历程，深入探讨其成为首批试点地区的逻辑并分析其改革得以落地的政策契机与社会基础。

第一节 云浮的基本情况介绍

广东特困人员救助供养制度的供给侧改革按照试点的模式推开，试点的选择成为改革中的重要一环。云浮市入选为第一批试点单位，有着以下逻辑：首先是云浮市面临的问题的严重性。云浮市作为山区城市，在经济落后与老龄化问题之间有着更大的张力，特困人员救助供养制度的供给侧面临更大挑战，亟待改革。其次是云浮市在改革的社会基础上与其他地区具有相似性，其改革成果具有可推广性，适用性强。云浮市属于广东省经济欠发达地区，其社会结构、特困人员供养机构已有的资源等基础性条件与全省乃至全国各地,尤其是农村和乡镇,具有相似性,有利于这一改革模式的推广。

一、经济社会发展水平相对低下

云浮市又名"石城",是广东省下辖的地级市,位于广东省西部,是珠江—西江经济带重要节点城市,广州都市圈组成城市。市境北靠肇庆市,东邻佛山市,南接江门市、阳江市、茂名市,西接广西壮族自治区梧州市。云浮市市区距肇庆市60千米,距广州140千米,水路距香港170海里,上溯广西梧州111千米。1994年4月经国务院批准,原县级云浮市升格为地级市,原属肇庆市的新兴县、郁南县划归云浮市管辖,并受广东省人民政府委托代管罗定市(县级市),原县级云浮市的行政区划改设为云城区。1996年1月9日,民政部批复,经广东省人民政府报请国务院批准,同意云城区分设云安县。2015年,经广东省人民政府报请国务院批准,同意撤销云安县,设立云安区。(见图6-1)2015年年末,全市有市辖区2个、县级市1个、县2个、街道办事处8个、镇55个,年末户籍总人口有298.93万人。[①]

云浮市地处北回归线南面,珠江三角洲以西,全市在北纬22°22′—23°19′,东经111°03′—112°31′的范围内。2015年全市地域总面积7786.64平方千米,年末耕地面积152.36万亩,其中水田面积103.93万亩。云浮市地势西南高,东北低,市内主要河流罗定江(又称南江)、新兴江均大致呈西南—东北流向。西部、西南部、东南部与邻区、邻市俱以山岭为界,唯北部以西江为界。丘陵是云浮市的主要地貌,多沿山地边缘发育,高丘陵海拔250至450米,低丘陵海拔100至250米。低丘陵坡度平缓,多为15至20度。在总面积中,山区面积占60.5%,丘陵面积占30.7%,是典型的山区城市。[②]

云浮市水资源丰富,西江黄金水道贯穿全境,云浮新港是广东内河第一大港。云浮矿产资源丰富,是中国重要的多金属矿化集中区之一,其中硫铁矿储量、品位均居世界首位,被誉为"硫都"。云浮是全国最大的硫化

---

① 资料来源为云浮市地方志办网站。
② 参考《2016年云浮市统计年鉴》,云浮市地方志办网站。

第六章 广东特困人员供养制度供给侧改革实践：云浮改革的背景

工生产基地、广东省最大的不锈钢餐具生产基地。云浮的石材加工历史悠久，素有"石都"之称。云浮是中国石材基地中心、中国石材流通示范基地、中国人造石之都、中国民间文化（石雕）艺术之乡。此外，云浮的南药资源丰富，具有发展南药的地理、气候、生态、种源和栽种历史等优势，境内有肉桂、巴戟、无患子等药用植物。

尽管各类资源较为丰富，云浮市的工业基础较为薄弱，产业结构单一。2015 年，云浮市第一、第二、第三产业产值比例为 21.1∶43.7∶35.2。[①] 从构成上看，石材制品、不锈钢制品、硫化工、水泥、电力等云浮传统产业在当前依然是当地实体经济的主要支撑。以第二大产业为例，云浮石材行业尽管历史悠久、规模居全国前列，但长期以来简单粗放型的增长方式和以家族企业为主的经营模式使其受困于规模企业少、创新能力弱、税收产出低、品牌发展滞后、污染大、产品附加值低且同质化严重等问题，转型升级阻力较大。[②]

图 6-1 云浮市行政区划

---

① 参考《2016 年云浮市统计年鉴》。
② 国家税务总局云浮市税务局联合课题组：《云浮建市以来经济发展位次演变分析及启示（下）——基于云浮与粤东西北 7 市经济发展比较》，载《广东经济》2019 年第 9 期，第 50—59 页。

2015 年，云浮市全市土地面积为 7786.64 平方千米（其中市区面积 1967.28 平方千米），年末常住人口 246.05 万人，城镇人口比重为 40.23%；年末户籍人口 298.93 万人，其中城镇人口 92.73 万人，占全市人口数的 31.0%。[1]（见表 6-1）

表 6-1 2015 年云浮市经济社会基本情况介绍

项目	统计数据	备注
面积	7786.64 平方千米	全省第 11 位
常住人口	246.05 万人	全省第 20 位
密度	315 人/平方千米	全省第 16 位
地区生产总值	710.07 亿元	全省第 21 位
人均地区生产总值	28953 元	全省第 18 位

资料来源：《广东统计年鉴 2016》。

从地理位置上看，云浮是连接粤港澳和沟通大西南之地，市区距广州 140 千米，水路距香港 323 千米，理应占尽发展的地利。然而，由于交通建设滞后，云浮的区位优势近乎无形，失去了许多发展良机，其经济社会发展水平在全省 21 个地级市中处于偏后水平，属于广东省唯一的五线城市。同时，作为广东最年轻的地级市，云浮市的发展一直局限于中心城区。除了经济发展水平不高，云浮又是典型的山区市，"城中有山，山中有城"的现状大大地限制了这座城市的连片开发和发展步伐。经济发展与资源禀赋的不足直接导致的结果是拖慢云浮城镇化的步伐。从全省来看，云浮经济总量自 2005 年起一直垫底，经济发展不仅远远落后于珠三角地区，而且与粤东、粤西、粤北其他城市的经济差距也呈扩大趋势。[2] 如图 6-2 所示。

---

[1] 参考《云浮统计年鉴 2016》。
[2] 国家税务总局云浮市税务局联合课题组：《云浮建市以来经济发展位次演变分析及启示（下）——基于云浮与粤东西北 7 市经济发展比较》，载《广东经济》2019 年第 9 期，第 50—59 页。

第六章　广东特困人员供养制度供给侧改革实践：云浮改革的背景

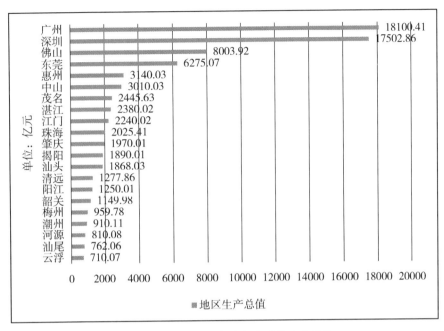

图 6-2　2015 年广东省各市地区生产总值

资料来源：《云浮统计年鉴 2016》。

2015 年，云浮市地区生产总值为 710.07 亿元，位于全省第 21 位。如图 6-3 所示，2015 年全市人均地区生产总值则为 29078 元，位于全省第 18 位。

二、未富先老，刚性养老需求大

根据第四次中国城乡老年人生活状况抽样调查，云浮市 60 岁及以上老年人口占户籍人口总数的比例为 13.67%，已进入老龄化社会[①]；而广东省 60 岁及以上老年人口占户籍人口总数的比例为 13.44%，这说明云浮市的老龄化水平在全省平均水平之上[②]。然而，2015 年云浮市全年居民人均可支配

[①] 关于老龄化社会，国际上通行的划分标准有两种，即当一个国家或地区 60 岁以上老年人口占人口总数的 10%，或 65 岁以上老年人口占人口总数的 7%，意味着这个国家或地区处于老龄化社会。
[②] 《南方都市报》：《广东人口老龄化现状：深圳中山最"年轻"》，http://news.southcn.com/gd/content/2015-08/11/content_130396537.htm。

图6-3 2015年广东省各市人均地区生产总值

资料来源：《云浮统计年鉴2016》。

收入仅为15212元，在全省排名第18位。按常住地分，城镇常住居民人均可支配收入为20154元，农村常住居民人均可支配收入为12008元。①

对于老龄人群而言，云浮市相对落后的经济社会发展水平意味着其更高的养老压力负担。同时，其受到政府财力水平的制约，在特困人员救助供养制度落实过程中，云浮市面临着比其他地区更为突出的政府财力薄弱与刚性养老需求大的矛盾，其改革需求尤为迫切。如图6-4所示，2015年云浮市一般公共预算收入为58.7亿元，排名全省第19位，而一般公共预算支出则为157.42亿元，排名全省第20位。②

---

① 资源来源于《云浮统计年鉴2016》。
② 资源来源于《云浮统计年鉴2016》。

第六章 广东特困人员供养制度供给侧改革实践：云浮改革的背景

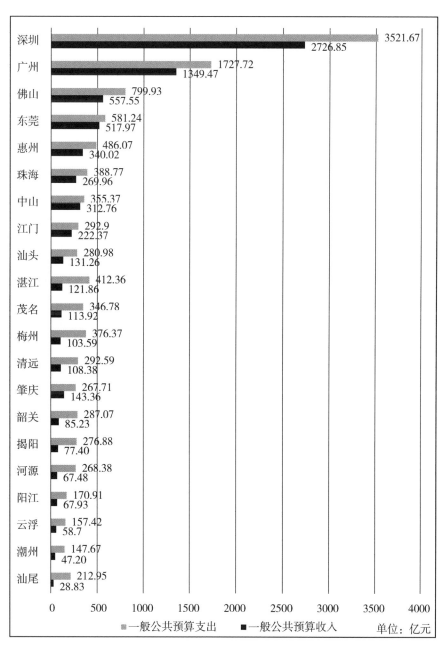

图 6-4 2015 年广东省各市地方一般公共预算收入与支出

资料来源：《云浮统计年鉴 2016》。

第二节 云浮市公建民营改革的政策契机

现实中的突出矛盾为云浮市的改革提出了迫切要求,但作为欠发达地区的云浮市政府本身缺乏足够的能力去实施改革。因此,云浮市改革的另一个必要前提是广东省实施特困人员供养机构社会化改革的政策驱动。

一、广东省特困人员供养机构社会化改革的推动

党的十九大对困难群众基本生活保障和老龄工作提出了新部署、新要求,即全面实施特困人员救助供养制度,大力加强农村供养机构建设管理,切实保障好特困人员的基本生活。一方面,要狠抓特困人员救助供养政策的落实。要紧紧抓住救助供养标准制定、特困人员认定、生活自理能力评估、救助供养服务落实等关键环节,加大政策落实力度,确保实现应救尽救、应养尽养。另一方面,要推进农村供养机构健康发展。既要想方设法加大地方各级财政投入,稳步提高福彩公益金投入占比,加快推进农村供养机构建设改造和设施达标工作,加强运转费用保障和护理员队伍建设,不断提升农村供养机构托底保障能力和服务质量,逐步提高生活不能自理特困人员集中供养率;也要进一步认清形势、理清思路,以改革创新的精神,积极探索农村供养机构发展的新思路、新路径,多措并举推进农村供养机构健康发展、创新发展。

2013年12月28日,习近平总书记到北京四季青敬老院视察,要求办更多、更好的养老院,给五保户和孤寡老人更多的关心。由此可见,以习近平同志为核心的党中央对困难群众基本生活保障和老龄工作的高度重视,为推进农村供养机构改革、提升机构服务能力和服务水平提供了难得的双重发展机遇。[①]

---

① 《全国老龄化工作委员会第十九次全体会议在京召开》,https://mp.weixin.qq.com/s/G8GTN nArhmlte_59n96f1Q,2017-04-21。

第六章　广东特困人员供养制度供给侧改革实践：云浮改革的背景

2016年2月，国务院印发《关于进一步健全特困人员救助供养制度的意见》（国发〔2016〕14号），要求将供养机构建设纳入经济社会发展总体规划，将政府设立的供养机构运转费用列入地方各级财政预算，并对机构法人登记、人员配备、管理服务等提出了明确要求。这些都为加强农村供养机构建设管理提供了基本遵循和重要保障。此外，国务院还颁布实施了《"十三五"国家老龄事业和养老体系建设规划》（国发〔2017〕13号），出台了全面放开养老服务市场，提升养老服务质量、推进医养结合等一系列重要政策文件，这些政策文件也为农村供养机构建设发展营造了良好的政策环境。

2017年11月7日，民政部在广东省云浮市召开部分省份农村特困人员供养机构社会化改革座谈会，民政部副部长宫蒲光在讲话中强调了当前农村供养机构供给侧改革发展面临的形势和机遇，并交流了各地农村供养机构社会化改革的经验做法。[①] 宫蒲光提出，要因地制宜、积极探索，明确目标、理清思路，把握重点、精准施策，积极稳妥推进农村供养机构社会化改革。在改革中，要坚持做到四个"确保"：确保机构服务特困人员的宗旨不变，确保特困人员合法权益得到有效保障，确保供养机构所有权不变，确保机构保障能力和服务质量稳步提升；要着力解决历史遗留问题，精准测算特困人员基本需求，科学制订改革方案，择优遴选合作方，确保社会化改革顺利推进；要正确处理好坚定不移推进社会化改革、协调发挥供养机构职能作用、加快提升生活不能自理的特困人员的集中供养率以及全面落实监督管理责任等问题，不断深化思想认识、不断拓宽工作思路、不断改进工作方式，推动社会化改革取得实实在在的成效。

为适应新时代国家对特困人员供养机构要优先供养失能、半失能特困人员的新定位，广东省牢牢把握民政部对广东提出的工作部署，在推进特困人员供养机构社会化改革方面为全国做示范、树品牌、出经验。广东省及时把握政策契机，全力推进特困人员供养机构公建民营改革，充分挖掘闲置床位资源的市场价值，努力补齐失能、半失能特困人员旺盛的供养需

---

① 莫冠婷、何燕：《民政部在广东召开部分省份农村特困人员供养服务机构社会化改革座谈会》，载《大社会》2017年第11期，第24页。

求与大量床位闲置之间失衡的短板。2016 年，在广泛调研的基础上，广东省率先制定了省级特困人员供养机构公建民营社会化改革实施方案，并择优选择了 51 个特困人员供养机构开展第一批改革试点工作。广东省的改革方案成为云浮市改革的上层驱动力。①

二、云浮市政府对改革的积极回应

2016 年，在主动申报和上级考察的基础上，云浮市云安区、郁南县入选为省级第一批改革试点单位，于 2016 年 6 月启动了特困人员供养机构社会化改革。2017 年，云浮市出台《云浮市特困人员供养服务机构公建民营社会化改革实施方案》，将云安区福利服务中心及各镇敬老院、郁南县区域性敬老院及各镇敬老院、市福利院列入改革范围，其中郁南县和云安区两个试点单位被列入民政部第二批试点。

为响应省政府"以优化政社关系赋能公共服务"的号召，云浮市政府坚持"政府主导、县（市、区）统筹打包、市场化运作、社会参与"的改革路径，主动搭建社会保障领域中衔接政府资源与社会资源的桥梁，以区域统筹打包为手段，全力探索公办养老机构改制、特困人员供养机构社会化改革的新路子。在此基础上，云浮市逐步形成了具有特色的"云浮模式"。

第三节 云浮市公建民营改革的社会基础

公建民营改革得以在云浮市落地，一方面是政策上引导与推动的结果，但从更深层的原因来说，政府决策嵌入在社会生活当中，云浮公建民营改革也必然有着特定的社会基础，包括社会结构、社会制度等要素的作用。

---

① 《广东推动特困人员供养服务机构公建民营供给侧改革》，https://mp.weixin.qq.com/s/BOSrDX2ClE,sgd OU28 OeO0Q，2017 - 11 - 09。

第六章　广东特困人员供养制度供给侧改革实践：云浮改革的背景

一、老龄化背景下失能、半失能人群的护理需求与供给的失衡

云浮市属于广东省经济欠发达地区，从社会结构来看，当地青壮年劳动力大幅流出，空巢老人现象严重。2016年，云浮市60岁以上老年人口达到41.16万人，占总人口的13.66%。[①] 就全市而言，一方面，因经费少、设施差、人员缺、管理弱、服务低等问题，全市敬老院3572张床位中实际入住的特困人员仅有998人，空置率达72%，供养床位资源浪费严重；另一方面，全市生活不能自理特困人员约有2300人，失能、半失能老人约有4.2万人，这部分人群入住机构养老的需求很大。[②]

就其县区而言，云安区辖7个镇，总面积1184.73平方千米，总人口为34.19万人，其中60周岁以上老年人4.4万人，占总人口的12.8%；现有1间综合性福利服务中心、6间敬老院，机构占地面积为78264.11平方米，拥有床位957张。郁南县辖15个乡镇，总面积为1966.2平方千米，总人口为53.57万人，其中60周岁以上老年人8.4万人，占总人口的15.7%；现有综合社会性福利服务中心1间，敬老院15间，机构占地面积54177平方米，拥有床位1223张。[③] 改革之前，云浮市云安区和郁南县共有21家乡镇敬老院和2家区域性敬老院，其建设水平总体上偏低，尤其是一些乡镇敬老院交通不便，建成年代久远，设备设施落后，整体条件较差。"公办养老机构入住率不高，资源浪费很严重"，这是郁南县民政局局长梁运的感叹。除了位于县城的社会福利中心情况稍微好点外，乡镇敬老院的空床现象尤其突出，600多张乡镇敬老院床位，只有100多人入驻，供养床位资源浪费严重。梁运说："资金有限，投入不足，造成硬件设施和服务水平越来越与社会脱节。"郁南县公办养老机构大部分建于20世纪80年代，相关的设施设备已达不到养老服务要求，一些乡镇敬老院缺乏必要的适老化生活设施，

[①] 资料来源于《云浮统计年鉴2017》。
[②] 调研资料。
[③] 调研资料。

缺乏必要的消防设备；不仅如此，公办养老机构的人员配比也不足。梁运说：“每个乡镇敬老院的工作人员最多的只有3名员工，有的甚至只有1名工作人员。”部分敬老院只能解决基本的吃、住、穿的问题，基本没有其他护理服务，也没有办法提供。①

梁运说：“乡镇敬老院的这一现实状况导致其只能接收特困人员，没有能力接收和服务社会老人。”即使是特困人员，看到乡镇敬老院的条件，有些尚能自理的老人宁愿待在家里；在"有床位没人住"之外的现实是郁南县人口老龄化现象日益严重，60周岁以上的老年人有近7万人，养老需求缺口大。②

二、政府改革能力的不足与被忽视的社会资本

上述突出的供需矛盾，促使养老服务机构进行改革，寻求新路子、新方式，增加有效供养服务。然而，云浮市是广东省的山区城市，相对珠三角其他城市而言，云浮市的GDP在全省排名为倒数第三位，政府财力相对薄弱，进行大规模基础设施改革的能力明显不足。特困人员供养机构的供给侧改革首要举措是要对其中的设施进行适老化改造，这需要一笔很大的资金。据测算，每改造一张床位，至少需要投入5万元。显然，受制于政府在财力、编制、运行效率、专业化水平等方面相对于企业的弱势地位，云浮市要解决供养机构适老化改造涉及的大问题，必须引入市场化运作的力量。

然而，社会力量、市场资本具有逐利性。云浮市特困人员供养机构数量较多，较为分散。其所处地段、建设年份、占地规模、设备和护理人员配置等都有较大差别，尤其是区域性机构和乡镇机构在现有基础条件上差距巨大。因此，如果按照以往一般性的公建民营改革模式，不加限制条件地引入社会资本进行改造，可能会导致极度分化的后果：原来条件较好的

---

① 李雄鹰：《"公建民营"模式激发养老机构新活力》，http://www.xinhuanet.com/fortune/2018-10/24/C_1123603466.htm，2018-10-24。

② 李雄鹰：《"公建民营"模式激发养老机构新活力》，http://www.xinhuanet.com/fortune/2018-10/24/C_1123603466.htm，2018-10-24。

第六章 广东特困人员供养制度供给侧改革实践：云浮改革的背景

敬老院相对容易吸引社会资本进驻，条件较差的基本无人问津，这已经在广东省其他被选为第一批试点单位的地区得到了证实。为彻底解决这个问题，云浮市创新工作思路，在以公建民营模式引入社会资本的基础上，采取以县（市、区）为单位统筹打包的方式推进改革，使得政府改革能力不足的难题迎刃而解。下一章将针对这一模式的运作方式及其整合机制进行进一步分析，深入探讨云浮市政府与社会资本的合作模式。

第三节 小 结

本章结合宏观的政策背景与微观的社会经济基础两个视角，论述了云浮市之所以能成为广东省特困人员救助供养制度供给侧改革排头兵的各项契机与微观要素。分析表明，云浮市云安区、郁南县作为第一批试点单位，除了出于问题导向的逻辑，还受到政策驱动以及社会基础条件等因素的影响，这些要素的共同作用造就了云浮市的改革，并成为其改革模式选择的基础条件。一方面，云浮市在广东省21个地级市中，地区生产总值处于相对落后的位置，这意味着其居民人均收入的水平较低。另一方面，在较低的地区生产总值之下，云浮市地方政府的财力处于较为弱势的地位，在面临老龄化问题时，在政府层面可调动的资源相对欠缺。这些特点为云浮市在特困人员救助供养制度的供给侧改革上提供了较强的驱动力，促使政府优化相关制度安排。

第七章　云浮特困人员供养机构公建民营模式：运行机制及成效

云浮市的特困人员供养机构公建民营改革之所以能成为广东特困人员救助供养制度供给侧改革的典型案例，关键在于其运行机制的独特安排：政府通过与社会资本的积极合作，发挥多元主体地位的优势，将各类资源整合到要解决的问题之上。在这一机制的运行过程中，不可忽视的一点是云浮市政府在公建民营改革中所发挥的"监督员"角色——监管到位是保证制度运行在正确轨道上的基础。那么，云浮模式是不是一个高效、可持续、可推广性的样本呢？

整合性治理是公共管理研究中的重要分析视角，涉及治理主体及其地位、资源动员、运作方式等维度。这一视角强调政府以自身发展目标为中心，主动整合政府自身、市场和社会主体，并以此统合多方资源，运用多种发展方式，共同推进公共服务的建设与发展。整合性治理为本章的分析提供了可参考的视角。本章将基于整合性治理视角，从多元主体、资源动员、运作方式三个维度剖析云浮市供养机构公建民营模式的运作机制，并总结这一模式对解决特困人员救助供养、脱贫攻坚、社会养老等问题的经验。

围绕"主体及其地位、资源动员以及运作方式"三大核心概念，本章将从公共管理的视角分析"区域统筹打包的 PPP 模式"在云浮市的特困人员供养机构改革中是如何运作的，以及云浮如何通过特困人员供养机构改革，既提升特困人员的救助供养能力，又实现社会养老及其背后一系列的经济社会发展目标，以期引导学术界及实践者对云浮市特困人员供养机构公建民营改革模式及其推广可能性的关注。

第七章 云浮特困人员供养机构公建民营模式：运行机制及成效

第一节 云浮特困人员供养机构公建民营模式的运行机制

一、主体及其地位：政府主导下的多元主体参与

根据学术界的一般分类，公共管理过程中涉及的主体大体可分为政府主体、市场主体、社会主体三类。伴随着后工业化时代及新社会风险的来临，社会事务的处理要求更广泛的主体参与。因此，主体的概念有了进一步的细化，主要包含中央政府、地方政府、企业及各种市场主体（包括消费者和代表整体利益的行业组织等）、社会组织（公益性和互益性）、公民与公民各种形式的自组织五大类。[①] 参与主体随公共问题、社会问题的不同而有所差异。

在"特困人员救助供养制度供给侧存在不足"这一问题面前，云浮市所采取的区域统筹打包公建民营改革模式在参与主体方面的核心特征可以概括为"政府主导下的多元主体参与"。

就主导地位而言，按照《广东省民政厅关于印发广东省特困人员供养服务机构公建民营社会化改革实施方案的通知》（粤民发〔2016〕77号）要求，公建民营改革由供养机构产权单位主管部门具体组织实施。云浮市在推进公建民营改革中始终坚持各级民政部门的主导地位。

在政府主导的基础上，云浮模式积极引导社会多元主体参与，以期政府与社会多元主体各居其位、发挥所长、优势互补。一方面，政府承担政策设计和落实、监管企业的职能，在确保特困人员供养机构社会公益性的同时不干涉企业的具体运营工作。把政府从以往的直接管理和直接提供服务中解放出来，有利于减轻政府负担、优化政府职能。另一方面，特困人

[①] 王名、蔡志鸿、王春婷：《社会共治：多元主体共同治理的实践探索与制度创新》，载《中国行政管理》2014年第12期，第16—19页。

员供养机构公建民营运营方,则承担着特困人员供养机构床位升级改造、确保机构持续健康发展的重要任务。运行企业负责实际运营和服务提供,在优先保障特困老人供养服务的基础上,通过合理定价,从社会养老服务中合理营利。再者,特困人员和社会公众通过政府与企业的合作,获得更为高效、优质、专业的养老服务。

如此,政府只需要承担自己擅长的政策风险和监管风险,而将自己并不擅长的财务风险和运营风险转移给企业,这不仅降低和解决了社会资本进入特困人员救助供养与养老行业的政策风险与后顾之忧,又能够以市场化的方式提高特困人员救助供养与养老服务的各项标准。但是,在这其中不可忽略的一点是政府在特困人员供养机构中监管者的角色应该做到位——从当前实践效果来看,云浮市的区域统筹打包模式具备应有的政府监管基础。

(一)政府主导,向市场、社会组织及目标服务群体主动出击

特困人员集中供养的服务属于公共产品,公益性是其本质特征。在公建民营改革中,云浮市始终坚持以"政府主导"贯穿改革全过程,在政策设计、人事安排、监管督查等方面坚持以政府为中心,通过加强政策指导和支持,有力地激发社会运营方保持可持续投资运营能力,同时,积极引导社会运营方协助政府履行好兜底责任,确保特困人员供养机构实现健康、稳定、可持续发展。政府在改革中的主导地位主要体现在以下两点:一是维护国有资产的安全,实现国有资产的保值增值,二是履行政府对特困人员集中供养的兜底责任以及对社会养老的公共责任。

1. 政府通过合约设计与管理,保障国有资产保值增值

按照合同要求,云浮市政府通过列举式合约条款加强国有资产管理,约束企业行为,在正式移交前、运营期间、运营期满后三个阶段全面加强国有资产管理。以云浮市郁南县为例,其项目合同书列举以下国有资产转移和监管细则。

首先,在正式移交前,政府对机构清产核资,登记造册,与运营方办理移交手续。《郁南县民政局公建民营养老服务项目合同书》(以下简称《合同书》)的第三条第二款规定:"委托经营期限内,养老机构的所有权和

第七章　云浮特困人员供养机构公建民营模式：运行机制及成效

经营权相分离，养老机构的土地使用权、主体建筑物和现有的设施、设备及新装修、增添的附属设施设备及装修在运营期满归甲方所有。"即养老机构的所有权仍属于属地政府，使用权转移到运营方手中，运营方负责协助政府履行兜底责任，两者是委托运营关系而非租赁关系。《合同书》第六条第一款规定："甲方应在本合同签订之日起 15 日内清产核资并确定移交清单，并与乙方办理养老机构的移交手续。甲方对移交的养老机构的国有或集体资产的合法合规性予以保证。"即地方政府移交养老机构给运营方时，国有资产的价值已经被清点并核算，以作为日后移交手续的凭证。

其次，在运营期间，政府与运营方约定由运营方负责机构国有资产日常维护和管理，不得将国有资产进行抵押、贷款、转让，防止国有资产流失。《合同书》第十条第二款第三项规定："乙方应按甲方移交时的现状接收物业，乙方如对物业进行装修，需经甲方审批，涉及费用及安全等由乙方负责，装修档次应不低于养老机构的管理规范。在运营期满或运营期未满但经双方友好协商同意终止本合同时，乙方应确保资产正常使用，如发现不能正常使用，乙方应及时修复或购置。"同时，第四项规定："乙方应确保移交资产不存在任何抵押、质押等担保权益或所有权约束，亦不得存在任何种类和性质的索赔权。"即养老机构并不会附带债务移交。

最后，在运营期满后，供养机构土地使用权、主体建筑物和利用每张床位 5 万元的投资资金增添购置的设施、设备全部归政府所有，以确保国有资产保值增值。《合同书》第十条第二款明确提出运营方移交资产给政府的要求，第一项规定："移交资产包括但不限于乙方在委托运营期限内对养老机构装修所增设形成的独立的固定设备、设施等，该资产全部归甲方所有，并完整地无偿移交给甲方。具体范围以移交委员会确定的移交资产清单为准。"即属于养老机构范围内的土地、房屋、设施设备等原有的或新增的资产最终都属于地方政府。第十条第三款第一项规定了移交资产的最后修复，以确保资产保值，即"移交资产时，乙方应确保资产处于正常使用状况。如发现存在缺陷、未能达到移交标准或损坏的，则乙方应及时修复（建筑主体自然缺陷除外），如乙方拒不修复，可相应扣除履约保证金；如发现丢失或损坏的，乙方应折价赔偿，如乙方拒不赔偿的，可相应扣除履约保证金"。

通过三个阶段的合约设计,此种改革模式可以保证运营期满后移交给政府的国有资产,既包括更新后的有形资产,也包括如管理模式、机构口碑等的无形资产,确保国有资产在不流失、保值的基础上,实现进一步增资、增值和增效。

2. 政府以实质性长期性监管与服务保证特困人员救助供养和社会养老的质量

在监管层面,云浮市政府通过建章立制,从价格、管理和服务三个方面对企业进行实质性和长期性的监管,避免企业因不当盈利而损害公共服务质量。首先,政府对运营方的服务价格进行监管,以规范养老机构的定价。其次,政府对运营方的经营管理进行监管,以更好地掌握养老机构的经营管理动态。根据《合同书》的第八条,政府通过日常监督评估、定期工作报告及定期考核评估三种办法对企业经营进行监管。针对特殊情况,例如,因运营方管理不力,发生重大安全生产责任事故,或其行为影响到社会公共利益和安全,其行为违反国家相关法律、法规等,政府还会将监管转变为临时接管,临时接管项目所产生的一切费用由运营方承担。此外,政府还对运营方的服务供给情况进行监管,以保证特困供养服务和养老服务的供给数量与质量。根据《广东省民政厅关于进一步落实特困人员供养服务机构公建民营社会化改革的通知》(粤民函〔2017〕1142号)(以下简称"民政厅1142号文")对各地建立市、县(市、区)、乡镇(街道)三级定期巡查制度的要求,云浮市政府创新督查机制,将特困人员供养机构公建民营改革列为市委2017年度重点工作,由分管副市长亲自督导落实;成立市、县、镇三级改革领导小组,由一把手担任组长,对改革负全责。同时,成立市级工作督导组,强化现场巡查指导,全程跟进改革事宜,促进改革取得实效。按照广东省的要求,云浮市政府还通过建立社会评估结果和委托运营联动机制,委托第三方会计师事务所对运营方的资金投入、服务质量等进行全面考核,将考核结果作为继续履行合约的重要指标,实现监管到位。

此外,在服务方面,云浮市政府积极协助社会运营方依法享受政府购买服务、税费减免、财政补贴、投融资等扶持政策,减轻社会运营方的运营成本负担,进而促进特困人员供养机构持续健康发展。

第七章 云浮特困人员供养机构公建民营模式：运行机制及成效

（二）赋能于社会资本，以长期合约的形式委托运营

1. 明确社会资本方作为委托运营主体的地位

在公建民营模式之下，特困人员供养机构的运行由社会资本方负责。按照民政厅1142号文要求，"社会运营方是受政府委托、协助政府履行好兜底责任的，不能把委托运营视同于国有资产租赁"。政府明确要求社会资本方要对现有特困人员供养机构按照平均每个床位不低于5万元的标准落实升级改造资金，履行一定的投资责任，以实现特困人员供养机构适老化改造目标。

云浮市"公建民营"特困人员供养机构改革由第一养老护理服务（深圳）有限公司承接运营。第一养老护理服务（深圳）有限公司（以下简称"第一养老公司"），是从事养老服务业的专业连锁养老投资及运营机构，致力于长期投资养老事业，并能够为老年人提供膳食营养、医疗服务、康复保健等全方位、专业化、规范化的服务。该公司是以"轻资产、小规模、连锁化"为经营理念，以"统一品牌、统一标准、统一管理"为模式运营的养老护理服务机构，以高龄、失能、失智老人为接收对象，为老人提供安全、舒适、温馨、幸福的生活、心理、医疗护理和临终关怀，使有需要的老人生活得更舒适、更自信、更有尊严，为国家分忧，为家庭解难。目前，第一养老公司立足广东，积极配合和参与广东省政府养老机构的公建民营改造，计划在2年内改造450家连锁运营机构。[①]

2017年年初，第一养老公司经云浮市郁南县、云安区民政局公开招投标，成为公建民营养老服务项目的运营方。云浮市郁南县、云安区民政局之所以选择第一养老公司作为唯一运营方，出于以下考量：政府拟通过引入有实力和专业资质的社会力量，进一步提高养老机构的管理水平和服务能力，满足生活不能自理的特困人员集中供养的需求以及社会高龄、失能、失智老人的养老需求。就此而言，第一养老公司在服务失能、半失能老人方面的专业化、规范化以及对养老事业长期投资的意愿与云浮市公建民营改革中政府一方对社会资本方的期许较为符合，很好地满足了政府一方对30年的合同期及公共事业长期发展的需求。

---

① 第一养老护理服务（深圳）有限公司，http://www.1_yanglao.com/mobile/，2020-08-27。

根据《合同书》的规定，第一养老公司按照每张床位投资 5 万元的标准，5 年时间共计投入 6000 余万元进行高标准的适老化升级改造，并开展为期 30 年的运营管理。郁南县改造的供养机构包括县社会福利中心和 15 所乡镇敬老院，改造的供养机构占地面积共计 54177.77 平方米，建筑面积共 34243.06 平方米，原有床位数量为 1223 张。合同规定，升级改造后的供养机构，其总床位数的 50% 由当地民政部门兜底当地失能、失智特困老人，剩余 50% 的床位由第一养老公司自主运营。政府兜底的失能、失智特困老人与缴费入住的失能、失智老人均享受同等护理服务。

2. 明确社会资本方与政府共担风险的地位

在云浮模式下，企业与政府之间建立了合理的风险分担机制，两者处于风险共担的关系之中。按照合同规定，企业将改革中面临的政策风险转移给政府，而只需承担自身擅长的财务风险与运营风险，从而能够避免政府政策的不稳定性而带来的损失，且可以免除场地租金上涨带来的后顾之忧，从而减轻了企业的风险与负担。

二、资源动员：主动搭建衔接政府资源与社会资源的桥梁

在公共管理的过程中，资源动员是处于主体及运作方式之间的一环。资源动员常指在处理特定的公共产品、公共服务提供等公共问题时所使用的资源类型及其来源的总和。不同的资源类型源自不同的公共管理主体，同时有着不同的表现形式，并对应着不同的运作方式。与上述政府、市场、社会三大主体对应的资源类型分别为政府资源、市场资源和社会资源。政府资源主要表现为政府财政等财力资源、政府组织体系等程序性资源、政府领导人等人事资源、官方媒体等宣传性资源等；市场资源主要指通过市场规则自主决策的资源；社会资源指既不是政府资源，也不按照市场逻辑支配的资源，往往表现为政府与市场逻辑之外的第三种资源，即广义的社会自组织资源。[①] 这

---

① 罗德：《统合型治理：公共管理的中国模式——以广东省"双到扶贫"为例》，载《科学·经济·社会》2015 年第 3 期，第 77—81 页。

第七章　云浮特困人员供养机构公建民营模式：运行机制及成效

三类资源都可能涉及财力、人力、物力等内容，但是其具体的资源动员逻辑不同。云浮市公建民营改革中涉及多方资源，其核心优势在于政府主动出击，主动搭建社会政策领域中衔接政府资源与市场、社会资源的桥梁，使得各类资源得到了更好的融合再生。

（一）政府资源：财政、组织及人力层面的制度性安排

从行政资源的角度来看，针对特困人员供养机构的公建民营改革，云浮市政府在财政、组织、人力资源和宣传性资源等方面均有专门性的、规范性的制度安排。依据《广东省民政厅关于印发广东省特困人员供养服务机构公建民营社会化改革实施方案的通知》（粤民发〔2016〕77号）、《云浮市特困人员供养服务机构公建民营社会化改革实施方案》的要求，云浮市政府负责支付特困人员在特困人员供养机构中的基本生活费用，并在规定的30年运营期限内免除社会运营方的场地租金及管理费，实行公建民营社会化改革的供养机构按规定可享受政府购买服务、税费减免、运营补贴、投融资等扶持政策。方案明确规定，各级民政部门要积极争取当地政府加大对供养机构的资金投入，协调财政部门将特困人员救助供养经费及时足额转入供养机构，用于支付入住特困人员集中供养服务费用。

对于从事养老服务的企业来说，人员薪酬和房租是最大的两项成本，其中租金的支出在总成本中的比重高达40%～50%。[①] 研究发现，国内以北京等地为代表的公建民营项目在现有的收费标准以及以个人支付为主的支付方式之下，房租和人员薪酬成本导致企业几乎都面临亏损的状况。[②] 高昂的租金让一大批优质企业望而却步[③]，大大压缩了可供政府选择的空间；在

[①] 王雪辉：《养老机构公建民营运作模式探析》，载《行政管理改革》2016年第8期，第38—43页。

[②] 王兆鑫：《新时代创新我国公办养老机构改革对策研究》，载《常州大学学报（社会科学版）》2019年第1期，第73—82页。该研究指出，以北京市东篱敬老院为例，该院拥有80多张床位，针对政府供养的孤寡、残疾等基本养老服务收费标准为每床3200元/月，而市场化床位收费标准为每床6000～7000元/月，敬老院存在经营收入不高、人力成本高、能源成本高等问题，而且没有政府补贴，获得捐助的机会也较少，每年仅接受中国福利彩票少量的资金捐助。

[③] 王雪辉：《养老机构公建民营运作模式探析》，载《行政管理改革》2016年第8期，第38—43页。

运营过程中，企业也面临着资金投入大、投资回报周期长、后续运营乏力等问题①。在以广东省单一养老院为例模拟的利润测算中发现，免租金的优惠是企业是否能够获得合理盈利的关键变量。② 因此，在云浮模式下，政府针对社会资本在运营中面临的关键因素主动出击，为其提供行政资源的支持，能为社会资本发挥效能，免除后顾之忧。

除了免租金的优惠政策，政府还将通过协助企业依法取得"养老机构设立许可证"和相关医疗资质等方式，为企业落地提供便捷的政策通道，并协助企业依法享受政府购买服务、医养结合、财政补贴、投融资等扶持政策，为企业节约了大量隐性运营成本。

此外，特困人员供养机构公建民营改革涉及面广、政策性强。按照广东省民政厅要求，云浮市政府成立特困人员供养机构公建民营社会化改革领导小组，明确分工，落实责任，并将小组成立情况上报省厅备案。通过将改革工作向市委、市政府进行专题汇报，云浮市的改革得到党政一把手的大力支持，现场办公、协调解决具体问题，顺利推动改革落地。特困人员供养机构公建民营社会化改革工作还被列入年度民政重点工作考核体系。由此可见，云浮市政府在组织与人事层面对特困人员供养机构公建民营改革投入了重要资源，这与政府在改革中的兜底责任是相匹配的，是政府发挥其主导性地位的作用的体现。

（二）市场资源：以投资保底与统筹打包机制链接企业资源

从市场主体来看，云浮市政府在改革中强调对市场力量的引导与激励，例如，落实社会投资保底机制、探索区域统筹打包机制等。

---

① 董红亚：《养老机构公建民营：发展、问题及规制》，载《中州学刊》2016年第5期，第71—76页。

② 测算结果显示，在保障性床位占40%的前提下，假设三种情况：①企业需要承担租金，且企业无医疗等其他额外盈利项目的情况。可以发现，租金成本占运营成本的比例为40%～50%，是最大的一笔支出。企业在整个合约期预计亏损达9.8亿元。②企业需要承担租金，且企业增加医疗等额外项目的情况。可以发现，由于租金压力，企业在整个合约期内仍是巨额亏损。③企业无需承担租金且增加医疗的额外盈利项目的情况下，企业的盈利期提前，第十年即开始实现盈利，合约期满利润预计达到3012万元。通过比较三种可能的情形可以发现，在较长的合约期内，免租金的优惠可以减轻企业极大的压力，企业可以通过开展额外项目，获得合理盈利。

第七章 云浮特困人员供养机构公建民营模式：运行机制及成效

改革原则上规定社会运营方在每张床位平均投入不低于 5 万元的升级改造资金，以实现特困人员供养机构升级改造的目标。这一要求使社会运营方在前期投入大量资金，使其如在合约期内选择中断或退出将遭遇巨大损失。此外，改革采取的 30 年长期合约模式有利于给予企业合理回报期，激励其放心进行前期投入，尤其是固定资产投入，并通过长期经营，最终获得回报。这一社会投资保底机制的运用使得云浮市的公建民营改革能够很好地将市场资源链接到公建民营改革上。

区域统筹打包机制体现在"两个打包"：一是将条件相对较弱的供养机构与条件相对较好的供养机构打包，二是将特困人员养老项目与社会养老项目打包，这是 PPP 理念所提倡的整合项目模式。对企业而言，机构打包有利于企业通过集中采购、整体运营等方式有效降低平均运营成本，有利于形成企业连锁化、管理标准化、服务专业化的运营模式，通过资源统筹，扶持较弱的供养机构；项目打包，打通了闲置供养资源和庞大社会需求之间的通道，为企业经营社会化养老提供平台，企业通过社会养老盈利，反哺特困人员救助供养项目。经过测算，企业接纳 1 个社会老人大约可以覆盖 3 个特困人员护理费用缺口。即在特困人员和社会老人享受同等服务水平的情况下，企业可以实现合理盈利。与单纯的企业行为模式相比，在这一机制下，企业能够将自身资源进行整合，从而促进市场资源的集约化与效率化。

（三）社会资源：动员本土化人才，引导社会力量参与服务供给

从社会主体角度来看，在云浮市改革过程中，第一养老公司作为运营主体，坚持将特困人员救助供养及社会养老服务作为一项"情动劳动"的定位，在实践过程中注重动员和发掘本土人才资源，引导社区力量参与服务供给。第一养老公司致力于打造一支稳定、专业、有向心力的本土化人才队伍，在招聘中广泛吸纳本地农村富余劳动力，鼓励保障对象的亲属、社区邻居、社会志愿者、专业护工等各类人员到特困人员供养机构中提供服务，充分发挥本地人才熟悉语言、风俗的优势，实现就近就业，促进工作队伍稳定。此外，公司还充分利用互联网、微信公众号、电视广告、现

场招聘、地面推广、人脉介绍等招聘方式,特别在乡镇推广招聘方面,充分利用本地村委、居委、街道办、民政办、妇联等部门组织的优势,向本地意向人员提供宣讲会和说明会,积极引导,重点扶贫,履行好企业在公共服务供给中的社会责任。

三、运作方式:统筹打包、市场化运作

公共管理是一个动态的运作过程,主体及资源的配置和动员处在前端,但这两个环节的最终成果需要体现在具体的运作方式上。针对前端的主体及资源动员差异,运作方式作为第三个环节也应该有所差异并与上两个环节相对应,为此,其主要表现为以下三种类型:行政指令、市场逻辑及社会自治。[①] 行政指令指向政府权威及其运作,是指政府通过其组织体系中的权力结构,系统地实现其预期目标;市场逻辑是指通过供需关系、价格机制以及平等自主的交易实现主体的自身利益;社会自治是指社会个体或共同体以自组织的形式,独立、自主地协商解决共同面对的问题。就云浮市公建民营改革而言,其在运作上更多的是基于市场逻辑的"统筹打包、市场化运作"方式,有利于各主体平等协商,以积极的交易回应自身利益诉求。

(一)行政的逻辑:特困人员"入住优先"的机制与政府兜底

政府对特困人员救助供养负有兜底责任。满足特困人员集中供养需求是此次社会化改革的首要任务,改革的核心标准之一就是要确保特困人员服务质量。对此,云浮市的改革采取特困人员"入住优先"的机制设计:第一,保障特困人员优先入住;第二,规定特困人员的床位占比。

在优先保障特困人员的入住方面,《合同书》第四条第二款规定:"在委托经营期限内,养老机构应优先保障特困人员入住,同时也为本地区失能、半失能、失智老人及其他有需求的社会老年人提供养老服务。"

---

① 罗德:《统合型治理:公共管理的中国模式——以广东省"双到扶贫"为例》,载《科学·经济·社会》2015年第3期,第77—81页。

第七章　云浮特困人员供养机构公建民营模式：运行机制及成效

在规定特困人员的床位占比方面，民政厅1142号文件规定："要合理确定政府供养对象床位比例。各地要按照体现公益性、公平性原则，尊重市场规律，综合考虑当地生活不能自理特困人员集中供养需求、政府护理经费投入、社会老人收费标准以及运营方投资等情况，合理确定特困人员供养机构政府供养对象床位比例，既要完成政府兜底任务，又能维护运营机构良性运营。"云浮市郁南县试点的特困人员床位占比是50%，这是按照民政部关于"到2020年生活不能自理特困人员集中供养率达到50%"考核指标做的最高标准的规定。

这一优先机制会随着未来情况的变化做出有利于特困人员的调整。特困人员供养机构社会化改革之后，机构的基础设施和服务质量都有较大提升，特困人员入住机构的意愿可能有所增强。对此，《合同书》第九条第七款规定："随着社会形势的发展，入住的特困人员超出第4.1.1条中约定的床位数量的，应优先保障特困人员入住；超出部分的特困人员入住费用按照社会老人的收费标准由甲方向乙方支付。"同时，《合同书》第九条第四款第一条对政府基本养老保障服务对象的养老费用有所规定："特困人员的养老费用标准依政策按照当年政府特困人员的供养经费标准执行；政府特困人员身份由甲方确认，乙方凭甲方出具的特困人员身份证明办理入住手续。养老机构改造完成后，乙方优先接收失能、失智的特困人员。"

（二）市场的逻辑：统筹打包与合约管理

1. 公开招投，择优遴选市场合作方

云浮市政府在改革中创新社会合作力量遴选机制，实行公开招投标并择优遴选合作方。按照广东省民政厅《关于印发广东省特困人员供养服务机构公建民营社会化改革实施方案的通知》（粤民发〔2016〕77号）规定："按照'公开、公平、透明'的原则，采取公开招标方式确定供养机构运营方。投标人应是依法成立，具有与承接项目相适应的专业服务团队和注册资金，且无违法记录的企业法人或社会组织。招投标书内容要明确优先保障生活不能自理特困人员等民政对象的入住需求、国有资产不流失、养老用途不改变、服务水平明显提升等内容。"在具体的实践中，云浮市政府通过综合评估各社会力量的专业资质、技术能力、管理经验、财务实力等，按照持续投融资能力强、运营团队建设和标准化服务体系完善、护理和医疗资质齐全等条件择优选取社会力量提供运营服务，以确保国有资产保值增值。2017年4月27日，公开招投标后，第一养老公司作为中标方与郁南县民政局签订合同，成为郁南县公建民营改革的社会运营方。①

2. 以合约形式建立利益共享与风险共担机制

《合同书》规定，政府给社会运营方即第一养老护理服务有限公司的委托经营期限为30年。相对于传统的短期合约（如管理合同模式），此次改革所采用的30年长期合约模式有以下两个优势：第一，长期合约给予企业合理回报期。养老产业是资产专用性高、前期投入大、回报时期长的产业。② 大量的实地经验表明，传统的养老机构公建民营的委托年限多为5年，在短期合约内，企业经营很难在短期内得到回报，导致许多优质诚信企业不敢进入。相反，一些劣质企业抱着投机心态进入，若经营不善，则随意放弃合约，提前离开，严重影响了养老业的社会信誉。只有长期合约，才能激励企业放心进行前期投入，尤其是固定资产投入，并通过长期经营，最终获得回报。经模拟测算，即使在免除租金且增加医疗等附加项目的条件下，企业到第十年才开始实现盈利，这在短期合约内是不可能实现的。第二，长期合约有助于形成改建与运营结合的PPP项目全生命周期，有利于企业捆绑各方面项目，深耕该区域的养老产业，开发包括养老旅游、养老医疗、高端护理服务等在内的养老附加产业，形成新的利润增长点，获得产业创新带来的回报。

3. 统筹打包，品牌连锁运营，建立标准化管理体系

云浮市的公建民营不同于省内其他地区单个推进的形式，其采取的是区域统筹打包的创新形式，明确以县（市、区）为单位，将辖区内区域性养老机构、乡镇敬老院等公办特困人员供养机构，统一打包成一个项目，交由社会资本方运营。云浮市将云安区辖区内6所乡镇敬老院以及1所区域性敬老院，将郁南县辖区内15所乡镇敬老院以及1所区域性敬老院，共计

---

① 李嘉怡：《郁南县探索养老服务新模式，让老年人更幸福》，https://3g.163.com/news/articleto/FK3DOBKG055004XG.html，2020-08-15。

② 赵晓明：《城市区片的市场化定位选择——以聚焦滦平养老产业发展为例》，载《经济研究参与》2017年第52期，第71—75页。

第七章　云浮特困人员供养机构公建民营模式：运行机制及成效

23 所供养机构统一打包进行改革，引入社会资本 1 亿元，对敬老院进行全面升级改造和提供专业护理服务。

云浮市政府携手第一养老公司，打造"1+N"的创新型商业模式。（见图 7-1）政府将福利服务中心和下属乡镇敬老院以整体打包经营的方式交给第一养老公司进行委托营运，即 1 所公办区域性特困人员供养机构带动 N 个敬老院作为一个整体共同运营与管理，以解决特困人员供养机构地域间、城乡间发展严重不均衡的问题。区域性特困人员供养机构作为区域内管理中枢，进行科学的统筹管理，进行品牌连锁化运营，实行标准化的管理体系。

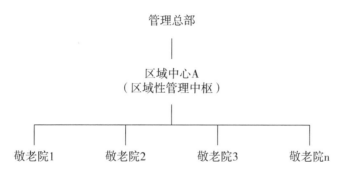

图 7-1　云浮市特困人员供养机构"1+N"统筹打包模式
资料来源：根据云浮市案例资料自制。

从政府履职尽责看，区域统筹打包模式约定社会运营方不论机构好坏都要无差别承接，既便于政府统筹区域内的供养资源，又利于政府监管运营主体；从企业投资增效看，该模式有利于实现社会运营方连锁化、标准化、专业化发展，有效降低企业运营成本，极大地提升公建民营改革对投融资市场的吸引力，真正实现政府职能、企业效益、老人共赢共享的局面。

相较于单个推进的模式，云浮市"1+N"统筹打包模式具有以下特点：一是避免运营方"挑肥拣瘦"。郁南县、云安区共引进社会资本 1.09 亿元，对云浮市首批 23 所供养机构 2180 张床位进行适老化改造，规定其不论基础条件好坏、规模大小，必须整县承接并升级改造，不得随意撤并，确保在不减少特困供养机构数量的前提下实现区域协同发展。二是全面推进改革。

一方面，通过整县打包，有效降低了单个项目建设和运营等环节的成本，保证公共事业的服务质量和运营效率；另一方面，运营方通过品牌连锁运营，在履行特困人员服务保障功能外，还可承担示范引领、功能试验、专业培训、品牌推广等职能，推动形成规模化、规范化、品牌化的运营模式。三是有效保证公共服务均等化。明确了运营方在经费投入、人员配备、服务水平方面的责任，规定每张床位平均投入改造资金不低于5万元，医护及服务人员总数与入住的特困人员数量要达到规定比例。通过五年升级改造，整县打包的特困人员供养机构必须全部达到省二级以上养老机构服务标准，供养服务质量将得到明显改善。①

在承接整体打包运营要求的基础上，第一养老公司探索与实践了以环境优化、服务升级、管理提升为改革出发点的六大标准化管理体系，为实现高标准、连锁化发展奠定坚实的基础。第一，规划设计标准化——解决建筑结构方面的安全隐患以及适老化等问题；第二，设施设备标准化——解决设施设备陈旧、简陋以及实用性等问题；第三，服务体系标准化——解决服务产品单一、流程不规范问题，实现特困人员与社会老人无差异服务；第四，餐饮体系标准化——中央厨房统一配送，解决敬老院餐饮安全问题；第五，培训体系标准化——解决人才队伍培育、发展、建设问题；第六，信息化管理标准化——提升连锁化管理效率及水平，解决管理体系落后、效能低下问题。②

4. 政府付费与使用者付费相结合的机制

云浮市特困人员供养机构公建民营改革采用政府付费与使用者付费相结合的付费机制，即政府支付特困人员在特困人员供养机构中的基本生活费用，缺口由社会资本方的市场化运营回报进行弥补；社会资本方在保证完全接纳特困人员养老的前提下，盘活机构资源，提供社会化养老服务，通过使用者付费的方式获得回报。按照合约规定，特困人员供养机构接纳特困人员的比例控制在50%，运营期为30年，其间场地免租金、免管理

---

① 区云波、钱枫、陈泽才：《云浮全力推进全省敬老院公建民营改革试点工作》，http：yf.southcn.com/content/2017-11/07/content_178647529.htm，2017-11-07。

② 参考第一养老公司宣传册。

第七章 云浮特困人员供养机构公建民营模式：运行机制及成效

费。社会养老服务价格采取政府指导价，以确保机构能有充足的社会养老床位、足够的运营时间，通过适当的养老服务价格和合理成本控制，实现平账和合理盈利，实现机构可持续发展。

对于特困人员，政府跟运营方约定特困人员免费入住，由政府将基本生活供养金拨付到供养机构；对于社会养老服务对象，运营方实行政府指导下的市场定价，具体体现在《合同书》第九条第五款第一项规定："乙方按照其登记类型、经营性质、设施设备条件、管理水平、服务质量、护理等级等因素自行制定社会养老对象的收费标准。同时，乙方每年可根据同期国家及养老机构所在地区的消费物价指数变化情况或养老机构合理的经营成本等因素的变动情况在符合法律、政策规定的情况下调整价格。"第二项规定："社会养老对象收费标准和价格调整方案应按规定向当地物价管理部门审批（备案），并在醒目位置公示。"这表明如果定价不符合市场规律，尤其是社会养老的定价过高，导致群众产生不满，政府将介入调整运营方的不合理定价。

四、归纳与解释：主体、资源、运作方式的多元整合

基于上文从主体及其地位、资源动员和运作方式三个维度对云浮市特困人员供养机构公建民营改革模式的深入分析发现，云浮市公建民营改革在主体、资源、运作方式上都具有多元化的特征，且是以解决问题为核心的整合式多元化。在特困人员供养机构公建民营改革这一时代课题面前，政府基于"解决特困人员供养问题，满足社会养老需求及推广 PPP 模式"的三重发展目标，主动寻求与社会资本方的合作，通过整合自身行政资源、市场资源、社会资源，运用行政兜底逻辑和市场化机制相结合的运作方式，对区域内特困人员救助供养及社会养老等公共事业的发展做出了有效能的改革与发展。"云浮模式"下政府对多元主体、资源、运作方式进行多元整合的方式是中国情境下的 PPP 模式运作机制的典型体现，对理解中国公共管理实践具有重要意义。

第二节 云浮特困人员供养机构公建民营模式的实践效果

云浮市云安区、郁南县是广东省第一批特困人员供养机构公建民营改革试点单位,也是民政部第二批试点单位,其践行的区域统筹打包公建民营改革被认为是具有持续性发展意义的 PPP 模式。民政部社会救助司副司长蒋玮在 2017 年考察云浮市"统筹打包、市场化运作"的公建民营社会化改革模式时肯定了云浮市改革的宝贵经验。她认为,云浮市公建民营的模式有效破解了政府投入不足、床位有效供给不足、管理能力不足、服务质量不高等瓶颈问题,通过改革,机构设施条件焕然一新,管理能力稳步提高,服务质量得到了明显改善。

广东省民政厅 2018 年实施的广东省特困人员供养机构运营成效评估显示,云浮市经整体打包改革后的供养机构在管理团队、基础设施、照料质量、护理服务能力以及制度建设层面均有很大的提升,有力地提升了整个县区的供养机构整体服务水平和运营效率,从而提升了政府公共服务均等化水平,改革成效显著。

"云浮模式"是针对"特困人员供养机构公建民营改革"这一现实议题提出的,其实践效果主要体现在整合式地解决特困人员救助供养问题、社会养老问题以及 PPP 模式的推广问题上。基于"云浮模式"背后巨大的机制推广价值,以下将就其实践效果进行详细的分析,从效能发挥方面论证这一模式推广的意义。

一、实现机构转型升级:由供养机构到介入护理型养老服务机构

特困人员供养机构公建民营改革的首要目标是实现基础设施的适老化改造及升级。按照合同要求,政府要求社会资本方在 5 年内实现这一目标。

第七章　云浮特困人员供养机构公建民营模式：运行机制及成效

从云浮市云安区及郁南县的实践来看，其改革措施很好地实现了这一目标。

云浮市云安区、郁南县在全国率先推进区域统筹打包改革模式，涉及敬老院23所，床位2180张，引进社会资本超过1亿元，用于硬件适老化改造和专业护理服务人员队伍建设。郁南县民政局局长梁运对郁南县的改革作出如下评价："整体打包公建民营养老改革，有效地解决了多年来公办养老机构因社会经济的发展和人口老龄化的快速推进而出现公共资源配置不均、闲置等问题，亦避免政府僵化运作的弊端，更能优化、提高老人的生活环境和生活质量。"这一评价主要指向的是改革使得机构长期照护服务的硬件设施和软件服务水平得到显著提升。[1]

依据广东省民政厅于2018年实施的广东省特困人员供养机构运营成效评估，改革后，云浮市云安区、郁南县的试点机构在配备医疗护理床，铺设医用地板和防滑地面，安装坐便器、淋浴设备、监控设备方面，比例均有较大提高，改革成效显著。此外，机构内医疗物品数量增多，膳食设施和消毒设施更加完善，改革优势明显。而在软件服务方面，基本生活照料项目增加，提供康复训练的供养机构增多，文化娱乐活动种类更多，供养机构内的环境更为干净整洁。

由此可见，硬件设施及软件服务的适老化改造使得云浮市的试点机构实现了从单一功能的供养机构到介入护理型养老服务机构的转型升级。

二、解决特困人员护理问题：为生活不能自理者提供护理型照顾

在队伍建设上，云浮市的改革引入专业管理团队，通过吸纳本地农村富余劳动力，建立起一支本土化、有素质的护工队伍；在人员管理上，推行岗位责任制、岗前培训制度，完善各项工作流程。针对失能、半失能特困人员的护理需求，云浮市云安区及郁南县积极探索医养结合护理模式，与县级中医院合作，实现健康养老与疾病救治相结合。同时，云浮市在改

---

[1] 广东省扶贫办：《广东推动特困人员供养服务机构公建民营供给侧改革》，http://static.nfapp.couthcn.com/content/201711/09/c778053.html，2017-11-09。

革中深入开展社工文化活动，运用"社工+义工"工作模式，为服务对象提供个性化、专业化的心理疏导、精神慰藉等服务。①

以云浮市郁南县建城镇敬老院为例，改革以后，该敬老院配备了5人护理式房间，配置了医用地板胶和医用护理床等医护硬件设施。同时，敬老院服务老年人的能力也大为提高：该敬老院原有24位老人、3位工作人员，其中一个是院长，另外两人负责煮饭和打扫卫生，缺乏专职护理员，经第一养老公司改造后，敬老院引进经验丰富、年轻的护理员。目前该院有6名工作人员，除院长和炊事员外，还有4位护理员，以轮值形式开展服务。

云安区福利服务中心负责人说："高龄、失能、失智老年群体是社会最需要被关注、被关爱的，是养老市场的刚性需求和有效需求，改革后的特困人员供养机构实现了主要服务对象的精准定位。"云安区和郁南县两地福利服务中心改革顺应中央及民政部养老工作改革的要求，一方面，把失能、失智老人作为主要服务对象；另一方面，积极扩大全社会养老特别是农村养老的覆盖。目前，中心接纳的失能、失智老人比例超过了80%，这不仅让更多的失能、失智老人得到了专业的照护，也为更多的家庭减轻了负担，促进了社会的和谐发展。

三、回应社会养老需求：为社会老年人提供护理型养老公共服务

特困人员救助供养工作，既是困难群众基本生活保障的重要组成部分，同时也承担着一部分养老服务的重要职能。

从省民政厅2018年实施的广东省特困人员供养机构运营成效评估结果看，改革后的供养机构入住率提升10.6%，社会自费老年人入住率达到15.1%。② 而在改革以前，云浮市全市敬老院3572张床位，实际入住特困人员仅998人，空置率达72%。③ 同时，改革后的供养机构在基础设施改造

---

① 李嘉怡：《郁南县探索养老服务新模式，让老年人更幸福》，https://3g.163.com/news/article_so/FK3DOBKG055004XG.html，2020-08-15。

② 调研资料。

③ 调研资料。

第七章 云浮特困人员供养机构公建民营模式：运行机制及成效

方面不断完善，服务质量不断提升，管理不断规范，在优先保障特困人员集中供养的基础上，有效地盘活了闲置床位资源，吸纳更多的社会自费老年人入住，进一步提高供养机构入住率，保证运营方实现合理回报，推动改革持续健康发展。

四、创新特困人员救助供养供给模式：操作性强、复制性广的改革新路径

基于云浮经验的广东省特困人员供养机构公建民营社会化改革采用的是中央所大力推广的政府和社会资本合作（PPP）的模式，该模式巧妙利用政府和社会资本互补的优势，通过建立政府与社会资本合作的风险最佳分配机制，为特困人员提供护理型照顾，为公众提供护理型养老公共服务。相比以政府为单一主体进行的改革，云浮市公建民营改革极大地减轻了政府在人、财、物方面的压力，不仅对特困人员供养机构公建民营改革具有启示意义，还为优化公共服务供给方式提供了一条操作性强、复制性广的改革新路径。

云浮市在特困人员供养机构公建民营改革中的模式创新中，在机制上具有推广性，具体体现为以下三点：第一，此次改革所针对的问题在全国范围内具有普遍性。广东省此次社会化改革针对的是失能、半失能特困人员和老年人的护理需求与落后的护理设施及服务之间的矛盾问题，这一问题不是广东省独有的难题，而是全国性的供给侧难题。第二，改革模式的推广条件在全国各地具有相似性。云浮市作为山区城市，其经济社会特征与全国许多地区具有相似性。因此，云浮市试点的特困人员供养机构公建民营改革，在全国各地尤其是农村和乡镇具有相似的改革推广条件，推广所需的社会基础较为深厚。第三，此次改革采用的方法具有目标兼容性，能够激励各级政府认真借鉴。此次改革模式能够达到三重目标，即整合式解决特困人员机构供养问题、满足社会养老需求并实现中央在各地大力推广 PPP 的模式，一举三得。

此外，云浮市创新的"区域统筹打包 1 + N"模式对全国范围内特困供养模式的创新具有重大的推广意义。这一模式与唐钧等人提出的"县域老

年照护体系"①（见图7-2）概念框架具有很多相通之处。唐钧、覃可可等人通过对江苏和浙江进行实地考察与经验总结，提出了逐步建立以专业照护机构为支撑、以改造县和乡镇已有的敬老院为骨架，以农村照护员和照护小院为基础的"县域老年照护体系"的政策建议。这一体系具有七大要点：第一，强调"县域"，城乡居民一视同仁；第二，照护机构专业化，打造"旗舰机构"；第三，实行品牌化、标准化、连锁化经营；第四，照护员可上门服务；第五，照护机构以专业照护为主，居家非正式照护为辅；第六，资金来源可靠且可持续；第七，尽可能给予提供居家服务的非正式照护者经济上的支持。

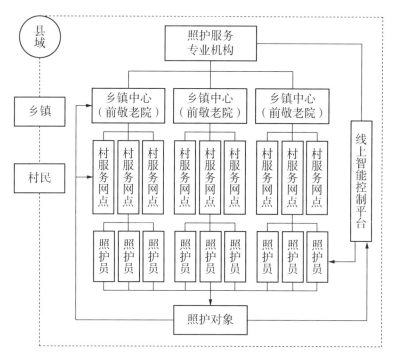

图7-2 县域老年照护体系的基本架构

资料来源：转引自唐钧、覃可可《县域老年照护体系：概念框架与方案设计》，载《江苏社会科学》2020年第3期，第66—76页。

---

① 唐钧、覃可可：《县域老年照护体系：概念框架与方案设计》，载《江苏社会科学》2020年第3期，第66—76页。

第七章 云浮特困人员供养机构公建民营模式：运行机制及成效

云浮市特困人员供养机构的公建民营改革探索性地实践了"区域统筹打包的1+N"体系，作为"县域老年照护体系"在实践中的真实经验，云浮模式在整合式解决特困人员救助供养、脱贫攻坚、社会养老等问题上的高效性、可持续性、可推广性为广东省乃至全国各地推动城乡特困人员服务的提质增效提供了可行的"样板"。

第三节 小 结

作为政府与社会资本合作的一个典范，云浮市特困人员供养机构公建民营改革的成功有着独特的运行机制。基于公共管理的理论视角，结合对主体及其地位、资源动员与运作方式等核心指标的分析，本章得出以下结论：在云浮市供养机构的公建民营改革当中，云浮市政府通过主动引入社会资本，在发挥监管角色的基础上运用市场化运作的方式，实质上对多元的主体、资源、方式进行了整合再生。于此，整合更多的是一种解决问题的方式，目的是充分利用包括政府在内的公共管理中的各利益相关者的专有资源和比较优势。[①]

云浮市的公建民营改革模式对运行机制的独特安排为理解政府与社会资本的合作形式提供了三个维度：主体、资源动员及运作方式。云浮市的改革模式整合式解决问题的思路以及对政府作为监管者角色的强调，为特困人员救助供养制度的提质增效提供了不可或缺的基础。就其改革模式的可操作性、可持续性、可推广性而言，云浮市"区域统筹打包"下的政府与社会资本合作模式为广东省乃至全国的特困人员供养机构公建民营改革提供了极具参考价值的样本。这一改革模式为整合式解决特困人员救助供养、脱贫攻坚、社会养老等问题以及挖掘政府与社会资本合作的新模式提供了经验启示，值得我们的关注与思考。

---

① 胡象明、唐波勇：《整体性治理：公共管理的新范式》，载《华中师范大学学报（人文社会科学版）》2010年第1期，第11—15页。

第八章 广东省特困人员供养机构改革成效评估的准实验设计

经过公建民营区域统筹打包改革后的特困人员供养机构是否取得了预期的成效？为了科学、客观地评估广东省特困人员供养机构的改革成效，本章进行了一项准实验研究设计。首先，本章回顾了近年来兴起的准实验研究方法及其在公共管理研究中的应用。其次，对本次评估广东省特困人员供养机构改革成效的准实验设计进行了阐述。最后，基于上一节的准实验研究方法，依据指标选取的基本原则，构建了本次评估的指标体系。

第一节 公共管理研究中的准实验研究方法

实验方法是近年来社会科学界方法兴起的一种新的研究方法。相较于传统的统计分析范式（观察性研究），实验方法通过随机分配和控制组的设置，能够有效克服内生性、遗漏变量、混淆共变量（confounding variables）、样本选择性偏误等常见统计分析问题的影响，从而推断出可靠的因果关系，是政策评估的一种近乎理想的方法，其被视为因果推断方法的黄金标准（golden standard）。[1] 然而，在公共管理研究情景中，实验方法要求把实验

---

[1] 岳经纶、张虎平：《实验方法在公共管理研究中的应用：基于PAR和JPART两种期刊（2010—2017）的文献分析》，载《中国公共政策评论》2018年第2期，第39—59页；王思琦：《公共管理与政策研究中的实地实验：因果推断与影响评估的视角》，载《公共行政评论》2018年第1期，第87—107页；Castillo, N. M. & Wagner, D. A., "Gold Standard? The Use of Randomized Controlled Trials for International Educational Policy", *Comparative Education Review*, 2014, 58 (1), pp. 166–173.

第八章 广东省特困人员供养机构改革成效评估的准实验设计

对象随机分配到处理组和控制组通常难以实现,原因在于公共政策和管理实验通常已经发生,其中的分组是非随机的。① 特别是在中国情景之下,许多改革所选取的试点区域通常取决于地方官员的个人意志等政治因素。② 目前,由于受到研究成本、实施难度等因素的限制,实验方法在社会科学领域并没有得到大规模的推广应用,但仍然呈现不断发展的趋势。③

在随机分配无法实现的情况下,准实验研究是实验研究理想的替代,较为适合运用于公共管理和公共政策等领域。④ 相比于社会实验方法,准实验方法能够克服研究主体难以被研究者操控的弊端,其涉及的研究问题的层次更高、时空范围更广。准实验研究放宽了对随机分配的要求,虽然其内在效度比实验方法要低一些,但仍然能够在相当大的程度上支持因果推论和提升外部效度。

准实验研究设计通常包括:①只有后测的设计;②进行前测和后测的设计;③只有后测和加入控制组的设计;④前测和后测并加入控制组的设计;⑤双前测和后测一并加入控制组的设计;⑥前测和后测加入控制组互相切换角色的设计。⑤(见表 8-1)而具体的统计分析方法包括:①工具变量法;②倾向值匹配法;③双重差分法;④断点回归等。

---

① 马亮:《公共管理实验研究何以可能:一项方法学回顾》,载《甘肃行政学院学报》2015 年第 4 期,第 13—23 页。
② 刘军强、胡国鹏、李振:《试点与实验:社会实验法及其对试点机制的启示》,载《政治学研究》2018 年第 4 期,第 103—116 页;Sebastian, H., "From Local Experiments to National Policy: The Origins of China's Distinctive Policy Process", *The China Journal*, 2008 (59).
③ 王思琦:《公共管理与政策研究中的实地实验:因果推断与影响评估的视角》,载《公共行政评论》2018 年第 1 期,第 87—107 页。
④ Grant, A. M. & Wall, T. D., "The Neglected Science and Art of Quasi-experimentation: Why-to, When-to, and How-to Advice for Organizational Researchers", *Organizational Research Methods*, 2009, 12 (4), pp. 653-686.
⑤ 陈晓萍、沈伟:《组织与管理研究的实证方法》,北京大学出版社 2018 年版。

表8-1 准实验研究设计类型

研究设计类型	表现形式①	说明
只有后测的设计	X　　O$_1$	没有前测,也没有控制组,只有一次后测
进行前测和后测的设计	O$_1$　　X　　O$_2$	没有控制组,有前测和后测
只有后测和加入控制组的设计	NR　　X　　O$_1$ NR　　　　O$_2$	加入与实验组相近的控制组,对实验组和控制组进行后测
前测和后测并加入控制组的设计	NR　　O$_1$　　X　　O$_2$ NR　　O$_1$　　　　O$_2$	加入与实验组相近的控制组,实验组和控制组都进行了前测和后测
双前测和后测一并加入控制组的设计	NR　　O$_1$　　O$_2$　　X　　O$_3$ NR　　O$_1$　　O$_2$　　　　O$_3$	加入与实验组相近的控制组,对实验组和控制组进行两次前测以及后测
前测和后测加入控制组互相切换角色的设计	NR　　O$_1$　　X　　O$_2$　　　　O$_3$ NR　　O$_1$　　　　O$_2$　　X　　O$_3$	整个设计分为两个阶段:第一阶段对实验组进行了实验,而控制组没有进行实验;第二阶段也将控制组引入实验

资料来源:陈晓萍、沈伟《组织与管理研究的实证方法》,北京大学出版社2018年版。

准实验研究在国内外公共管理研究当中已经得到应用,涉及许多不同的研究主题,包括:①环境污染治理。例如,祁毓、卢洪友和张宁川将2003年国务院实施的大气环境质量"限期达标"制度视为一个准实验,将"非达标城市"和"达标城市"作为实验组和对照组,采用双重差分法对环境规制的"降污"和"增效"的双赢效应进行了评估。② ②社会政策。例如,马超、顾海和孙徐辉利用太仓市和宜兴市医保统筹这一契机,分析参

---

① NR表示非随机分配,X表示接受实验,O表示观测对象,从左向右表示时间次序。
② 祁毓、卢洪友、张宁川:《环境规制能实现"降污"和"增效"的双赢吗——来自环保重点城市"达标"与"非达标"准实验的证据》,载《财贸经济》2016年第9期,第126—143页。

第八章 广东省特困人员供养机构改革成效评估的准实验设计

保类型对居民健康状况的影响。① 又如，Reeves 和 Mackenbach 通过准实验方法探究 1999 年英国最低工资立法是否对低收入群体的健康产生影响。② ③政府合作。例如，张跃把长三角城市经济协调会作为一项准自然实验，构建双重差分法模型分析政府合作对城市群全要素生产率的因果效应。③ ④反腐败与政府绩效。例如，孙宗锋等将广东省两个地级市市委书记被调查作为一项准实验，通过倾向值匹配法探究市委书记被调查对公众腐败感知水平的影响。④ ⑤政府财政。例如，张华将"省直管县"改革视为一项准自然实验，将试点城市和非试点城市作为实验组和对照组，通过双重差分法研究财政分权对全要素生产率的影响。⑤ ⑥公共部门人力资源管理。例如，使用断点回归与中介效应方法研究 1996 年我国实施的公务员"凡进必考"制度对提升公务员的专业自主性的政策效应。⑥ ⑦城市发展。例如，把 2012 年我国实施的智慧城市试点作为一项准实验，探究智慧城市建设对城市产业结构转型升级的影响。⑦ ⑧公共服务。例如，Agarwal 等基于新加坡以距离为基础（distance-based）的学校分配政策，使用准实验方法探究学校的搬迁对学校周边房价的影响。⑧

---

① 马超、顾海、孙徐辉：《参合更高档次的医疗保险能促进健康吗？——来自城乡医保统筹自然实验的证据》，载《公共管理学报》2015 年第 2 期，第 106—118 页。
② Reeves, A., McKee, M. & Mackenbach, J. et al., "Introduction of a National Minimum Wage Reduced Depressive Symptoms in Low-Wage Workers: A Quasi-Natural Experiment in the UK," *Health Economics*, 2017, 26 (5), p.639.
③ 张跃：《政府合作与城市群全要素生产率——基于长三角城市经济协调会的准自然实验》，载《财政研究》2020 年第 4 期，第 83—98 页。
④ 孙宗锋、杨丽天晴：《"打老虎"如何影响公众腐败感知差异？——基于广东省的准实验研究》，载《公共行政评论》2016 年第 3 期，第 89—107 页。
⑤ 张华：《低碳城市试点政策能够降低碳排放吗？——来自准自然实验的证据》，载《经济管理》2020 年第 6 期，第 25—41 页。
⑥ 段哲哲、周义程：《"凡进必考"可以提升基层公务员的专业自主性吗？——基于准自然实验的断点回归分析》，载《甘肃行政学院学报》2020 年第 1 期，第 13—24 页。
⑦ 赵建军、贾鑫晶：《智慧城市建设能否推动城市产业结构转型升级？——基于中国 285 个地级市的"准自然实验"》，载《产经评论》2019 年第 5 期，第 46—60 页。
⑧ Agarwal, S., Rengarajan, S. & Sing, T. F. et al., "School Allocation Rules and Housing Prices: A Quasi-experiment with School Relocation Events in Singapore", *Regional Science and Urban Economics*, 2016 (58).

第二节 广东省特困人员供养机构改革成效评估的准实验研究设计

基于上一节的分析,为了弥补传统的统计分析存在的问题,同时克服无法满足随机分配实验对象的要求,本节将运用准实验研究设计评估广东省特困人员供养机构 PPP 改革的成效。由于本书研究团队参与广东省特困人员供养机构 PPP 改革时,改革已经发生,加上数据收集难度较大,本节难以收集到特困人员供养机构在改革发生之前的数据。因此,为了提高调查的可操作性,本节采用了只有后测和加入控制组的设计。尽管没有前测,但这一种设计是合理且受欢迎的,已被不少学者的研究所采用[1],因为进行前测可能会增加实验对象的敏感性,从而影响实验结果(后测的结果)。因此,这一种设计有利于减低实验对象的敏感性,适用于一些特定的研究主题。[2] 其具体的设计形式如图 8-1 所示。

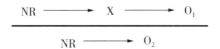

图 8-1 只有后测和加入控制组的准实验研究设计

其中,NR 表示非随机分配,X 表示经过实验处理,O_1 表示实验组后测的观察,O_2 表示控制组后测的观察。

2018 年 12 月至 2019 年 1 月期间,研究团队对广东省云浮市郁南县、云

---

[1] 孙宗锋、杨丽天晴:《"打老虎"如何影响公众腐败感知差异？——基于广东省的准实验研究》,载《公共行政评论》2016 年第 3 期,第 89—107 页;陶然、周敏慧:《父母外出务工与农村留守儿童学习成绩——基于安徽、江西两省调查实证分析的新发现与政策含义》,载《管理世界》2012 年第 8 期,第 68—77 页;辛涛、邹舟:《中学生课堂计算机使用对其数学成绩的影响》,载《教育学报》2010 年第 4 期,第 65—70 页。

[2] 陈晓萍、沈伟:《组织与管理研究的实证方法》,北京大学出版社 2018 年版。

第八章　广东省特困人员供养机构改革成效评估的准实验设计

安区13所经过改革的特困人员供养机构和云浮市云城区、新兴县、罗定市和肇庆市广宁县47所未经过改革特困人员供养机构进行了调查，涉及客观指标和主观指标，包括管理服务队伍、硬件设施、服务质量、运营管理和特困人员主观满意度。（见表8-2）本文将云浮市经过改革的郁南县、云安区13家特困人员供养机构作为实验组，同时将未经过改革的云浮市云城区、新兴县、罗定市和肇庆市广宁县47所特困人员供养机构作为控制组。

没有前测的设计虽然能够减少实验对象的敏感度，但与此同时可能会增加样本选择性偏差（selection bias）的可能性。对此，为了克服这一局限，控制组选取的范围——云浮市云城区、新兴县、罗定市和肇庆市广宁县，与改革所处区域——云浮市郁南县、云安区接壤或邻近，即实验组和控制组拥有高度相似的经济社会地理条件，使实验组和控制组在未接受处理前尽可能"同质"。

在确认实验组和控制组的名单后，下一节将构建起本次评估的指标体系。下一章则按照指标体系对实验组和控制组分别进行打分和对其中的特困人员进行主观满意度调查。比较实验组和控制组的得分、排名以及特困人员主观满意度的差异，以此考察广东省特困人员供养机构改革的成效。

表8-2　准实验研究调查对象

调查地区	特困人员供养机构名称	供养机构类型	实验组（已改革）	控制组（未改革）
云浮市				
郁南县				
	云浮市郁南县中心敬老院	区域性	√	
	云浮市郁南县建城镇敬老院	一般性	√	
	云浮市郁南县都城镇敬老院	一般性	√	
	云浮市郁南县桂圩镇敬老院	一般性	√	
	云浮市郁南县河口镇敬老院	一般性	√	
	云浮市郁南县连滩镇敬老院	一般性	√	
云安区				
	云浮市云安区福利服务中心	区域性	√	

续表 8-2

调查地区	特困人员供养机构名称	供养机构类型	实验组（已改革）	控制组（未改革）
	云浮市云安区都杨镇敬老院	一般性	√	
	云浮市云安区高村镇敬老院	一般性	√	
	云浮市云安区石城镇敬老院	一般性	√	
	云浮市云安区六都镇敬老院	一般性	√	
	云浮市云安区富林镇敬老院	一般性	√	
	云浮市云安区白石镇敬老院	一般性	√	
云城区				
	云浮市云城区高峰街高峰敬老院	一般性		√
	云浮市云城安华敬老院	一般性		√
	云浮市云城区南盛镇敬老院	一般性		√
	云浮市云城区河口街河口敬老院	一般性		√
	云浮市云城区腰古镇敬老院	一般性		√
	云浮市云城区思劳镇敬老院	一般性		√
	云浮市云城区前锋镇敬老院	一般性		√
	云浮市云城区安塘街安塘敬老院	一般性		√
新兴县				
	云浮市新兴县车岗镇敬老院	一般性		√
	云浮市新兴县东成镇敬老院	一般性		√
	云浮市新兴县水台镇敬老院	一般性		√
	云浮市新兴县大江镇敬老院	一般性		√
罗定市				
	云浮市罗定市连州镇连州敬老院	一般性		√
	云浮市罗定市生江镇生江敬老院	一般性		√
	云浮市罗定市附城街道附城敬老院	一般性		√
	云浮市罗定市苹塘镇苹塘敬老院	一般性		√
	云浮市罗定市素龙街道素龙敬老院	一般性		√
	云浮市罗定市分界镇分界敬老院	一般性		√

第八章 广东省特困人员供养机构改革成效评估的准实验设计

续表 8-2

调查地区	特困人员供养机构名称	供养机构类型	实验组（已改革）	控制组（未改革）
	云浮市罗定市泗纶镇泗纶敬老院	一般性		√
	云浮市罗定市满塘镇满塘敬老院	一般性		√
	云浮市罗定市太平镇太平敬老院	一般性		√
	云浮市罗定市罗平镇罗平敬老院	一般性		√
	云浮市罗定市华石镇华石敬老院	一般性		√
	云浮市罗定市双东街道双东敬老院	一般性		√
	云浮市罗定市金鸡镇金鸡敬老院	一般性		√
	云浮市罗定市苹滨镇苹滨敬老院	一般性		√
	云浮市罗定市龙湾镇敬老院	一般性		√
	云浮市罗定市黎少镇黎少敬老院	一般性		√
	云浮市罗定市罗镜镇敬老院	一般性		√
	云浮市罗定市加益镇敬老院	一般性		√
	云浮市罗定市船步镇船步敬老院	一般性		√
	云浮市罗定市围底镇围底敬老院	一般性		√
肇庆市				
广宁县				
	肇庆市广宁县敬老服务中心	区域性		√
	肇庆市广宁县坑口镇敬老院	一般性		√
	肇庆市广宁县横山镇敬老院	一般性		√
	肇庆市广宁县排沙镇敬老院	一般性		√
	肇庆市广宁县五和镇敬老院	一般性		√
	肇庆市广宁县木格敬老院	一般性		√
	肇庆市广宁县潭布镇敬老院	一般性		√
	肇庆市广宁县江屯镇敬老院	一般性		√
	肇庆市广宁县古水镇敬老院	一般性		√
	肇庆市广宁县赤坑镇敬老院	一般性		√
	肇庆市广宁县宾亨镇敬老院	一般性		√

续表 8-2

调查地区	特困人员供养机构名称	供养机构类型	实验组（已改革）	控制组（未改革）
	肇庆市广宁县石涧敬老院	一般性		√
	肇庆市广宁县石咀镇敬老院	一般性		√
	肇庆市广宁县北市镇敬老院	一般性		√
	肇庆市广宁县洲仔镇敬老院	一般性		√

第三节　广东省特困人员供养机构改革成效的评估指标体系

一、评估指标体系构建的背景

广东省民政厅于2016年和2017年颁布的《关于印发广东省特困人员供养服务机构公建民营社会化改革实施方案的通知》（粤发〔2016〕77号）、《关于进一步落实特困人员供养服务机构公建民营社会化改革的通知》（粤民函〔2017〕1142号），提出了将现有的供养机构升级改造为介入护理型养老服务机构的目标，对升级改造后的供养机构的条件作出了规定。

第一，建设适宜生活不能自理特困人员居住的硬件环境。运营方按照《城镇老年人设施规划规范》进行供养机构基础设施改造和设备配套，平均每张床位投入升级改造资金不低于5万元。合理设置和划分生活、娱乐、康复等功能区域，配备必要的生活照顾、餐饮服务、医疗保健、文体娱乐、康复护理、心理疏导等配套设施设备，机构内关键区域要提供安全、便利的无障碍设施条件。

第二，提供满足生活不能自理特困人员需求的软件服务。根据生活不能自理特困人员的身心特点，为其提供日常生活照料、营养膳食、康复护理、养生保健、休闲娱乐、亲情沟通、精神慰藉等综合服务，保障特困人

第八章　广东省特困人员供养机构改革成效评估的准实验设计

员物质、精神生活需求。

第三,配备与特困人员规模相适应的专业管理服务队伍。运营方管理负责人具备一定的学历水平和专业资质,接受过专门训练。机构内服务于特困人员的医护及服务人员总数与入住的生活能自理特困人员数量比例为1∶10,与入住的生活不能自理特困人员数量比例为1∶3。机构内护理工作人员持证上岗率90%以上。有条件的地方可引进医生、护士、康复师、社会工作者等具有岗位资质的专业人员。

在这一背景下,本书在设计广东省特困人员供养机构改革成效的评估指标体系时,允分考虑了广东省民政厅升级改造供养机构的目标,并把这些目标充分融入指标体系当中,以考察升级改造后的成效。

二、评估指标体系构建的原则

要准确地评估特困人员供养机构的运营成效,需要建立一套科学、有效的评估指标体系。为了保证指标体系的科学性和有效性,确保评估结果的准确性和客观性,整个指标体系的设计应当遵循以下原则。

(一) 明确性和标准化原则

明确性原则是指指标体系所选取的各个指标必须是具体的、明确的、清晰的,不能选取模棱两可、模糊不清的指标,避免主观意识的干扰。同时,所选取的指标必须按照统一的、清晰的标准进行标准化度量与处理。[①]

(二) 可观测和可证实原则

可观测的原则是指指标体系中绝大多数指标能够通过肉眼观测,确保调查人员能够仅通过观测的方式就能客观地衡量指标的建设情况。遵循这一原则主要是为了确保调查人员调查时的客观性,减少其主观意识对调查结果的干扰。同时,这种可观测的原则也是为了尽可能避免给调查对象带来的负向激励问题。指标的可观测性越强,调查对象能够操控的空间也就

---

① 黄钢:《上海市养老机构评价报告 (2018)》,社会科学文献出版社2019年版。

随之下降。

可证实原则是指调查对象所呈现或提供的有关代理指标的信息可以被有效证实。可证实原则是保证识别结果精确性和有效性的重要基础。尽管调查人员可以准确观测到绝大多数指标，但是也有一些指标并不能被其准确观测到，需要调查对象提供关于相应指标的准确信息并予以证实。遵循这一原则，主要是为了避免调查对象提供错误的信息和降低操纵空间。

（三）全面性和独立性原则

全面性原则是指在选取指标时要全面、综合考虑特困人员供养机构建设的各个方面，避免指标的遗漏造成调查质量的下降。同时，不同的指标要保持较低的相似性，从而避免指标之间的"共线性"问题，以及重复打分现象的发生。[①]

（四）重要性原则

对指标体系中的各个指标进行深入研究，分析其重要程度，依据各个指标的重要程度赋予其不同的权重。指标的重要程度越高，则该指标的权重越大。重要性原则有利于评估特困人员供养机构在重点领域的改革成效，督促和激励特困人员供养机构抓住主要矛盾与矛盾的主要方面。

（五）可区分和可操作原则

可区分原则是指对指标体系中的评分细则尽量划分多个等级，以便指标体系能够区分不同特困人员供养机构的运营成效。同时，还要考虑综合考虑指标体系的可操作性，降低调查人员进入调查工作的门槛，便于调查人员收集数据。

三、评估指标体系的设计

首先，我们依据《社会救助暂行办法》《中华人民共和国老年人权益保

[①] 黄钢：《上海市养老机构评价报告（2018）》，社会科学文献出版社 2019 年版。

第八章　广东省特困人员供养机构改革成效评估的准实验设计

障法》《医疗机构管理条例》《养老机构管理办法》等法律、法规、政策以及《GB/T 29353—2012 养老机构基本规范》《GB/T35796—2017 养老机构服务质量基本规范》《JGJ450—2018 老年人照料设施建筑设计标准》《MZ/T 032—2012 养老机构安全管理》等技术规范标准，参考了《广东省民政厅关于养老机构星级评定的管理办法（试行）》以及其他省市相关的指标体系，并且充分结合广东省民政厅对升级改造的特困人员供养机构所提出的目标，初步构建了一套特困人员供养机构指标体系。接下来，征求主管该领域的官员和相关领域专家的意见和建议，进一步完善指标体系和确定各维度、指标的权重。最终确定的评估指标体系共分成 3 个层次，由 4 项一级指标、18 项二级指标、69 项三级指标构成。其中，一级指标包含管理服务队伍（20 分）、硬件设施（35 分）、服务质量（30 分）和运营管理（15 分）4 个一级指标，满分为 100 分。

（一）管理服务队伍指标

管理服务队伍指标能够评估特困人员供养机构的人力资源建设情况，反映机构的专业化程度的指标，其包含管理团队素质（5 分），养老护理员队伍建设（10 分），医师、护士、药师、康复师、社工队伍建设（5 分）3 项二级指标。下面又细分为管理团队拥有大专及以上学历比例（1 分）、管理团队是否具有至少 1 名中级及以上卫生技术职称人员（2 分）、管理团队是否具有至少 1 名助理社工师及以上职业资格人员（2 分）、专职护理员占比（2 分）、护理员与全自理人员比例（2 分）、护理员与半失能人员比例（1 分）、护理员与失能人员比例（1 分）、护理员平均工资（2 分）、护理员平均年龄（2 分）、是否配备持证医师（1 分）、是否配备持证护士（1 分）、是否配备持证药师（1 分）、是否配备持证康复师（1 分）、是否配备持证社工（1 分）14 项三级指标。

（二）硬件设施指标

硬件设施指标是评估特困人员供养机构改革成效最为直观的指标，该指标明确了硬件设施的配置要求，其包含消防设施（不计分）、紧急呼叫装置、安防设施和无障碍设施（10 分），居室设施（4 分），洗手间（浴室）

设施（5分），医疗设施（9分），文娱设施（4分），膳食设施（3分）7项二级指标。下面又细分为居室、饭堂、活动室是否配备烟感器、消防喷淋（不计分），是否配备紧急呼叫装置（2分），是否配备监控系统（2分），走廊是否配备扶手（2分），洗手间（浴室）是否配备扶手（2分），三层以上建筑是否配备电梯（2分），居室是否配备风扇设备（1分），居室是否配备空调设备（2分），居室是否配备取暖设备（1分），洗手间（浴室）是否配备坐便器（2分），洗手间（浴室）是否配备淋浴设备（2分），洗手间（浴室）是否配备防滑地板（1分），是否设置医务室（2分），是否设置评估康复室（1分），护理床数量占总床位数量比例（2分），安装医用地板的居室数量占总居室数量比例（2分），医疗物品数量（2分），是否设有报刊、图书（1分），是否设置活动室（2分），是否设置室内外健身活动场所（地）（1分），厨房是否使用一体化不锈钢设备（1分），厨房是否设有排烟、排风换气设备（1分），厨房是否设有排污（水）渠（1分）23项三级指标。

（三）服务质量指标

服务质量指标能够反映特困人员服务机构的服务水平，其包含服务项目（8分）、服务制度（10分）、膳食服务质量（6分）、环境卫生（6分）4项二级指标。下面又细分为基本生活照料项目数量（2分）、是否设置医疗护理项目（2分）、是否设置康复训练项目（2分）、休闲娱乐项目数量（2分）、是否建立自理能力评估制度（2分）、是否建立慢性病和重病管理制度（2分）、是否建立自备药品登记制度（2分）、是否建立病史存档制度（2分）、是否建立服务规范标准（2分）、是否建立食品留样制度（2分）、是否建立消毒制度（2分）、膳食工作人员健康证持有率是否等于100%（2分）、居室是否干净（1分）、洗手间（浴室）是否干净（1分）、厨房是否干净（1分）、活动室是否干净（1分）、走廊是否干净（1分）、户外空间是否干净（1分）18项三级指标。

（四）运营管理指标

运营管理指标能够反映特困人员供养机构的综合管理水平，其包含行

第八章 广东省特困人员供养机构改革成效评估的准实验设计

政管理制度建设（6分）、安全管理建设（7分）、入住率（2分）3项二级指标。下面又细分是否建立岗位责任制度（2分），是否建立岗前培训制度（2分），是否建立24小时交班制度（1分），是否建立意见、建议收集制度（1分），是否具备消防验收许可（不计分），是否签订消防事故责任书（1分），是否进行每日防火巡查（1分），是否进行消防演练（1分），是否开展消防/安全教育培训（1分），是否建立紧急预案（1分），购买床位综合责任险数量占使用中的床位数量比例（2分），入住率（2分），特困人员占全体人员比例是否≥30%（不计分），社会自费人员占全体人员比例（不计分）14项三级指标。

具体的三级指标和其权重和评分标准如表8-3所示。

表8-3 广东省特困人员供养机构运营成效评估指标体系①

一级指标	二级指标	三级指标	评分细则	分值
管理服务队伍（20分）	管理团队素质（5分）	拥有大专及以上学历比例	比例=100%，得1分 0<比例<100%，得0.5分 比例=0%，得0分	1
		是否具有至少1名中级及以上卫生技术职称人员	拥有中级及以上卫生技术职称，得2分 没有，得0分	2
		是否具有至少1名助理社工师及以上职业资格人员	拥有助理社工师及以上职称，得2分 没有，得0分	2
	养老护理员队伍建设（10分）	专职护理员占比	比例=100%，得2分 75%<比例<100%，得1.6分 50%<比例≤75%，得1.2分 25%<比例≤50%，得0.8分 0%<比例≤25%，得0.4分 比例=0，得0分	2
		护理员与全自理人员比例	比例≥1/10，得2分 比例<1/10，得0分	2

① 由于N省规定消防设施和消防验收许可由地方政府负责，故本研究只对其进行分析，不对其进行计分。特困人员占全体人员比例受当地特困人员数量等客观因素影响，故本研究只对其进行分析，不对其进行计分。社会自费老人占比是针对改革后的供养机构开展的社会养老服务，故本研究只对其进行分析，不对其进行计分。

第八章 广东省特困人员供养机构改革成效评估的准实验设计

续表 8-3

一级指标	二级指标	三级指标	评分细则	分值
管理服务队伍（20分）	养老护理员队伍建设（10分）	护理员与半失能人员比例	比例≥1/5，等1分；比例<1/5，得0分	1
		护理员与失能人员比例	比例≥1/3，得1分；比例<1/3，得0分	1
		护理员平均工资	工资>1410×2.5，得2分；1410×2.0<工资≤1410×2.5，得1.5分；1410×1.5<工资≤1410×2.0，得1分；1410<工资≤1410×1.5，得0.5分；工资≤1410，得0分	2
		护理员平均年龄	年龄≤40岁，得2分；40<年龄≤45，得1.6分；45<年龄≤50，得1.2分；50<年龄≤55，得0.8分；55<年龄≤60，得0.4分；年龄>60，得0分	2
	医师、护士、药师、康复师、社工队伍（5分）	是否配备持证医师	是，得1分；否，得0分	1
		是否配备持证护士	是，得1分；否，得0分	1
		是否配备持证药师	是，得1分；否，得0分	1
		是否配备持证康复师	是，得1分；否，得0分	1
		是否配备持证社工	是，得1分；否，得0分	1

续表 8-3

一级指标	二级指标	三级指标	评分细则	分值
硬件设施（35分）	消防设施	居室、饭堂、活动室是否配备烟感器、消防喷淋	—	1
	紧急呼叫装置、安防设施和无障碍设施（10分）	是否配备紧急呼叫装置	随机抽查5间居室和5间洗手间有配备，每1间有配备，得0.2分	2
		是否配备监控系统	是，得2分；否，得0分	2
		走廊是否配备扶手	是，得2分；否，得0分	2
		洗手间（浴室）是否配备扶手	随机抽查5间洗手间（浴室）配备得0.4分	2
		三层以上建筑是否配备电梯	是，得2分；否，得0分	2
	居室设施（4分）	是否配备风扇设备	随机抽查5间居室，每1间居室配备得0.2分	1
		是否配备空调设备	随机抽查5间居室，每1间居室配备得0.4分	2
		是否配备取暖设备	随机抽查5间居室，每1间居室配备得0.2分	1
	洗手间（浴室）设施（5分）	是否配备坐便器	随机抽查5间洗手间（浴室）配备得0.4分	2
		是否配备淋浴设备	随机抽查5间洗手间（浴室）配备得0.4分	2
		是否配备防滑地板	随机抽查5间洗手间（浴室）配备得0.2分	1

第八章 广东省特困人员供养机构改革成效评估的准实验设计

续表 8-3

一级指标	二级指标	三级指标	评分细则	分值
硬件设施（35分）	医疗设施（9分）	是否设置医务室	是，得2分；否，得0分	2
		是否设置评估康复室	是，得1分；否，得0分	1
		护理床数量占总床位数量比例	比例≥30%，得2分 20%≤比例<30%，得1.5分 10%≤比例<20%，得1分 0%<比例<10%，得0.5分 无护理床，得0分	2
		安装医用地板的居室数量占总居室数量比例	比例=100%，得2分 75%≤比例<100%，得1.6分 50%≤比例<75%，得1.2分 25%≤比例<50%，得0.8分 0<比例<25%，得0.4分 无医用地板，得0分	2
		医疗物品数量	数量>20，得2分 15<数量≤20，得1.6分 10<数量≤15，得1.2分 5<数量≤10，得0.8分 1<数量≤5，得0.4分 无医疗物品，得0分	2

续表 8-3

一级指标	二级指标	三级指标	评分细则	分值
硬件设施（35分）	文娱设施（4分）	是否设有报刊、图书	是，得1分；否，得0分	1
		是否设置活动室	是，得2分；否，得0分	2
		是否设置室内外健身活动场所（地）	是，得1分；否，得0分	1
	膳食设施（3分）	厨房是否使用一体化不锈钢设备	是，得1分；否，得0分	1
		厨房是否设有排烟、排风换气设备	是，得1分；否，得0分	1
		厨房是否设有排污（水）渠	是，得1分；否，得0分	1
服务质量（30）	服务项目（8分）	基本生活照料项目数量	数量>12，得2分 8<数量≤12，得1.5分 4<数量≤8，得1分 0<数量≤4，得0.5分 无基本生活照料项目，得0分	2
		是否设置医疗护理项目	是，得2分；否，得0分	2
		是否设置康复训练项目	是，得2分；否，得0分	2
		休闲娱乐项目数量	数量>9，得2分 6<数量≤9，得1.5分 3<数量≤6，得1分 0<数量≤3，得0.5分 无休闲娱乐项目，得0分	2

第八章　广东省特困人员供养机构改革成效评估的准实验设计

续表 8-3

一级指标	二级指标	三级指标	评分细则	分值
服务质量（30）	服务制度（10分）	是否建立自理能力评估制度	是，得2分；否，得0分	2
		是否建立慢性病和重病管理制度	是，得2分；否，得0分	2
		是否建立自备药品登记制度	是，得2分；否，得0分	2
		是否建立病史存档制度	是，得2分；否，得0分	2
		是否建立服务规范标准	是，得2分；否，得0分	2
	膳食服务质量（6分）	是否建立食品留样制度	是，得2分；否，得0分	2
		是否建立消毒制度	是，得2分；否，得0分	2
		膳食工作人员健康证持有率是否为100%	是，得2分；否，得0分	2
	环境卫生（6分）	居室是否干净	随机抽查5间居室，每1间居室干净得0.2分	1
		卫生间（浴室）是否干净	随机抽查5间卫生间（浴室）干净得0.2分	1
		厨房是否干净	是，得1分；否，得0分	1
		活动室是否干净	是，得1分；否，得0分	1
		走廊是否干净	是，得1分；否，得0分	1
		户外空间是否干净	是，得1分；否，得0分	1

续表 8-3

一级指标	二级指标	三级指标	评分细则	分值
运营管理（15分）	行政管理制度建设（6分）	是否建立岗位责任制度	是，得2分；否，得0分	2
		是否建立岗前培训制度	是，得2分；否，得0分	2
		是否建立24小时交班制度	是，得1分；否，得0分	1
		是否建立意见、建议收集制度	是，得1分；否，得0分	1
		是否具备消防验收许可	—	1
	安全管理建设（7分）	是否签订消防安全责任书	是，得1分；否，得0分	1
		是否进行每日防火巡查	是，得1分；否，得0分	1
		是否进行消防演练	是，得1分；否，得0分	1
		是否开展消防/安全教育培训	是，得1分；否，得0分	1
		是否建立紧急预案	是，得1分；否，得0分	1
		购买床位综合责任险数量占使用中的床位数量比例	比例=100%，得2分；75%<比例<100%，得1.5分；50%<比例≤75%，得1分；25%<比例≤50%，得0.5分；0≤比例≤25%，得0分	2
	入住率（2分）	入住率	70%<入住率，得2分；60%<入住率≤75%，得1.5分；50%<入住率≤65%，得1分；40%<入住率≤55%，得0.5分；入住率≤40%，得0分	2
		特困人员占全体人员比例	—	1
		社会自费人员占全体人员比例是否≥30%	—	1

第九章　广东省特困人员供养机构公建民营改革的成效

在前一章准实验研究设计的框架下，通过对比实验组（13所经过改革的供养机构）和控制组（47所未改革的供养机构）的得分排名及其特困人员主观满意度的差异，以及具体分析实验组和控制组在管理服务队伍、硬件设施、服务质量和运营管理等方面的建设情况，本章发现，统筹打包改革精确瞄准了失能、半失能老人长期照护需求，能够推动区域供养机构整体协同发展，同时使社会运营方实现合理盈利，推动了改革的健康持续发展。

第一节　广东省特困人员供养机构改革的整体成效

一、广东省特困人员供养机构综合排名

（一）整体得分与排名

如表9-1所示，在实验组中，有7所机构的总体得分排在前10位，分别为第1名（云安区福利服务中心）、第2名（郁南县中心敬老院）、第4名（郁南县建城镇敬老院）、第5名（郁南县都城镇敬老院）、第6名（云安区都杨镇敬老院）、第7名（郁南县桂圩镇敬老院）和第8名（郁南县河口镇敬老院）；有2所机构排在中前位，分别为第13名（云安区高村镇敬老院）和第17名（郁南县连滩镇敬老院）；有1所机构排在中间位置，为

第 30 名（云安区石城镇敬老院）；此外，有 3 所机构排名相对偏后，分别为第 39 名（云安区六都镇敬老院）、第 41 名（云安区富林镇敬老院）和第 46 名（云安区白石镇敬老院）。

在控制组中，仅有 3 所机构总体得分排名在前 10 位，分别为第 3 名（广宁县敬老服务中心）、第 9 名（云城区高峰街高峰敬老院）和第 10 名（新兴县车岗镇敬老院）。排在后 10 位的机构皆为未改革的供养机构，且都位于罗定市，分别为华石镇华石敬老院、双东街道双东敬老院、金鸡镇金鸡敬老院、㑳滨镇㑳滨敬老院、龙湾镇敬老院、黎少镇黎少敬老院、罗镜镇敬老院、加益镇敬老院、船步镇船步敬老院和围底镇围底敬老院。

整体而言，如图 9-1 所示，实验组和控制组的平均分为 47.9 分，控制组的平均分为 44.1 分，实验组的平均分为 61.4 分，实验组的平均分比控制组高出 17.3 分。

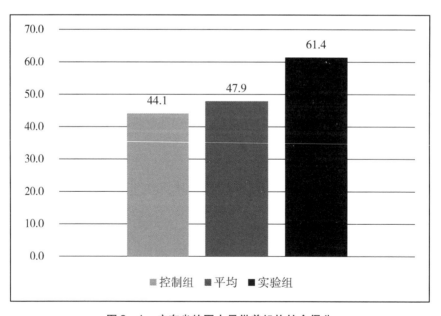

图 9-1 广东省特困人员供养机构综合得分

第九章　广东省特困人员供养机构公建民营改革的成效

表9-1　广东省特困人员供养机构综合得分排名

机构名称	供养机构性质	准实验研究对象类型	管理服务队伍	基础设施	服务质量	运营管理	总分	排序
云浮市云安区福利服务中心	区域性	实验组	18.6	32.4	29.8	13.5	94.3	1
云浮市郁南县中心敬老院	区域性	实验组	15.2	33.6	29	14	91.8	2
肇庆市广宁县敬老服务中心	区域性	控制组	9.1	29.4	27	11.2	76.7	3
云浮市郁南县建城镇敬老院	一般性	实验组	9.2	26	26.5	11	72.7	4
云浮市郁南县都城镇敬老院	一般性	实验组	10	25.4	26	10	71.4	5
云浮市云安区都杨镇敬老院	一般性	实验组	9	18.3	24.5	13	64.8	6
云浮市郁南县桂圩镇敬老院	一般性	实验组	7.6	17.4	26.5	11.1	62.6	7
云浮市郁南县河口镇敬老院	一般性	实验组	5.4	19.6	24	12	61	8
云浮市云城区高峰街道高峰敬老院	一般性	控制组	7.1	16.2	24	10	57.3	9
云浮市新兴县车岗镇敬老院	一般性	控制组	7	12.6	24.5	13	57.1	10
云浮市云城区安华敬老院	一般性	控制组	7.1	16.4	22	10	55.5	11
肇庆市广宁县坑口镇敬老院	一般性	控制组	9.4	9.8	23.5	12	54.7	12
云浮市云安区高村镇敬老院	一般性	实验组	6.2	15.6	21.5	10.5	53.8	13
肇庆市广宁县横山镇敬老院	一般性	控制组	8.3	11.4	24	10	53.7	14
肇庆市广宁县排沙镇敬老院	一般性	控制组	6.3	12.2	24.5	10.5	53.5	15
云浮市新兴县东成镇敬老院	一般性	控制组	7	11.2	22.5	12	52.7	16
云浮市郁南县连滩镇敬老院	一般性	实验组	8.2	9.4	24	11	52.6	17

续表 9-1

机构名称	供养机构性质	准实验研究对象类型	管理服务队伍	基础设施	服务质量	运营管理	总分	排序
肇庆市广宁县五和镇敬老院	一般性	控制组	8.7	7.4	23.3	12	51.4	18
云浮市云城区南盛镇敬老院	一般性	控制组	5.8	12.2	21	12	51	19
肇庆市广宁县木格镇敬老院	一般性	控制组	7	9.8	24.5	9	50.3	20
云浮市罗定市连州镇连州敬老院	一般性	控制组	7.7	10	23.5	9	50.2	21
云浮市新兴县水台镇敬老院	一般性	控制组	5	11.6	23.5	10	50.1	22
云浮市新兴县大江镇敬老院	一般性	控制组	5.4	8.6	25.1	10	49.1	23
肇庆市广宁县潭布镇敬老院	一般性	控制组	7.9	7.8	22	11	48.7	24
云浮市罗定市生江镇敬老院	一般性	控制组	11.1	10.9	15.4	11	48.4	25
云浮市广宁县江屯镇敬老院	一般性	控制组	6.5	9.4	23.5	9	48.4	25
云浮市罗定市附城街道附城敬老院	一般性	控制组	11.7	11	18.4	7	48.1	27
肇庆市广宁县古水镇敬老院	一般性	控制组	6.2	6.8	24.5	10	47.5	28
云浮市广宁县赤坑镇敬老院	一般性	控制组	6.9	7.4	22	11	47.3	29
云浮市罗定市苹塘镇苹塘敬老院	一般性	控制组	6.7	10	20	10	46.7	30
云浮市云安区石城镇敬老院	一般性	实验组	5.8	15.9	15	10	46.7	30
云浮市罗定市素龙街道素龙敬老院	一般性	控制组	8.5	8.6	19.5	10	46.6	32
肇庆市广宁县宾亨镇敬老院	一般性	控制组	6.3	10.4	19.5	10	46.2	33
云浮市云城区河口街河口敬老院	一般性	控制组	5.4	9	21.5	10	45.9	34

第九章 广东省特困人员供养机构公建民营改革的成效

续表9-1

机构名称	供养机构性质	准实验研究对象类型	管理服务队伍	基础设施	服务质量	运营管理	总分	排序
云浮市云城区腰古镇敬老院	一般性	控制组	6.2	7.8	21.5	10	45.5	35
肇庆市广宁县石涧敬老院	一般性	控制组	7.2	9.4	18.5	10	45.1	36
肇庆市广宁县石咀镇敬老院	一般性	控制组	5.2	7.8	22	10	45	37
肇庆市广宁县北市镇敬老院	一般性	控制组	6.5	6.4	21.5	10.5	44.9	38
云浮市云安区六都镇敬老院	一般性	实验组	5.4	14.6	15.5	9	44.5	39
肇庆市广宁县洲仔镇敬老院	一般性	控制组	6.5	8.4	19.5	10	44.4	40
云浮市罗定市分界镇分界敬老院	一般性	控制组	9.5	6	18	9.5	43	41
云浮市云安区富林镇敬老院	一般性	实验组	6.7	7.8	19.5	9	43	41
云浮市云城区思劳镇敬老院	一般性	控制组	6.2	6.6	17.5	10	40.3	43
云浮市罗定市泗纶镇泗纶敬老院	一般性	控制组	5.7	11.7	17.5	5	39.9	44
云浮市云城区前锋镇敬老院	一般性	控制组	6.7	10.4	15.5	7	39.6	45
云浮市云安区白石镇敬老院	一般性	实验组	6.1	4.4	18.5	10	39	46
云浮市罗定市满塘镇满塘敬老院	一般性	控制组	5.3	7.6	16	9.5	38.4	47
云浮市罗定市太平镇太平敬老院	一般性	控制组	4.9	8.4	15.2	9	37.5	48
云浮市云城区安塘街安塘敬老院	一般性	控制组	5.3	7.6	14.5	10	37.4	49
云浮市罗定市罗平镇罗平敬老院	一般性	控制组	7.3	12.4	11	6.5	37.2	50
云浮市罗定市华石镇华石敬老院	一般性	控制组	7.9	6	12.5	8	34.4	51

续表 9-1

机构名称	供养机构性质	准实验研究对象类型	管理服务队伍	基础设施	服务质量	运营管理	总分	排序
云浮市罗定市双东街道双东敬老院	一般性	控制组	6	8.4	13.3	6	33.7	52
云浮市罗定市金鸡镇金鸡敬老院	一般性	控制组	4.5	6	14.5	7.5	32.5	53
云浮市罗定市榃滨镇榃滨敬老院	一般性	控制组	5.7	5.4	14	6.5	31.6	54
云浮市罗定市龙湾镇龙湾敬老院	一般性	控制组	6.5	5	14.2	5	30.7	55
云浮市罗定市黎少镇黎少敬老院	一般性	控制组	5.3	8	13	4	30.3	56
云浮市罗定市罗镜镇罗镜敬老院	一般性	控制组	5.7	8	10	5	28.7	57
云浮市罗定市加益镇加益敬老院	一般性	控制组	4	5	13.1	5	27.1	58
云浮市罗定市船步镇船步敬老院	一般性	控制组	7.7	6	8.4	4.5	26.6	59
云浮市罗定市围底镇围底敬老院	一般性	控制组	5.7	5	10.5	2	23.2	60

第九章 广东省特困人员供养机构公建民营改革的成效

(二) 管理服务队伍单项排名

具体到管理服务队伍单项排名,如表9-2所示,排在前10位的机构中,实验组和控制组各占50%。其中,实验组中的供养机构分别排在第1名(云安区福利服务中心)、第2名(郁南县中心敬老院)、第5名(郁南县都城镇敬老院)、第8名(郁南县建城镇敬老院)和第10名(云安区都杨镇敬老院);控制组中的供养机构分别排在第3名(罗定市附城街道附城敬老院)、第4名(罗定市生江镇生江敬老院)、第6名(罗定市分界镇分界敬老院)、第7名(广宁县坑口镇敬老院)和第9名(广宁县敬老服务中心)。

排在后10位的机构皆为控制组中的机构,分别为云城区河口街河口敬老院、新兴县大江镇敬老院、罗定市黎少镇黎少敬老院、罗定市满塘镇满塘敬老院、云城区安塘街安塘敬老院、广宁县石咀镇敬老院、新兴县水台镇敬老院、罗定市太平镇太平敬老院、罗定市金鸡镇金鸡敬老院和罗定市加益镇敬老院。

整体而言,如图9-2所示,在满分为20分的前提下,实验组和控制组管理服务队伍平均分为7.2分,控制组的平均分为6.8分,实验组的平均分为8.7分,实验组比控制组高出1.9分。

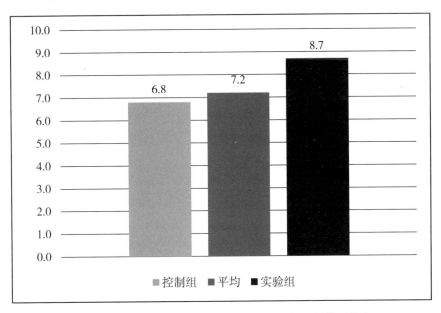

图9-2 广东省特困人员供养机构管理服务队伍单项得分

表9-2 广东省特困人员供养机构管理服务队伍单项排名

机构名称	供养机构性质	准实验研究对象类型	管理服务队伍	排名
云浮市云安区福利服务中心	区域性	实验组	18.6	1
云浮市郁南县中心敬老院	区域性	实验组	15.2	2
云浮市罗定市附城街道附城敬老院	一般性	控制组	11.7	3
云浮市罗定市生江镇生江敬老院	一般性	控制组	11.1	4
云浮市郁南县都城镇敬老院	一般性	实验组	10	5
云浮市罗定市分界镇分界敬老院	一般性	控制组	9.5	6
肇庆市广宁县坑口镇敬老院	一般性	控制组	9.4	7
云浮市郁南县建城镇敬老院	一般性	实验组	9.2	8
肇庆市广宁县敬老服务中心	区域性	控制组	9.1	9
云浮市云安区都杨镇敬老院	一般性	实验组	9	10
肇庆市广宁县五和镇敬老院	一般性	控制组	8.7	11
云浮市罗定市素龙街道素龙敬老院	一般性	控制组	8.5	12
肇庆市广宁县横山镇敬老院	一般性	控制组	8.3	13
云浮市郁南县连滩镇敬老院	一般性	实验组	8.2	14
肇庆市广宁县潭布镇敬老院	一般性	控制组	7.9	15
云浮市罗定市华石镇华石敬老院	一般性	控制组	7.9	15
云浮市罗定市连州镇连州敬老院	一般性	控制组	7.7	17
云浮市罗定市船步镇船步敬老院	一般性	控制组	7.7	17
云浮市郁南县桂圩镇敬老院	一般性	实验组	7.6	19
云浮市罗定市罗平镇罗平敬老院	一般性	控制组	7.3	20
肇庆市广宁县石涧敬老院	一般性	控制组	7.2	21
云浮市云城安华敬老院	一般性	控制组	7.1	22
云浮市云城区高峰街高峰敬老院	一般性	控制组	7.1	22
云浮市新兴县车岗镇敬老院	一般性	控制组	7	24
云浮市新兴县东成镇敬老院	一般性	控制组	7	24
肇庆市广宁县木格镇敬老院	一般性	控制组	7	24

第九章 广东省特困人员供养机构公建民营改革的成效

续表 9-2

机构名称	供养机构性质	准实验研究对象类型	管理服务队伍	排名
肇庆市广宁县赤坑镇敬老院	一般性	控制组	6.9	27
云浮市云城区前锋镇敬老院	一般性	控制组	6.7	28
云浮市罗定市苹塘镇苹塘敬老院	一般性	控制组	6.7	28
云浮市云安区富林镇敬老院	一般性	实验组	6.7	28
肇庆市广宁县江屯镇敬老院	一般性	控制组	6.5	31
肇庆市广宁县洲仔镇敬老院	一般性	控制组	6.5	31
肇庆市广宁县北市镇敬老院	一般性	控制组	6.5	31
云浮市罗定市龙湾镇敬老院	一般性	控制组	6.5	31
肇庆市广宁县排沙镇敬老院	一般性	控制组	6.3	35
肇庆市广宁县宾亨镇敬老院	一般性	控制组	6.3	35
云浮市云安区高村镇敬老院	一般性	实验组	6.2	37
云浮市云城区腰古镇敬老院	一般性	控制组	6.2	37
肇庆市广宁县古水镇敬老院	一般性	控制组	6.2	37
云浮市云城区思劳镇敬老院	一般性	控制组	6.2	37
云浮市云安区白石镇敬老院	一般性	实验组	6.1	41
云浮市罗定市双东街道双东敬老院	一般性	控制组	6	42
云浮市云安区石城镇敬老院	一般性	实验组	5.8	43
云浮市云城区南盛镇敬老院	一般性	控制组	5.8	43
云浮市罗定市泗纶镇泗纶敬老院	一般性	控制组	5.7	45
云浮市罗定市罗镜镇敬老院	一般性	控制组	5.7	45
云浮市罗定市䓣滨镇䓣滨敬老院	一般性	控制组	5.7	45
云浮市罗定市围底镇围底敬老院	一般性	控制组	5.7	45
云浮市郁南县河口镇敬老院	一般性	实验组	5.4	49
云浮市云安区六都镇敬老院	一般性	实验组	5.4	49
云浮市云城区河口街河口敬老院	一般性	控制组	5.4	49
云浮市新兴县大江镇敬老院	一般性	控制组	5.4	49
云浮市罗定市黎少镇黎少敬老院	一般性	控制组	5.3	53

续表 9-2

机构名称	供养机构性质	准实验研究对象类型	管理服务队伍	排名
云浮市罗定市满塘镇满塘敬老院	一般性	控制组	5.3	53
云浮市云城区安塘街安塘敬老院	一般性	控制组	5.3	53
肇庆市广宁县石咀镇敬老院	一般性	控制组	5.2	56
云浮市新兴县水台镇敬老院	一般性	控制组	5	57
云浮市罗定市太平镇太平敬老院	一般性	控制组	4.9	58
云浮市罗定市金鸡镇金鸡敬老院	一般性	控制组	4.5	59
云浮市罗定市加益镇敬老院	一般性	控制组	4	60

（三）硬件设施单项排名

具体到硬件设施单项排名，如表 9-3 所示，排在前 10 位的机构中，实验组的占比更高。其中，实验组有 7 所机构，分别排在第 1 名（郁南县中心敬老院）、第 2 名（云安区福利服务中心）、第 4 名（郁南县建城镇敬老院）、第 5 名（郁南县都城镇敬老院）、第 6 名（郁南县河口镇敬老院）、第 7 名（云安区都杨镇敬老院）和第 8 名（郁南县桂圩镇敬老院）。控制组仅有 3 所机构，分别排在第 3 名（广宁县敬老服务中心）、第 9 名（云城安华敬老院）和第 10 名（云城区高峰街高峰敬老院）。

在排名后 10 位中，控制组占据 9 所机构，分别为广宁县北市镇敬老院、罗定市分界镇分界敬老院、罗定市金鸡镇金鸡敬老院、罗定市华石镇华石敬老院、罗定市船步镇船步敬老院、罗定市蓢滨镇蓢滨敬老院、罗定市龙湾镇敬老院、罗定市加益镇敬老院、罗定市围底镇围底敬老院；实验组有 1 所机构，排在第 60 名（云安区白石镇敬老院）。

整体而言，如图 9-3 所示，在满分为 35 分的前提下，实验组和控制组硬件设施平均分为 11.4 分，控制组的平均分为 9.4 分，实验组的平均分为 18.5 分，实验组比控制组高出 9.1 分。

第九章 广东省特困人员供养机构公建民营改革的成效

表9-3 广东省特困人员供养机构硬件设施单项排名

机构名称	供养机构性质	准实验研究对象类型	硬件设施	排名
云浮市郁南县中心敬老院	区域性	实验组	33.6	1
云浮市云安区福利服务中心	区域性	实验组	32.4	2
肇庆市广宁县敬老服务中心	区域性	控制组	29.4	3
云浮市郁南县建城镇敬老院	一般性	实验组	26	4
云浮市郁南县都城镇敬老院	一般性	实验组	25.4	5
云浮市郁南县河口镇敬老院	一般性	实验组	19.6	6
云浮市云安区都杨镇敬老院	一般性	实验组	18.3	7
云浮市郁南县桂圩镇敬老院	一般性	实验组	17.4	8
云浮市云城安华敬老院	一般性	控制组	16.4	9
云浮市云城区高峰街高峰敬老院	一般性	控制组	16.2	10
云浮市云安区石城镇敬老院	一般性	实验组	15.9	11
云浮市云安区高村镇敬老院	一般性	实验组	15.6	12
云浮市云安区六都镇敬老院	一般性	实验组	14.6	13
云浮市新兴县车岗镇敬老院	一般性	控制组	12.6	14
云浮市罗定市罗平镇罗平敬老院	一般性	控制组	12.4	15
肇庆市广宁县排沙镇敬老院	一般性	控制组	12.2	16
云浮市云城区南盛镇敬老院	一般性	控制组	12.2	16
云浮市罗定市泗纶镇泗纶敬老院	一般性	控制组	11.7	18
云浮市新兴县水台镇敬老院	一般性	控制组	11.6	19
肇庆市广宁县横山镇敬老院	一般性	控制组	11.4	20
云浮市新兴县东成镇敬老院	一般性	控制组	11.2	21
云浮市罗定市附城街道附城敬老院	一般性	控制组	11	22
云浮市罗定市生江镇生江敬老院	一般性	控制组	10.9	23
肇庆市广宁县宾亨镇敬老院	一般性	控制组	10.4	24
云浮市云城区前锋镇敬老院	一般性	控制组	10.4	24
云浮市罗定市连州镇连州敬老院	一般性	控制组	10	26

续表 9-3

机构名称	供养机构性质	准实验研究对象类型	硬件设施	排名
云浮市罗定市苹塘镇苹塘敬老院	一般性	控制组	10	26
肇庆市广宁县木格镇敬老院	一般性	控制组	9.8	28
肇庆市广宁县坑口镇敬老院	一般性	控制组	9.8	28
云浮市郁南县连滩镇敬老院	一般性	实验组	9.4	30
肇庆市广宁县江屯镇敬老院	一般性	控制组	9.4	30
肇庆市广宁县石涧敬老院	一般性	控制组	9.4	30
云浮市云城区河口街河口敬老院	一般性	控制组	9	33
云浮市新兴县大江镇敬老院	一般性	控制组	8.6	34
云浮市罗定市素龙街道素龙敬老院	一般性	控制组	8.6	34
肇庆市广宁县洲仔镇敬老院	一般性	控制组	8.4	36
云浮市罗定市太平镇太平敬老院	一般性	控制组	8.4	36
云浮市罗定市双东街道双东敬老院	一般性	控制组	8.4	36
云浮市罗定市黎少镇黎少敬老院	一般性	控制组	8	39
云浮市罗定市罗镜镇敬老院	一般性	控制组	8	39
肇庆市广宁县潭布镇敬老院	一般性	控制组	7.8	41
肇庆市广宁县石咀镇敬老院	一般性	控制组	7.8	41
云浮市云城区腰古镇敬老院	一般性	控制组	7.8	41
云浮市云安区富林镇敬老院	一般性	实验组	7.8	41
云浮市罗定市满塘镇满塘敬老院	一般性	控制组	7.6	45
云浮市云城区安塘街安塘敬老院	一般性	控制组	7.6	45
肇庆市广宁县五和镇敬老院	一般性	控制组	7.4	47
肇庆市广宁县赤坑镇敬老院	一般性	控制组	7.4	47
肇庆市广宁县古水镇敬老院	一般性	控制组	6.8	49
云浮市云城区思劳镇敬老院	一般性	控制组	6.6	50
肇庆市广宁县北市镇敬老院	一般性	控制组	6.4	51
云浮市罗定市分界镇分界敬老院	一般性	控制组	6	52
云浮市罗定市金鸡镇金鸡敬老院	一般性	控制组	6	52

续表9-3

机构名称	供养机构性质	准实验研究对象类型	硬件设施	排名
云浮市罗定市华石镇华石敬老院	一般性	控制组	6	52
云浮市罗定市船步镇船步敬老院	一般性	控制组	6	52
云浮市罗定市㙟滨镇㙟滨敬老院	一般性	控制组	5.4	56
云浮市罗定市龙湾镇敬老院	一般性	控制组	5	57
云浮市罗定市加益镇敬老院	一般性	控制组	5	57
云浮市罗定市围底镇围底敬老院	一般性	控制组	5	57
云浮市云安区白石镇敬老院	一般性	实验组	4.4	60

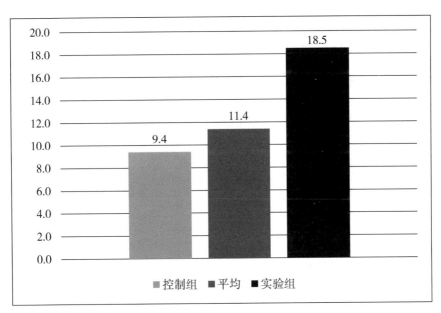

图9-3 广东省特困人员供养机构硬件设施单项得分

（四）服务质量单项排名

具体到服务质量单项排名，如表9-4所示，排在前10位的机构中，实验组和控制组的占比相同。其中，实验组中的机构分别排在第1名（云安区福利服务中心）、第2名（郁南县中心敬老院）、第4名（郁南县桂圩镇敬老院、郁南县建城镇敬老院)、第6名(郁南县都城镇敬老院)和第8名(云安区都杨镇敬老院);控制组中的机构分别排在第3名(广宁县敬老服务中心)、第7名(新兴县大江镇敬老院)和第8名(新兴县车岗镇敬老院、广宁县排沙镇敬老院、广宁县古水镇敬老院、广宁县木格镇敬老院)。

排在后10位的机构皆为控制组中的机构,且都位于罗定市,分别为龙湾镇敬老院、䓬滨镇䓬滨敬老院、双东街道双东敬老院、加益镇敬老院、黎少镇黎少敬老院、华石镇华石敬老院、罗平镇罗平敬老院、围底镇围底敬老院、罗镜镇敬老院和船步镇船步敬老院。

整体而言,如图9-4所示,在满分为30分的前提下,实验组和控制组服务质量平均分为19.9分,控制组的平均分为19.0分,实验组的平均分为23.1分,实验组比控制组高出4.1分。

表9-4 广东省特困人员供养机构服务质量单项排名

机构名称	供养机构性质	准实验研究对象类型	服务质量	排名
云浮市云安区福利服务中心	区域性	实验组	29.8	1
云浮市郁南县中心敬老院	区域性	实验组	29	2
肇庆市广宁县敬老服务中心	区域性	控制组	27	3
云浮市郁南县桂圩镇敬老院	一般性	实验组	26.5	4
云浮市郁南县建城镇敬老院	一般性	实验组	26.5	4
云浮市郁南县都城镇敬老院	一般性	实验组	26	6
云浮市新兴县大江镇敬老院	一般性	控制组	25.1	7
云浮市云安区都杨镇敬老院	一般性	实验组	24.5	8
云浮市新兴县车岗镇敬老院	一般性	控制组	24.5	8
肇庆市广宁县排沙镇敬老院	一般性	控制组	24.5	8
肇庆市广宁县古水镇敬老院	一般性	控制组	24.5	8
肇庆市广宁县木格镇敬老院	一般性	控制组	24.5	8
云浮市郁南县河口镇敬老院	一般性	实验组	24	13
云浮市郁南县连滩镇敬老院	一般性	实验组	24	13

第九章 广东省特困人员供养机构公建民营改革的成效

续表 9-4

机构名称	供养机构性质	准实验研究对象类型	服务质量	排名
云浮市云城区高峰街高峰敬老院	一般性	控制组	24	13
肇庆市广宁县横山镇敬老院	一般性	控制组	24	13
肇庆市广宁县坑口镇敬老院	一般性	控制组	23.5	17
云浮市新兴县水台镇敬老院	一般性	控制组	23.5	17
云浮市罗定市连州镇连州敬老院	一般性	控制组	23.5	17
肇庆市广宁县江屯镇敬老院	一般性	控制组	23.5	17
肇庆市广宁县五和镇敬老院	一般性	控制组	23.3	21
云浮市新兴县东成镇敬老院	一般性	控制组	22.5	22
肇庆市广宁县潭布镇敬老院	一般性	控制组	22	23
肇庆市广宁县赤坑镇敬老院	一般性	控制组	22	23
云浮市云城安华敬老院	一般性	控制组	22	23
肇庆市广宁县石咀镇敬老院	一般性	控制组	22	23
云浮市云安区高村镇敬老院	一般性	实验组	21.5	27
肇庆市广宁县北市镇敬老院	一般性	控制组	21.5	27
云浮市云城区河口街河口敬老院	一般性	控制组	21.5	27
云浮市云城区腰古镇敬老院	一般性	控制组	21.5	27
云浮市云城区南盛镇敬老院	一般性	控制组	21	31
云浮市罗定市苹塘镇苹塘敬老院	一般性	控制组	20	32
肇庆市广宁县宾亨镇敬老院	一般性	控制组	19.5	33
云浮市罗定市素龙街道素龙敬老院	一般性	控制组	19.5	33
肇庆市广宁县洲仔镇敬老院	一般性	控制组	19.5	33
云浮市云安区富林镇敬老院	一般性	实验组	19.5	33
肇庆市广宁县石涧敬老院	一般性	控制组	18.5	37
云浮市云安区白石镇敬老院	一般性	实验组	18.5	37
云浮市罗定市附城街道附城敬老院	一般性	控制组	18.4	39

续表9-4

机构名称	供养机构性质	准实验研究对象类型	服务质量	排名
云浮市罗定市分界镇分界敬老院	一般性	控制组	18	40
云浮市云城区思劳镇敬老院	一般性	控制组	17.5	41
云浮市罗定市泗纶镇泗纶敬老院	一般性	控制组	17.5	41
云浮市罗定市满塘镇满塘敬老院	一般性	控制组	16	43
云浮市云安区六都镇敬老院	一般性	实验组	15.5	44
云浮市云城区前锋镇敬老院	一般性	控制组	15.5	44
云浮市罗定市生江镇生江敬老院	一般性	控制组	15.4	46
云浮市罗定市太平镇太平敬老院	一般性	控制组	15.2	47
云浮市云安区石城镇敬老院	一般性	实验组	15	48
云浮市云城区安塘街安塘敬老院	一般性	控制组	14.5	49
云浮市罗定市金鸡镇金鸡敬老院	一般性	控制组	14.5	49
云浮市罗定市龙湾镇敬老院	一般性	控制组	14.2	51
云浮市罗定市蘋滨镇蘋滨敬老院	一般性	控制组	14	52
云浮市罗定市双东街道双东敬老院	一般性	控制组	13.3	53
云浮市罗定市加益镇敬老院	一般性	控制组	13.1	54
云浮市罗定市黎少镇黎少敬老院	一般性	控制组	13	55
云浮市罗定市华石镇华石敬老院	一般性	控制组	12.5	56
云浮市罗定市罗平镇罗平敬老院	一般性	控制组	11	57
云浮市罗定市围底镇围底敬老院	一般性	控制组	10.5	58
云浮市罗定市罗镜镇敬老院	一般性	控制组	10	59
云浮市罗定市船步镇船步敬老院	一般性	控制组	8.4	60

第九章 广东省特困人员供养机构公建民营改革的成效

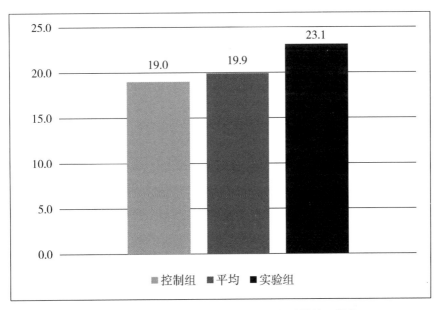

图9-4 广东省特困人员供养机构服务质量单项得分

（五）运营管理单项排名

具体到运营管理单项排名，如表9-5所示，排在前10位的机构中，控制组的占比更高。其中，实验组有4家机构，分别排在第1名（郁南县中心敬老院）、第2名（云安区福利服务中心）、第3名（云安区都杨镇敬老院）和第5名（郁南县河口镇敬老院）；控制组有6家机构，分别排在第3名（新兴县车岗镇敬老院）、第5名（广宁县坑口镇敬老院、广宁县五和镇敬老院、新兴县东成镇敬老院、云城区南盛镇敬老院）和第10名（广宁县敬老服务中心）。

排在后10位的机构皆为控制组中的机构，且都位于罗定市，分别为替滨镇替滨敬老院、罗平镇罗平敬老院、双东街道双东敬老院、泗纶镇泗纶敬老院、龙湾镇龙湾敬老院、加益镇加益敬老院、罗镜镇罗镜敬老院、船步镇船步敬老院、黎少镇黎少敬老院和围底镇围底敬老院。

整体而言，如图9-5所示，在满分为15分的前提下，实验组和控制组运营管理平均分为9.4分，控制组的平均分为8.9分，实验组的平均分为

11.1分,实验组比控制组高出2.2分。

表9-5 广东省特困人员供养机构运营管理单项排名

机构名称	供养机构性质	准实验研究对象类型	运营管理	排名
云浮市郁南县中心敬老院	区域性	实验组	14	1
云浮市云安区福利服务中心	区域性	实验组	13.5	2
云浮市云安区都杨镇敬老院	一般性	实验组	13	3
云浮市新兴县车岗镇敬老院	一般性	控制组	13	3
云浮市郁南县河口镇敬老院	一般性	实验组	12	5
肇庆市广宁县坑口镇敬老院	一般性	控制组	12	5
肇庆市广宁县五和镇敬老院	一般性	控制组	12	5
云浮市新兴县东成镇敬老院	一般性	控制组	12	5
云浮市云城区南盛镇敬老院	一般性	控制组	12	5
肇庆市广宁县敬老服务中心	区域性	控制组	11.2	10
云浮市郁南县桂圩镇敬老院	一般性	实验组	11.1	11
云浮市郁南县建城镇敬老院	一般性	实验组	11	12
云浮市郁南县连滩镇敬老院	一般性	实验组	11	12
肇庆市广宁县潭布镇敬老院	一般性	控制组	11	12
肇庆市广宁县赤坑镇敬老院	一般性	控制组	11	12
云浮市罗定市生江镇生江敬老院	一般性	控制组	11	12
肇庆市广宁县排沙镇敬老院	一般性	控制组	10.5	17
云浮市云安区高村镇敬老院	一般性	实验组	10.5	17
肇庆市广宁县北市镇敬老院	一般性	控制组	10.5	17
云浮市郁南县都城镇敬老院	一般性	实验组	10	20
云浮市新兴县大江镇敬老院	一般性	控制组	10	20
肇庆市广宁县古水镇敬老院	一般性	控制组	10	20
云浮市云城区高峰街高峰敬老院	一般性	控制组	10	20
肇庆市广宁县横山镇敬老院	一般性	控制组	10	20
云浮市新兴县水台镇敬老院	一般性	控制组	10	20

第九章 广东省特困人员供养机构公建民营改革的成效

续表 9-5

机构名称	供养机构性质	准实验研究对象类型	运营管理	排名
云浮市云城安华敬老院	一般性	控制组	10	20
肇庆市广宁县石咀镇敬老院	一般性	控制组	10	20
云浮市云城区河口街河口敬老院	一般性	控制组	10	20
云浮市云城区腰古镇敬老院	一般性	控制组	10	20
云浮市罗定市苹塘镇苹塘敬老院	一般性	控制组	10	20
肇庆市广宁县宾亨镇敬老院	一般性	控制组	10	20
云浮市罗定市素龙街道素龙敬老院	一般性	控制组	10	20
肇庆市广宁县洲仔镇敬老院	一般性	控制组	10	20
肇庆市广宁县石涧敬老院	一般性	控制组	10	20
云浮市云安区白石镇敬老院	一般性	实验组	10	20
云浮市云城区思劳镇敬老院	一般性	控制组	10	20
云浮市云安区石城镇敬老院	一般性	实验组	10	20
云浮市云城区安塘街安塘敬老院	一般性	控制组	10	20
云浮市罗定市分界镇分界敬老院	一般性	控制组	9.5	39
云浮市罗定市满塘镇满塘敬老院	一般性	控制组	9.5	39
肇庆市广宁县木格镇敬老院	一般性	控制组	9	41
云浮市罗定市连州镇连州敬老院	一般性	控制组	9	41
肇庆市广宁县江屯镇敬老院	一般性	控制组	9	41
云浮市云安区富林镇敬老院	一般性	实验组	9	41
云浮市云安区六都镇敬老院	一般性	实验组	9	41
云浮市罗定市太平镇太平敬老院	一般性	控制组	9	41
云浮市罗定市华石镇华石敬老院	一般性	控制组	8	47
云浮市罗定市金鸡镇金鸡敬老院	一般性	控制组	7.5	48
云浮市罗定市附城街道附城敬老院	一般性	控制组	7	49
云浮市云城区前锋镇敬老院	一般性	控制组	7	49
云浮市罗定市㕚滨镇㕚滨敬老院	一般性	控制组	6.5	51
云浮市罗定市罗平镇罗平敬老院	一般性	控制组	6.5	51

续表 9-5

机构名称	供养机构性质	准实验研究对象类型	运营管理	排名
云浮市罗定市双东街道双东敬老院	一般性	控制组	6	53
云浮市罗定市泗纶镇泗纶敬老院	一般性	控制组	5	54
云浮市罗定市龙湾镇敬老院	一般性	控制组	5	54
云浮市罗定市加益镇敬老院	一般性	控制组	5	54
云浮市罗定市罗镜镇敬老院	一般性	控制组	5	54
云浮市罗定市船步镇船步敬老院	一般性	控制组	4.5	58
云浮市罗定市黎少镇黎少敬老院	一般性	控制组	4	59
云浮市罗定市围底镇围底敬老院	一般性	控制组	2	60

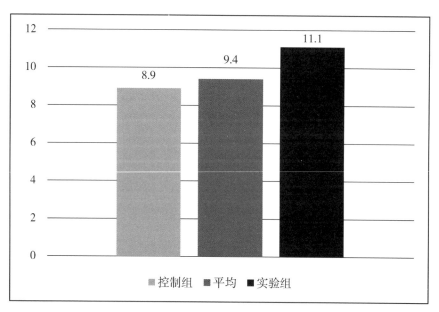

图 9-5 广东省特困人员供养机构运营管理单项得分

二、特困人员满意度

通过将"非常好"赋值为 3 分,"一般"赋值为 2 分,"不好"赋值为 1

分，可以计算出实验组和控制组在环境、服务态度、伙食上的满意度得分。

(一) 环境

控制组在环境方面的满意度得分为2.86分。其中，有0.5%的特困人员认为供养机构环境不好，12.8%的特困人员认为供养机构环境一般，86.7%的特困人员认为供养机构环境非常好。

实验组在环境方面的满意度得分为2.89分。其中，有10.9%的特困人员认为供养机构环境一般，89.1%的特困人员认为供养机构环境非常好，没有特困人员认为供养机构环境不好。(见图9-6)

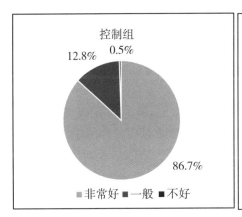 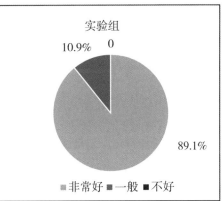

图9-6 广东省特困人员对供养机构环境的满意度

(二) 服务态度

控制组在服务态度方面的满意度得分为2.79分。其中，有4.1%的特困人员认为供养机构工作人员服务态度不好，12.3%的特困人员认为供养机构工作人员服务态度一般，83.6%的特困人员认为供养机构工作人员服务态度非常好。

实验组在服务态度方面的满意度得分为2.95分。其中，有5.5%的特困人员认为供养机构工作人员服务态度一般，94.5%的特困人员认为供养机构工作人员服务态度非常好，没有特困人员认为供养机构服务态度不

好。(见图 9-7)

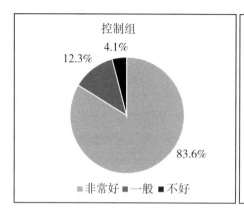
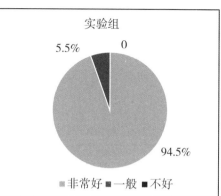

图 9-7 广东省特困人员对供养机构服务态度的满意度

(三) 伙食

控制组在伙食方面的满意度得分为 2.73 分。其中,有 4.1% 的特困人员认为供养机构伙食不好,18.5% 的特困人员认为供养机构伙食一般,77.4% 的特困人员认为供养机构伙食非常好。

实验组在伙食方面的满意度得分为 2.78 分。其中,有 21.8% 的特困人员认为供养机构伙食一般,78.2% 的特困人员认为供养机构伙食非常好。(见图 9-8)

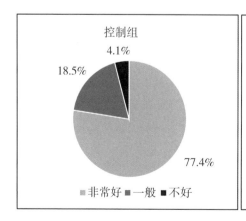
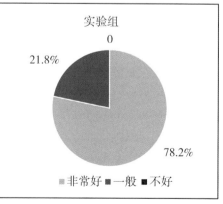

图 9-8 广东省特困人员对供养机构伙食的满意度

(四) 总体满意度

控制组的总体满意度得分为 2.89 分,有 1.5% 的特困人员认为供养机构总体上不好,8.2% 的特困人员认为供养机构总体上一般,90.3% 的特困人员认为供养机构总体上非常好。

实验组的总体满意度得分为 2.98 分,有 1.8% 的特困人员认为供养机构总体上一般,98.2% 的特困人员认为供养机构总体上非常好。(见图 9-9)

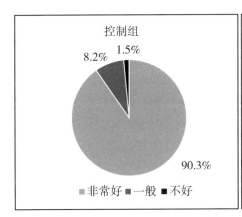
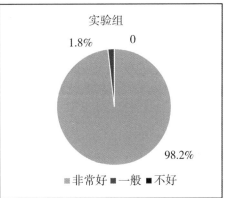

图 9-9　广东省特困人员对供养机构的总体满意度

综上所述,实验组的总体满意度要高于控制组。而具体到环境、服务态度和伙食层面,实验组的满意度也均高于控制组。(见图 9-10)

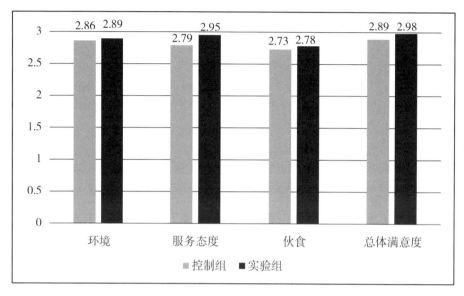

图 9-10　广东省特困人员满意度得分情况对比

第二节　广东省特困人员供养机构改革成效的多维分析

本节将从管理服务队伍、硬件设施、服务质量、运营管理四个维度出发，具体分析实验组和控制组在指标体系中的三级指标的建设情况。

一、管理服务队伍

(一) 改革后的管理运营团队建设取得初步成效

改革后的供养机构管理团队素质在具有中级及以上卫生技术职称人员和助理社工师及以上技术职称人员上取得初步成效，但在拥有大专及以上学历人员上仍有待完善。如图 9-11 所示，控制组中仅有 19.1% 的机构至少具有 1 名中级及以上卫生技术职称人员，而实验组中则有 30.8% 的机构至少具有 1 名中级及以上卫生技术职称人员。控制组中均没有机构拥有助理社工师及以上技术职称人员，实验组中则有 15.4% 的机构开始配备至少 1 名助理社工师及以上技术职称人员。然而，实验组中仅有 15.4% 的机构的管理团队中大专及以上学历人员比例达到 100%，比控制组低 3.7%。

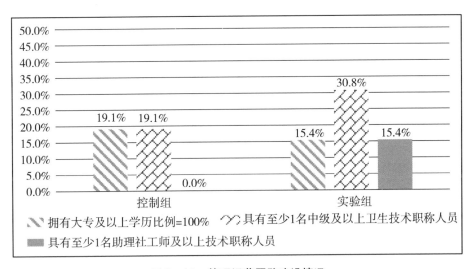

图 9-11　管理运营团队建设情况

（二）改革后的养老护理员专职化比例更高、待遇更好、结构更加年轻化

改革后供养机构在专职养老护理员比例、护理员薪酬水平和护理员年龄结构上均有所优化，在护理员与机构老年人数量的比例上保持较高的水准。如图 9-12 所示，在专职护理员方面，控制组中大部分机构的护理员都是兼职，同时兼任膳食、安保、财务等工作，无法给予特困老人周全的护理照顾，仅有 38.7% 的护理员为专职；而实验组中则有 77.6% 的护理员为专职。在护理员与全自理、半失能和失能人员的比例方面，控制组和实验组的比例差异较小，且都达到了较高的水准。在护理员年龄结构方面，控制组中护理员平均年龄大于 60 岁的机构的比例为 11.1%，其中一所机构的

护理员的平均年龄甚至高达 68 岁;与之相比,实验组中没有机构的护理员的平均年龄大于 60 岁。在护理员薪酬方面,控制组护理员的平均薪酬仅为 1972 元,较低的平均薪酬容易导致护理员工作积极性和稳定性低,而实验组的平均薪酬则达到 2754 元,比控制组高出 782 元。

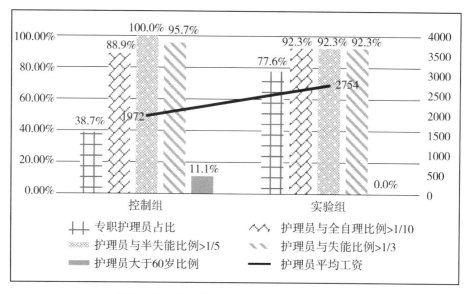

图 9-12 养老护理员数量、年龄、工资情况

(三)开始加强持证医师、护士、药师、康复师、社工配备

改革后的供养机构在持证医师、护士、药师、康复师队伍建设上均取得一定的成效,在持证社工方面的成效则并不凸显。如图 9-13 所示,控制组中均没有机构配备持证医师、护士和药师,而实验组中有 7.7%、15.4%、7.7% 的机构配备了持证医师、护士、药师。在持证康复师方面,控制组配备持证康复师的机构的比例仅为 8.5%,而实验组中配备持证康复师的机构的比例则达到 30.8%。在持证社工方面,实验组中有 7.7% 的机构配备持证社工,仅比控制组高 3.4%。

第九章　广东省特困人员供养机构公建民营改革的成效

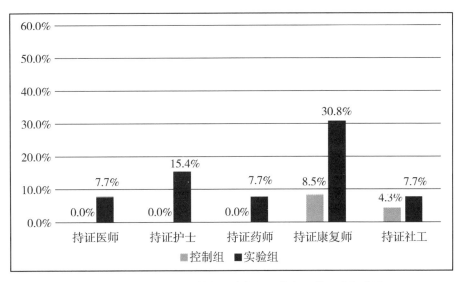

图9-13　持证医师、护士、康复师、药师、社工队伍建设

二、硬件设施

(一) 改革后的消防设施配备仍有待完善

如图9-14所示，控制组中居室消防喷淋和烟感器配备齐全的机构的比例分别达到85.1%和80.9%，而实验组中居室消防喷淋和烟感器配备齐全的机构的比例仅为38.5%和53.8%。在饭堂方面，实验组有36.4%的机构配备消防喷淋，比控制组低28%；实验组中饭堂配备烟感器的机构的比例为54.5%，与控制组基本持平。在活动室方面，实验组中活动室配备消防喷淋的机构的比例为45.5%，比控制组低13.6%；实验组中活动室配备烟感器的机构的比例为63.6%，仅比控制组高4.5%。

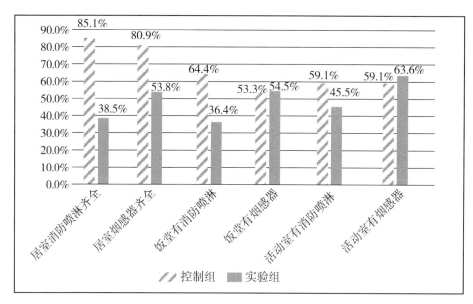

图 9-14 消防设施配备情况

注：居室消防喷淋和烟感器配备齐全，是指随机抽取的 5 间不同类型的居室都配有消防喷淋和烟感器。

（二）改革后的安防设施和无障碍设施配备成效明显

改革后的供养机构在紧急呼叫装置、安防设施和无障碍设施的配备上均取得了成效。如图 9-15 所示，在紧急呼叫装置方面，控制组中仅有 2.1% 的机构配备，而实验组中有 15.4% 的机构配备。在安防设施方面，实验组中有 76.9% 的机构配备，比控制组高 49.2%。在无障碍设施方面，实验组中走廊和洗手间（浴室）配备扶手的机构的比例分别达到 69.2% 和 76.9%，分别比控制组高 37.3% 和 34.3%。在有 3 层及以上的建筑的供养机构中，控制组仅有 5.3% 的机构配置电梯，而实验组则有高达 40.0% 的机构配备了电梯。

第九章　广东省特困人员供养机构公建民营改革的成效

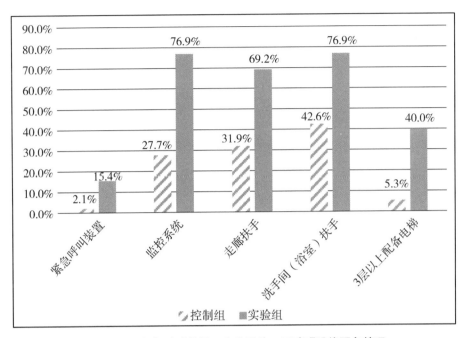

图 9-15　紧急呼叫装置、安防设施、无障碍设施配备情况

注：紧急呼叫装置要求随机抽查的不同类型 5 间居室都配备。洗手间（浴室）扶手要求随机抽样的 5 间不同的洗手间（浴室）都配备。

（三）改革后的居室设施配备成效初显，洗手间（浴室）设施配备成效较为明显

在居室设施上，改革后的供养机构取得了初步的成效。如图 9-16 所示，实验组中所有机构的居室均配备了电风扇，而控制组中仍有 12.8% 的机构未配备。在空调和取暖设备方面，控制组中分别都仅有 4.3% 的机构配备，而实验组的比例则达到 23.1% 和 15.4%。在洗手间（浴室）设施上，实验组的优势较为显著。控制组中大部分机构的洗手间配备的是蹲厕，仅有 14.8% 的机构配备了坐便器；而实验组中配备坐便器的机构的比例则达到 53.8%。控制组中大部分机构是用桶盛水洗澡，仅有 8.5% 的机构配备了淋浴设备；而实验组中配备淋浴设备的机构的比例则达到 76.9%。在防滑

地板上，实验组的比例已经达到100%，而控制组仍有27.7%的机构没有配备。

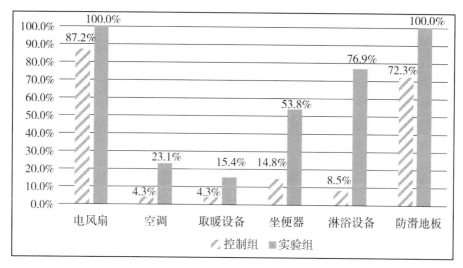

图9-16 居室、洗手间（浴室）设施配备情况

注：坐便器、淋浴设备、防滑地板要求随机抽查的5间洗手间（浴室）都配备。

（四）改革后的医疗设施和医疗物品数量提升较为明显

改革后的供养机构在医疗设施上取得了明显成效。如图9-17所示，在医用地板方面，控制组中仅有2.1%的机构配备，而实验组的比例则达到38.5%，取得初步成效。在专业护理床方面，控制组仅有6.4%的机构配备，与之相比实验组则有53.8%的机构配备，优势较为明显。在专用医务室方面，控制组中仅有10.6%的机构配备，而实验组的比例则达到38.5%，取得初步成效。就医疗设施数量而言，控制组中平均每所机构拥有的医疗物品数量为3个，而实验组中平均每所机构拥有的医疗物品数量则达到7.2个，优势较为明显。

第九章 广东省特困人员供养机构公建民营改革的成效

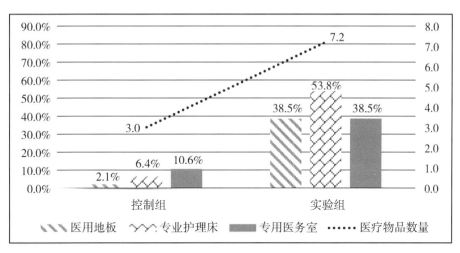

图9-17 医用地板、专业护理床、专用医务室、医疗物品配备情况

（五）改革后的膳食设施建设在整体上取得明显成效，文娱健身设施建设有待完善

在文娱和健身设施方面，改革后的供养机构的成效并不明显。如图9-18所示，在活动室方面，实验组有84.6%的机构配备，比控制组低9.0%。在拥有报纸、期刊或图书方面，实验组的比例为30.8%，比控制组低5.4%。在健身活动场所（地）方面，实验组配备的机构的比例为30.8%，仅比控制组高7.4%。在膳食设施方面，实验组在总体上取得了明显的成效。就一体化不锈钢设备而言，实验组拥有该设备的机构的比例为53.8%，比控制组高9.1%，取得了初步的成效。在排烟换气设备和排污（水）渠方面，控制组中分别有76.6%和66.0%的机构配备，而实验组的比例则分别达到100.0%和92.3%，成效较为显著。

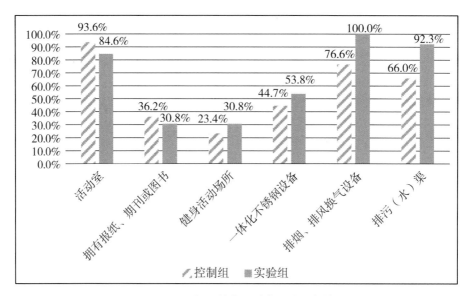

图 9-18 文娱、健身、膳食设施配备情况

三、服务质量

(一) 改革后的生活照料、休闲娱乐、医疗护理、康复训练服务进一步完善

改革后的供养机构在基本生活照料、康复训练项目上取得较为明显的成效,在休闲娱乐活动项目和医疗服务项目上也取得了初步成效。如图9-19所示,控制组中平均每所机构设置基本生活照料项目的数量为5.9个,而实验组中平均每所机构设置基本生活照料项目的数量则比控制组多4.4个。控制组中平均每所机构设置休闲娱乐项目的数量为2.2个,而实验组中平均每所机构设置休闲娱乐项目的数量则比控制组多1.7个。在康复训练方面,控制组中设置该项服务的机构的比例仅为2.1%,而实验组中设置该项服务的机构的比例则达到53.8%,优势较为明显。在医疗服务方面,控制组中没有机构设置该项服务,而实验组中设置该项服务的机构的比例达到7.7%,说明改革后的供养机构已经开始引入医疗服务项目。

第九章　广东省特困人员供养机构公建民营改革的成效

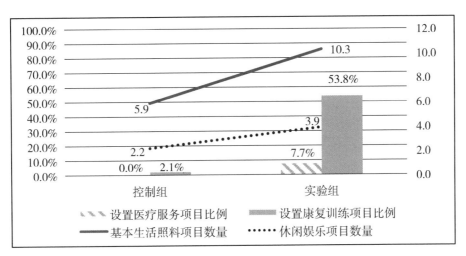

图 9-19　服务项目建设情况

（二）改革后的服务制度在整体上进一步得到完善，服务流程进一步规范

改革后的供养机构在自理能力评估制度、重病和慢性病管理制度、服务规范标准建设方面取得明显成效，但在自备药品登记制度和病史存档制度建设方面则有待完善。如图 9-20 所示，控制组中建立自理能力评估制度、建立慢性病和重病管理制度的机构的比例分别为 53.2% 和 27.7%，而实验组的比例则达到 69.2% 和 53.8%。然而，就自备药品登记制度而言，实验组中建立该制度的机构的比例为 38.5%，仅比控制组高 4.5%，优势并不明显。而在病史存档制度方面，实验组有 61.5% 的机构建立了该制度，与控制组的比例基本持平。在照料服务规范标准方面，实验组所有的机构均建立，优势较为明显。

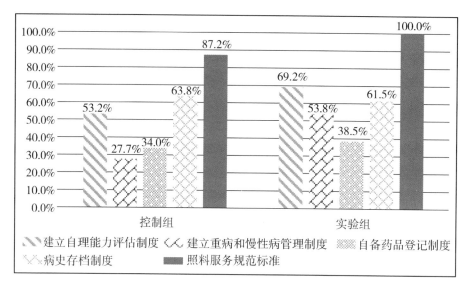

图 9-20　服务制度建设情况

（三）改革后的膳食服务成效较为明显

在膳食服务建设方面，改革后的供养机构取得较为明显的成效。如图 9-21 所示，控制组中仍有 4.3% 和 23.4% 的机构没有实施食品留样和餐具

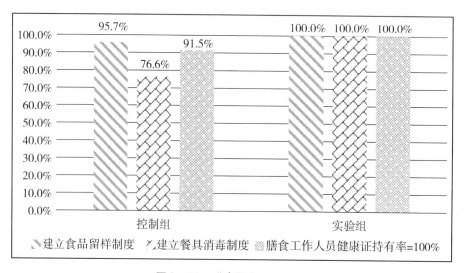

图 9-21　膳食服务建设情况

消毒制度，而实验组所有的机构均实施了食品留样和餐具消毒。控制组中仍有8.5%的机构的膳食工作人员健康证持有率没有达到100.0%，而实验组中所有机构的膳食工作人员健康证持有率达到100.0%。

（四）改革后的环境卫生成效较为明显

改革后的供养机构在卫生环境上取得了较为明显的成效。如图9-22所示，在居室环境卫生上，控制组中有76.6%的机构的居室保持干净，仍有的23.4%的机构居室没有达标，而实验组中居室保持干净的机构的比例则达到100.0%。在洗手间（浴室）环境卫生方面，控制组中有72.3%的机构的洗手间（浴室）保持干净，而实验组的比例则达到92.3%。在食堂、活动室和户外空间方面，实验组中所有机构均保持干净，优于控制组。而在走廊卫生方面，实验组和控制组中的所有机构均保持干净。

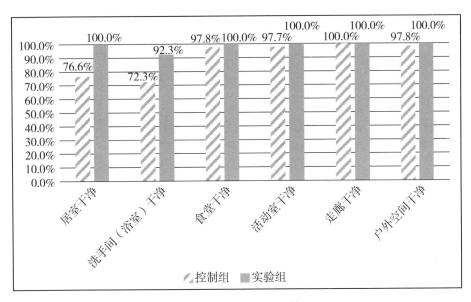

图9-22　环境卫生建设情况

注：居室环境卫生要求随机抽查的5间不同类型的居室都保持干净。洗手间（浴室）环境卫生要求随机抽查的5间不同的洗手间（浴室）都保持干净。

四、运营管理

(一) 改革后的行政管理制度在整体上取得明显成效

在行政管理制度建设方面,改革后的供养机构在整体上取得明显的成效。如图9-23所示,在岗位责任制度、岗前培训制度和24小时交班制度方面,实验组中所有的机构均实施了这些制度,明显优于控制组。然而,在意见、建议收集制度方面,实验组的优势并不显著。控制组中没有机构实施了意见、建议收集制度,而实验组中实施该项制度的机构比例也仅为7.7%。

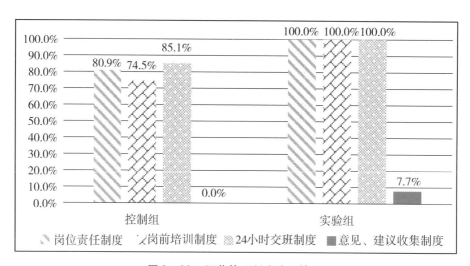

图9-23 运营管理制度建设情况

(二) 改革后的安全管理仍有待完善

供养机构在签订消防事故责任书、每日防火检查和床位综合责任险上的改革成效较为明显,但在具备消防验收许可、消防演练、消防/安全教育培训、紧急预案建设方面仍有待进一步完善。如图9-24所示,在具备消防验收许可上,尽管实验组的比例高于控制组,但仍有30.8%的机构没有具

第九章 广东省特困人员供养机构公建民营改革的成效

备消防验收许可。而在签订消防事故责任书和实施每日防火巡查上,实验组的比例达到100%,明显优于控制组。然而,在消防演练、消防/安全教育培训和建立紧急预案方面,实验组中建立这些制度的机构的比例分别为61.5%、61.5%和76.9%,明显低于控制组。在床位综合责任险方面,控制组中仅有8.5%的机构为正在使用的床位购买了责任险,而实验组的比例则达到61.5%,优势较为明显。

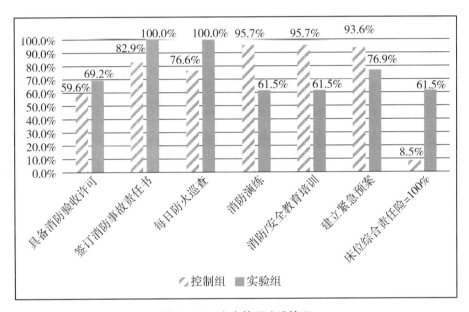

图9-24 安全管理建设情况

(三) 改革后的入住率明显提升

在入住率方面,改革后的供养机构取得了初步的成效。如图9-25所示,控制组中平均每所机构的入住率为36.7%,而实验组中平均每所机构的入住率则达到47.3%。在特困人员入住率方面,控制组中所有机构的特困人员占全体人员的比例均大于30.0%,而实验组中仍有15.4%的机构的特困人员占全体人员的比例没有大于30.0%。在社会自费人员入住率方面,控制组中平均每所机构社会人员占全体人员比例为2.0%,而实验组中平均每所机构的社会人员占全体人员比例则达到 15.1%，说明改革后的供养机构已经开始吸引社会人员入住。

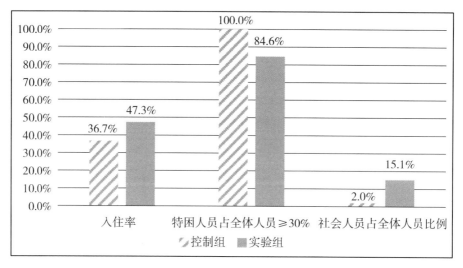

图 9-25　入住率情况

第三节　基本结论

在准实验研究设计的框架下，本章通过对比实验组（13 所改革后的供养机构）和控制组（47 所未改革的供养机构）的得分排名及其特困人员主观满意度的差异，以及具体分析实验组和控制组在管理服务队伍、硬件设施、服务质量和运营管理等方面的建设情况，得出以下基本结论。

一、统筹打包改革能够推动区域供养机构整体协同发展

根据本章的分析结果显示，对实验组和控制组进行打分和排序，排在

第九章 广东省特困人员供养机构公建民营改革的成效

前10名的机构中,实验组占据7所机构。此外,实验组还有1所机构排在第13名。也就是说,排名在前13名的机构中,控制组共有5所,占比为38%;而实验组共有8所,占比为62%,比控制组高出24%。在整体平均分方面,控制组的平均分为44.1分,而实验组的平均分为61.4分,比控制组高出17.3分。在主观满意度方面,实验组中的特困人员的总体满意程度要高于控制组。具体到环境、服务态度和伙食方面,实验组中的特困人员的满意程度均高于控制组。

以上结果证明,广东省通过实施区域统筹打包的公建民营改革模式,将县级区域内的区域性和乡镇敬老院统一打包成一个项目交给运营方进行改革的成效已经初步显现。该模式能够推动整个区域的供养机构的整体协同发展,很大程度上避免社会资本在招投标时对机构的"挑肥拣瘦"。

二、改革精确瞄准失能、半失能老人长期照护需求

不同于自理特困人员,失能、半失能对象照护不仅需要专业护理人员予以长期悉心看护,也需要专业护理设备予以辅助。当前,广东省大部分供养机构无论在专业化人员和专业化设备方面都无法满足失能、半失能老人的需求。评估结果显示,广东省统筹打包改革准确地瞄准当前供养机构在满足失能、半失能老人长期照护需求方面的不足,在护理人员、护理设施、护理项目和制度的提升等方面均取得较为明显的成效。在护理人员上,改革后的专职护理员的比例进一步提升、护理员结构更加年轻和稳定、专业化程度更高,并且开始配备专业医师、护士、药师、康复师和社工。在护理设施上,改革后的供养机构中已有不少配备了专业护理床、医疗地板、无障碍设施、洗手间坐便器和淋浴设备,拥有医疗设备和物品的数量明显提升。在护理项目上,改革后的供养机构在提供日常生活照料项目的数量和康复训练的比例明显提升,而且有供养机构开始能够提供医疗服务。在护理制度上,改革后的供养机构建立自理能力评估制度和重病、慢性病管理制度的比例进一步提升,建立服务规范标准的比例达到100%。此外,在主观满意度上,特困人员对于改革后的特困人员供养机构的环境、服务态度和伙食的满意度也要高于未改革的特困人员供养机构。

三、运营方盈利前景开始显现,未来改革健康持续发展将得到充分维护

本章的分析结果显示,实验组的入住率比控制组高 10.6%,且实验组中平均每所机构社会老年人占入住人员比例已经达到 15.1%。这些数据反映了改革后的供养机构较未改革的供养机构在入住率上实现了进一步提升,且在每所改革后的供养机构已使用的床位中,平均已有 15.1% 用于社会养老服务。这表明改革后的供养机构社会养老服务的运营已经逐渐步入正轨,运营方盈利前景开始显现。随着改革进程的不断推进,改革后的供养机构软硬件设施不断完善和老龄化趋势加深,未来入住率和社会老年人占比将随之提高,运营方盈利前景将更加明朗,改革健康持续发展将得到充分维护。

第十章 完善广东省特困人员救助供养制度改革的对策建议

针对前面章节对广东省特困人员救助供养制度建设、特困人员服务需求与供给、特困人员供养机构改革成效等内容的分析所发现的问题和工作短板,本章结合国内外经验,着眼于未来,对完善广东省特困人员救助供养制度改革提出对策建议,涉及特困人员认定机制、特困人员基本生活保障、特困人员新需求识别、特困人员供养机构改革、特困人员救助供养与2020年后帮扶工作衔接等方面。

第一节 完善特困人员瞄准机制,建立健全动态管理和监督机制

目前,广东省特困人员护理制度的建立时间尚短,由于涉及自理能力评估等较为专业的业务,相关工作经验还不够成熟、充分。因此,未来要继续完善特困人员的瞄准机制,建立健全动态管理和监督机制,实现精准评估、精准服务,保障好特困人员的权益。

一、完善特困人员瞄准机制

目标瞄准是实现社会救助资源精准投放的关键,精准识别出特困人员是资源精准配置的前提。对此,要完善特困人员识别及对其生活自理能力评估的具体操作细则,形成规范化、科学化、精准化的瞄准机制,确保特

困人员应保尽保，权益得到切实保障，防止弄虚作假，骗取特困人员资格和"精英俘获"现象的发生，避免社会救助资源瞄准与既定目标和对象的偏离。[①] 特别是对特困人员生活自理能力的评估，涉及自主吃饭、穿衣、上下床、如厕、室内行走、洗澡能力6项专业指标，需要由医生、护士、护理员、康复师等较为专业的人员和标准化老年人能力评估室等专业机构进行评估。因此，要鼓励在有条件的地区，通过政府购买服务的方式，委托养老、医疗、卫生机构等有专业资质的第三方机构进行评估，确保认定和评估工作的客观性和科学性，使社会救助资源能够实现最大限度的按需分配。

二、建立健全特困人员动态管理机制

对特困人员实行资格和护理等级动态管理。具体而言，要定期入户探访核对，建议至少每一年对特困人员开展一次认定和功能性能力复评，及时调整特困人员的资格和护理等级，对不符合标准的人员，严格予以退出、核销。一方面，有利于准确掌握特困人员健康状况，严格依照能力评估结果实行分级照护，精准实施个性化、一对一失能照料护理服务，确保每位失能、半失能特困人员都能获得相对应的待遇和服务，提升护理质量；另一方面，也有利于防止弄虚作假，避免骗取特困人员待遇资格现象的发生。

三、加强对特困人员待遇落实情况的监督

第一，要确保特困供养金准时、足额发放至特困人员的银行账户，防止资金被非法挪用。对此，要定期对特困人员的银行存折流水金额进行巡查，确保救助资金发放至特困人员本人手中。

第二，加强对特困人员监护人的监督，确保特困救助金100%用于特困人员身上。需要注意的是，一些特困人员由于残疾、年老或重病等原因在生活上无法自理，需要由监护人照顾。民政部门每月给其发放的社会救助

---

① 邢成举、赵晓峰：《论中国农村贫困的转型及其对精准扶贫的挑战》，载《学习与实践》2016年第7期，第116—123页。

第十章 完善广东省特困人员救助供养制度改革的对策建议

金由其监护人保管和使用。而监护人是否切实把这部分资金用于特困人员身上,实际上也存在一定的隐患。因此,要加强对特困人员监护人的监督,确保特困救助金100%用于特困人员身上。

第三,加强对照料护理服务的监督。特困人员护理制度允许分散供养的失能、半失能特困人员委托其亲友(配偶、子女除外)、村(居)民委员会、邻里等提供日常看护、生活照料、住院陪护等照料护理服务。不同于集中供养的特困人员由供养机构统一提供照料护理服务,分散供养特困人员的照料护理服务由不同的机构或个人提供,在服务落实上存在较大的不确定性,在监督上存在较大的难度。因此,建议专门加强对分散供养特困人员照料护理服务落实情况的监督。具体而言,第一,要制定护理服务的操作细则,指导和规范委托服务行为;第二,要与服务提供方签订合同,明确服务项目、费用标准、责任追究等内容;第三,民政部门要定期对服务进行督查和巡视,可委托第三方专业机构对服务落实情况进行评估和监督;第四,为确保护理服务的质量,要建立护理服务评价机制,具体的做法为护理提供方每次提供服务时,做好护理服务登记,由特困人员或其监护人签字确认,并对服务态度、服务水平、服务时间等方面进行评价。护理提供方也可以对服务全程进行录像,以便作为提供服务的证据。

第二节 加强特困人员基本生活保障工作

新时代人民群众对美好生活的向往更为强烈,生存需要正向改善需要、发展需要拓展,物质需要正向服务需要、精神需要拓展。[①] 如第五章所述,通过在2017—2019年期间对全省范围内的特困人员进行了为期3年的走访调查发现,目前特困人员基本生活保障仍然存在短板,具体表现为部分人员的饮食保障尚存在问题、部分人员居住条件尚需提升、医疗负担问题仍然困扰部分人员等。因此,在新时代"人民美好生活"的指导思想下,要

---

① 黄树贤:《开创新时代民政工作局面》,载《学习时报》2018年10月31日第001版。

进一步加强特困人员基本生活保障工作，提升救助服务的质量和水平，实现特困人员基本生活保障全覆盖，以切实保障特困人员的权益。

一、加强特困人员基本生活排查，提升特困人员基本生活水平

第五章的分析结果显示，大部分特困人员缺乏电视机、电冰箱、洗衣机、热水器等基本生活用品。与此同时，分散供养特困人员中仍有约11.53%有时无法达到一日三餐的标准，仍有约一成人员的饮水存在不同程度的困难。如调查员所接触的103岁特困老人HNM，其一天也仅能达到一餐的标准，且吃的常常是过期变质的食物。① 又如64岁的特困老人LC，住房里没有自来水，喝水需要求助邻居。② 对此，相关部门一方面要进一步加强特困人员基本生活的排查工作，保证所有特困人员都能够达到一日三餐的温饱水平和提升特困人员饮水的便捷程度，进而实现基本生活保障全覆盖；而另一方面则要增加特困人员基本生活用品、耐用消费品数量，提升特困人员的基本生活水平。

此外，为了提高特困人员的基本生活水平，我国香港地区和新加坡的经验值得参考，其共同的特点就是在保障赤贫群体的基本生活开支外，还额外发放补助和津贴，用以提升生活质量，如购买生活用品、家具、电器等。

以我国香港为例，其综合社会保障援助计划（综援）除了给予贫困群体基本生活救助金（标准金额）之外，还给连续领取援助金12个月或以上，且有年老、残疾或经诊断证明为健康欠佳成员的受助家庭发放长期个案补助金，以帮助他们更换家居用品和耐用品。单身人士长期个案补助金的标准为每年2240港元（2019年标准），而有2名或以上年老、残疾或经诊断证明为健康欠佳成员家庭的标准为每年4480港元（2019年标准）。③ 此

---

① 根据【典型案例5-14】。
② 根据【典型案例5-18】。
③ 香港社会福利署："综合社会保障援助计划"，https://www.swd.gov.hk/tc/index/site_pubsvc/page_socsecu/sub_comprehens/。

第十章 完善广东省特困人员救助供养制度改革的对策建议

外,考虑到贫困群体的特别需要,香港综援计划还发放特别津贴,涵盖租金、学费、交通费用、医生建议的膳食、复康及医疗用具等支出,具有较强的人文关怀和以人的需要为导向。除综援计划外,香港还设立"公共福利金计划",为年龄在65岁或以上的长者,以及身患严重残疾的香港居民,按月提供现金津贴,以帮助他们满足因年老或严重残疾而引致的特别需要。[①] 如图10-1所示,对于65岁以上的长者,这一计划的内容包括:高龄津贴、普通长者生活津贴、高额长者生活津贴、综援长者自愿回广东和福建省养老计划。

表10-1 2020年香港公共福利金计划分类、发放对象和标准

津贴种类	发放对象	每月金额（港元）
高龄津贴	年龄在70岁或以上	1385
普通长者生活津贴	65岁及以上的申请人而每月收入及资产并没有超过规定的限额	2675
高额长者生活津贴		3585
广东计划及福建计划下的高龄津贴	年龄在70岁或以上	1385
广东计划及福建计划下的普通长者生活津贴	65岁及以上的申请人而每月收入及资产并没有超过规定的限额	2675
广东计划及福建计划下的高额长者生活津贴		3585

资料来源:香港社会福利署,https://www.swd.gov.hk/tc/index/site_pubsvc/page_socsecu/sub_socialsecurity/#CSSAal。

类似地,新加坡针对因年老、疾病、残疾等而无法工作、收入有限或没有收入来源、几乎没有或完全没有家庭支持的赤贫群体设立的长期社区救助（Long-term ComCare）[②]也为保障群体提供额外的补助金,以提升其生

---

① 岳经纶:《香港社会救助制度的发展及其对中国内地的借鉴》,载《暨南学报（哲学社会科学版）》2017年第7期,第50—59页。

② 长期社区救助（Long-term ComCare）也被称为公共救助（Public Assistance）。

活质量。① 具体而言,保障群体除了能够获得生活津贴以满足日常生活开支外,还能够享受辅助援助(Secondary Assistance)、酌情援助(Discretionary Assistance)。辅助援助面向对医疗或卫生消耗品(如成人尿布、造口袋、糖尿病消耗品、膳食补充剂)等经常性必需品(Recurring Essentials)有长期需求的援助对象;酌情援助面向对一次性必需品(One-off Essentials)(如医疗设备或家用电器)有需要的援助对象。②

二、进一步加强住房安全排查和危房改造工作

提供住房救助,为特困人员建造房屋、进行危房改造或提供建房补贴、住房补贴等,是特困人员救助供养制度的重要内容之一。住房是特困人员的安身之地,能为特困人员带来获得感、幸福感和安全感,因此,为特困人员创造一个安全舒适、经济实用的居住条件具有非常重要的意义。第五章分析结果显示,仍有 12.13% 的分散特困人员居住在简易房③当中;22.21% 的分散特困人员房屋存在各式各样的安全隐患,且其中的 1.71% 的人员的房屋被评定为危房 C/D 级。

比如,87 岁的 CSP 居住在用竹子和瓦片搭建的简易房里。④ 又如调查的另一个特困老人 ZWH,其房子已经坍塌掉了一半,剩下倾斜的泥砖外墙用木材支撑着以防止倒塌,大门半掩着无法关闭,屋顶瓦块无法衔接起来导致下雨天经常漏水,而且房屋里还没有厕所。⑤

该部分群体的住房安全和环境较为恶劣,实际上存在非常大的安全隐患。当遇到下雨天时,这些住房可能会漏水,从而带来极大的不便;当遇到暴雨或者台风等时,这些住房可能会因不能承受强风暴雨而坍塌,进而

---

① 李志明、邢梓琳:《新加坡社会救助制度:兜住社会"底线公平"的"安全网"》,载《中国民政》2014 年第 11 期,第 52—53 页。
② 新加坡社会与家庭发展部网站,https://www.msf.gov.sg/Comcare/Pages/Public-Assistance.aspx。
③ 泛指简易房、框架房、木瓦房、石头房、铁皮房、草房、棚屋等建筑结构存在安全隐患的房屋。
④ 根据【典型案例 5-21】。
⑤ 根据【典型案例 5-22】。

第十章 完善广东省特困人员救助供养制度改革的对策建议

导致人员伤亡;当冬季来临时,这些住房可能无法为特困人员抵御严寒,也可能导致人员伤亡。因此,应该开展和加强特困人员住房安全全面排查工作,发现危房应及时予以转移安置、拆迁改造或提供住房改造补贴等方式予以救助,确保特困人员住房安全。

三、进一步加强医疗救助工作力度

根据第五章的研究发现,看病问题仍然困扰部分特困人员,其中,看病负担重、路程太远、行动不便、交通不便、没有人陪伴、无法与医生护士沟通等是重要原因。如调查员所接触的身患多种疾病的特困老人 WT,因为缺乏文化教育,使得他不认识路去市里更大的医院就诊,同时只会讲家乡方言更使他无法与医生进行沟通,不敢有去看医生的念头。① 又如调查员所接触的另一个特困人员 CHZ,由于行动不便,每次看病都得请医生亲自前往他家,而这些医疗费用是政府不能报销的,从而对其形成了很大的经济负担。②

对此,应进一步加强医疗救助工作力度,减轻特困人员看病的经济负担,提升特困人员看病的便捷程度。目前,农村医疗卫生体系大多只能解决感冒、发烧等小病,而对于慢性病或情况相对复杂的疾病的治疗与康复则捉襟见肘,难以满足特困人员更高层次的医疗保障需求。因此,要加强农村的医疗卫生体系建设,使特困人员所患的慢性病或情况相对复杂的疾病也能在家门口得到解决。对于病情严重紧急需要到县或市一级看病,但由于行动不便、不认识路或无法与医生沟通等因素而无法就医的特困人员,可以依托特困人员护理制度,委托和安排相应的护理人员陪同就医,解决路程太远、行动不便、交通不便、没有人陪伴、难以与医生护士沟通等问题。此外,要定期派遣医疗专家到农村地区为特困人员进行义诊、治疗,鼓励医疗机构为特困人员进行医疗费用的减免。

在就医的交通费用方面,实际上依旧可以借鉴香港综合社会保障援助

---

① 根据【典型案例 5-11】。
② 根据【典型案例 5-8】。

计划（以下简称"综援"）的经验。香港综援制度除了给予贫困群体基本生活救助金（标准金额）外，对其中残疾程度达100%或需要长期护理的严重残疾人每月给予285港元交通补助金（2020年标准），以解决行动困难人士的交通出行问题。[①] 因此，广东省可以借鉴香港综援制度，对失能、半失能等行动不便的特困人员给予交通补助金，解决其生活和就医的交通出行问题。

同时，要落实好为特困人员全额资助购买医疗保险的工作，开展为特困人员购买商业保险工作，全额资助经基本医疗保险、大病保险及各类补充医疗保险、商业保险等报销后由特困人员个人负担的合规医疗费用，减轻特困人员就医费用负担。虽然目前为特困人员购买的基本医疗保险和大病保险能够覆盖特困人员很大部分的医疗费用，但仍有小部分费用可能需要由特困人员承担。尽管这部分个人自负的费用通常数额不大，但是对于没有收入来源和没有劳动能力的特困人员来说，还是一笔较为沉重的负担。此外，特困人员在住院期间，可能需要送饭（喂饭）、洗澡、拿药、因为语言不通需要帮忙与医生沟通和需要人陪护等专业长期护理，其所产生的护理费用也是一笔较为沉重的负担，形成了特困人员住院无人护理的难题。因此，为特困人员购买商业保险，作为基本医疗保险和大病保险的补充，具有重要的意义，既能够覆盖特困人员经基本医疗保险和大病保险报销后无力承担的自付费用，又能够解决特困人员住院所需要的长期护理费用。

目前，合肥、南京、成都等地已经开展为特困人员购买商业保险的试点工作，能够为广东省改革提供借鉴。以安徽省合肥市肥西县为例，肥西县政府出资（市县各承担一半），以每人每年115元的保费标准，为全县特困人员购买医疗保险；在保险期限内，特困人员遭受意外伤害、疾病，在医院治疗期间，其医疗护理费用可纳入保险的支付范围，最高赔付标准为126元/天；因意外事故导致伤残的，保险公司赔偿伤残保险金，最高赔付标准为6.3万元/人；导致死亡的，保险公司赔付身故保险金，赔付标准为6.3万元/人。以花岗镇敬老院一特困老人为例，2017年8月，其因心血管

[①] 香港社会福利署："综合社会保障援助计划"，https://www.swd.gov.hk/tc/index_site_pubsvc/page_socsecu/sub_comprehens/。

第十章　完善广东省特困人员救助供养制度改革的对策建议

疾病入住肥西人民医院进行治疗。老人住院半个月所产生的护理费,全部由保险公司进行了理赔;同时,敬老院安排了护理人员帮他打饭拿药,费用全部由保险公司报销。①

四、提高失能、半失能特困人员集中供养率

根据第五章的研究发现,全省特困人员中失能和半失能的比例高达21.90%。然而,全省特困人员的集中供养率仅为8.73%,与失能和半失能人员的比例存在巨大差距,这说明在改革以前,机构供给侧的供养服务远不能与特困人员的刚性需求相对接。除了受传统安土重迁思想的影响,特困人员不愿意离开原有的生活环境以及已有的社会关系网外,造成集中供养率偏低的另一个重要原因还在于目前广东省供养机构总体上建设水平不高,普遍存在规模过小、资金有限、专业化水平不高以及护理资源不足等问题,无法满足特困人员的照料护理的需求。即便有空床位,许多特困人员也不愿意住进来。由于护理失能和半失能特困人员需要花费大量的时间、精力和财力,即使这些特困人员有监护人,也难以实现对特困人员的悉心照护。因此,失能和半失能特困人员在很大程度上需要得到专业机构的救助和照料。

如特困人员LGZ,由于该名特困人员从小身患重病和残疾,经社会力量的帮助后得以康复,但几年后病情再次复发,使得本就贫穷的家庭已难以履行照料护理她的责任,无奈之下只能送她去尼姑庵住,以减轻家庭的压力。② 又如另一个特困老人ZJH,由于患有精神病会四处乱跑,其家人疲于照顾他,只能在其家门口放置两条狗以防止其出门惹事,有时候其监护人不记得送饭,该老人就没饭吃。③

因此,为了强化政府的兜底责任,切实做到"应救尽救""应养尽养",防止特困人员被疏于照顾,需要不断提升特困人员供养机构的建设水平,

---

① 肥西报:"我县为特困人员购买医护险",http://www.feixibao.cn/html/2017-09-25/1876.html,2017年9月25日。
② 根据【典型案例5-9】。
③ 根据【典型案例5-10】。

进而吸引更多有刚性需求的失能和半失能特困人员到供养机构中居住，提高失能和半失能特困人员集中供养率。一方面，如本章第五节所分析，应在全省范围内推动供养机构社会化改革，运用 PPP 模式，在融资、建设、运营等方面大力引入社会力量参与，以提升供养机构的生存和发展能力，提高服务质量和管理水平，使政府能够更好地履行兜底责任；另一方面，应加强对集中供养政策的宣传力度，在尊重特困人员选择的情况下，消除他们对供养机构的排斥心理，让其明白在供养机构能够获得更好的照料护理，生活质量能够得到较大的改善，且在工作人员、志愿者以及同伴的陪伴下，也不会感到孤独。

五、完善特困人员照料护理工作，解决分散特困人员护理问题

根据第五章的研究发现，享受过照料护理服务的特困人员比例仅为 15.06%。由于过去全省缺乏统一、具体、可操作的照料护理体系，特困人员照料护理工作存在服务覆盖面不宽、服务种类偏少和服务频率偏低等问题，难以满足庞大失能、半失能特困人员的刚性需求。因此，要以 2018 年《广东省民政厅关于加强特困人员护理工作的通知》的出台为契机，加大力度完善特困人员护理工作。第一，每年定期对特困人员的生活自理能力进行评估，保证评估结果的客观公正，并据此确定特困人员应当享受的照料护理标准和档次。第二，择优选择服务提供方，形成分散和集中有机结合的护理体系，在尊重特困人员的意见下选择适合的护理方式。第三，对于不愿意入住特困人员供养机构的失能、半失能特困人员，要委托亲友、村委会、邻居等人员提供日常看护、生活照料、看病陪护等服务。第四，特困人员不但需要更多的生活照料和医疗护理，对缓解孤独感等方面的心理关爱也有很大需求。我们的研究发现，广东省特困人员普遍为独居状态，心理孤独状态十分严重。如 103 岁老人 HNM，已经过了几十年的独居生活，且很久没有人和她聊天，很希望有人过来看望她，陪她聊天。[1] 又如另外一

---

[1] 根据【典型案例 5-14】。

第十章　完善广东省特困人员救助供养制度改革的对策建议

个特困老人 HG，独自一个人居住，加上本身存在听力和言语残疾，每天都封闭在自己的世界里。[①] 贫困和孤独的双重影响，会对特困人员的心理造成较大的冲击。因此，对于特困人员，特别是独自居住人员，要为其提供日常看护、探访慰问等照料护理服务，消除特困人员悲观、消极的世界观，使特困人员形成健康、积极、乐观的心态。

为贫困群体提供照料护理服务（补贴），是国际贫困治理的共识。比如，香港综援制度除了给贫困群体发放基本生活保障金之外，还设立社区生活补助金和院舍照顾补助金，用于贫困群体在社区或养老机构的照料护理。具体而言，社区生活补助金针对非居住于社会福利服务机构且年老、残疾或经诊断证明为健康欠佳的受助人，每月提供 340 港元补助（2020 年标准）。院舍照顾补助金针对居住于非资助社会福利服务机构且年老、残疾或经诊断证明为健康欠佳的受助人，每月提供 340 港元补助（2020 年标准）。澳门除了为贫困群体发放基本生活保障金（一般援助金）外，还为其中的重病患者或因病长期卧床但又未接受公立医院住院治疗的患者发放护理补助。在澳门无亲属的独居者的标准为每月 1200 元澳门币（2019 年标准），在澳门有亲属者的标准为每月 1000 元澳门币（2019 年标准）。[②]

在特困人员心理支持上，智利的团结计划（Chile Solidario）和新加坡的长期社区救助计划能够提供一定的启示。团结计划是智利政府于 2002 年推出的，旨在于打破过去仅向援助群体提供现金转移支付的方法，并在充分考虑赤贫家庭多维度致贫原因复杂性的基础上，从根源上帮助赤贫家庭摆脱贫困的社会救助制度。贫困群体在得到援助资格后，该计划会通过当地的社会工作者（case worker）为赤贫群体提供为期 2 年的社会心理支持。在此期间，社会工作者充当了赤贫群体和援助机构的联系纽带，对其进行定期家访和需求评估，宣传相关的援助政策，制定脱贫方略，在教育、健康、就业、收入、技能培训、家庭情感等方面给予援助，以恢复和提高家庭成员的自信心和形象，为其未来发展指明方向，以及将其"链接"于公

[①] 根据【典型案例 5-15】。
[②] 澳门社会工作局："经济援助"，http://www.ias.gov.mo/ch/swb-services/individual-and-family-service/financial-assistance。

共服务网络。① 这些社会工作者通常是刚毕业的大学生,具有健康、教育或社会科学相关的背景。② 这有助于提升和拓展援助对象的技能、收入、资源、自主性和自我效能感等,使他们能够自力更生,从根本上摆脱极端贫困。新加坡的长期社区救助计划的做法则是在基本生活保障金外,为贫困群体提供社区援助,援助对象可免费或通过政府高额度补贴的方式获得一系列社会支持服务,如在日间中心举办的家庭帮助、交友和安置,以帮助他们融入社区生活。③

第三节 识别特困人员新需求,拓展救助供养内容

新时代人民群众对美好生活的向往更为强烈,生存需要正向改善需要、发展需要拓展,物质需要正向服务需要、精神需要拓展。④ 这意味着特困人员救助供养的内容也要实现"扩容",从简单的生活型救助向综合型救助拓展。因此,建议在提高救助供养标准、有效保障特困人员基本生活的基础上,识别特困人员新需求,拓展救助供养内容。具体而言,除了提供已有的现金救助、医疗救助、住房救助、教育救助等外,还可以建立健全特困人员法律援助服务和拓宽特困人员教育救助内容。

一、建立健全特困人员法律援助服务

特困人员在法律方面的需求容易被忽视。特困人员可能因为劳动纠纷、

---

① 曹淑芹:《智利政府克服贫困的新举措——"智利团结计划"》,载《拉丁美洲研究》2005年第4期,第42—44页;房连泉:《智利的收入分配与社会政策》,载《拉丁美洲研究》2012年第4期,第20—25页。

② S. Borzutzky, "Anti-Poverty Politics in Chile: A Preliminary Assessment of the Chile Solidario Program", *Poverty & Public Policy*, 2009 (1), p. 2.

③ 新加坡社会与家庭发展部网站, https://www.msf.gov.sg/Comcare/Pages/Public-Assistance.aspx。

④ 黄树贤:《开创新时代民政工作局面》,载《学习时报》2018年10月31日001版。

第十章　完善广东省特困人员救助供养制度改革的对策建议

赡养/抚养/扶养问题、房屋拆迁问题、就医问题、就学问题、财产分配问题而需要向律师咨询和求助。例如，年老的特困人员可能在年轻时打工遭遇欠薪问题难以讨回，或者特困人员与亲属之间存在赡养/抚养/扶养问题方面的纠纷，或者特困人员在房屋拆迁问题上需要与开发商谈判。国务院于2003年颁布的《法律援助条例》以及广东省人大常委会于2006年通过的《广东省法律援助条例》明确规定了经济困难的公民可以在请求国家赔偿，请求社会救助待遇，请求支付劳动报酬，请求给付赡养费、抚养费、扶养费等方面申请法律援助，包括法律咨询、代理、刑事辩护、仲裁和代拟法律文书等。尽管国务院和广东省出台了相关的政策，但由于特困人员不了解相关政策、申请程序烦琐、法律援助机构和人员建设不完善等原因，该项政策没有得到较好的落实。

因此，建议在未来进一步建立健全面向特困人员的法律援助服务，以满足特困人员对于法律援助的需求。第一，要建立区（县）、街道（乡镇）、社区（村）三级法律援助服务网络，成立区（县）法律援助中心、街道（乡镇）法律援助工作站、社区（村）法律援助联络点，使法律援助真正延伸到基层，进而使特困人员能够找到法律援助机构，打通服务群众的"最后一公里"。第二，要创新法律援助提供方式，对于生活在偏远地区、交通不便或行动不便的特困人员，可以推行电话咨询、上门服务等服务方式，使更多的特困人员方便快捷地获得法律援助；可以在村（社区）配备法律顾问，定期进村入户。第三，要简化申请法律援助的办理流程，适度放宽经济困难状况等审查条件，最大限度方便特困人员；第四，要加强法律援助服务的宣传，提高法律援助服务的"曝光度"，增强特困人员的维权意识，使特困人员在有法律需求时主动寻求法律援助服务。

二、拓宽特困人员教育救助内容

目前，广东省特困人员教育救助的内容为"两免一补"，即免除在读特困人员的学杂费、教科书费，并给予一定额度的生活补贴。"两免一补"政策在减轻特困人员教育负担上发挥了巨大的作用。然而，随着经济和互联网的发展，特困人员对教育有了更高层次的需求。例如，需要用到电脑和互联网以参加网课、查找资料和完成作业,需要使用微信等社交软件与老师和同学沟通等。特别是2020年新冠肺炎疫情防控以来,全国各地许多学校以网课的形式开展教学,而在读的特困人员因为买不起电脑、智能手机或交不起网费而被迫缺席。对此,建议适当拓宽特困人员教育救助内容,除了实行"两免一补"政策外,可以为在读的特困人员发放购买电子产品补贴和减免网费等,满足特困人员更高层次的教育需求。

第四节 继续推进特困人员供养机构改革建设

根据第九章的分析结果,尽管广东省特困人员供养机构改革在整体上推动了区域供养机构协同发展,但目前仍然存在部分升级改造的供养机构的软硬件设施仍有进一步提升空间、部分纳入改革范围的供养机构排名相对偏后等问题。对此,应该从加强政府监管力度、补齐供养机构软硬件设施短板、构建社会运营方竞争格局、进一步明确地方政府职责等方面入手,完善改造的供养机构的软硬件设施、加快改革范围的供养机构升级改造进度。

一、进一步加强政府监管力度,建立风险防范机制

要进一步加强政府监管力度,使社会运营方严格履行合约、改善管理、改进服务、提升品质。第一,加强政府监管力度,建立风险防范机制。政府要积极探索高效的监管方法,建立规范化、制度化的监管机制,并制定相应的服务标准体系和考核评估体系,为监管提供基本依据。由于合同期限较长,其中存在不可预见的风险和不确定性,因此,要建立风险防范机制,提高风险预判能力,防范社会运营方可能存在的违法违约行为。第二,建立第三方评估制度。聘请专业的第三方评估机构定期对改革后的供养机构进行考核,确保评估结果的客观性和公正性。第三,提高监管、评估结果的影响力。针对监督、评估结果发现的问题,要及时督促运营方进行整

第十章　完善广东省特困人员救助供养制度改革的对策建议

改,加强监管、评估结果的作用。

二、补齐特困人员供养机构软硬件设施的短板

针对第九章分析所揭示的供养机构内软硬件设施的短板,要采取以下措施进行补齐:第一,进一步优化管理服务队伍结构,提高管理团队素质和专业化水平,增加专职养老护理员、执业医生、护士、康复人员、药师、社工的数量。第二,进一步对基础设施进行适老化改造,根据集中供养对象的特点和需求,合理配置健身器材、文化娱乐设施,加强厨房、餐厅和活动室建设,加快医用地板、护理床、医务室配备,改善机构居住的大环境。注重改善供养对象的个人居住的小环境,增加室内降温、保暖、紧急呼叫装置等设备配备,继续改善卫生间、浴室设施。第三,进一步提升服务质量,提高基本生活照料质量,增加医疗康复项目,完善服务制度建设,同时还要增加休闲娱乐项目,丰富特困人员的精神生活。第四,进一步健全机构运营管理,建立健全意见、建议收集制度,完善安全管理,加快紧急应急预案的制定,加快落实床位综合责任险,全方位提高老人满意度。

三、构建社会运营方竞争格局,促进运营方管理服务品质的提升

目前,广东省特困人员供养机构公建民营区域统筹打包改革仅有一家社会运营方,在一定程度上形成了垄断的局面。大量经验表明,垄断会导致企业缺乏发展动力,使得有效投资不足,进而降低管理效率和服务质量。[1] 据此,如果广东省内所有公建民营由单个或者少数几个运营方垄断,会造成运营方安于现状,不利于激励运营方加大资本投入和改善管理

---

[1] 单东:《中国石油行业行政垄断的成因、危害及解决之对策》,载《经济社会体制比较》2010年第5期,第158—164页;孙晋、范舟、秦丽:《我国食盐业专营垄断之变异、危害及其纠补》,载《中南大学学报(社会科学版)》2010年第2期,第9—14页。

服务品质。因此，在统筹打包模式的基础上，要在不同区域尝试引入不同的社会运营方，在省内形成运营方相互竞争的格局，打破改革初期由单一运营方垄断的现状。与此同时，还要定期对不同运营方的运营成效进行考核评估，实施得分排名并向社会公布，从而推动运营方改善管理服务的品质。

四、进一步明确地方政府职责，合理划分政府和企业的分工

通过第九章的分析发现，升级改造后的特困人员供养机构在消防设施方面仍然存在短板。升级改造后的特困人员供养机构之所以在消防设施方面仍然存在短板，部分源于地方政府存在"卸包袱"和"一甩了之"的心态。对此，要进一步明确地方政府职责，合理实施政府和企业分工，明确地方政府在供给和维护消防设施等方面的职责，使企业将注意力集中于发挥自身在服务提升方面的优势。在操作层面，第一，对于在移交时未进行消防验收或消防验收不合格的供养机构，地方政府应积极排查隐患和问题，由地方政府财政出资确保供养机构房屋安全和消防设施达标。此外，在运营方运营期间，地方政府有责任联合当地消防部门定期对供养机构进行消防安全检查和指导消防演练和消防/安全教育培训。第二，运营方应对供养机构内的消防设施定期进行检查维护，确保灭火救援和疏散逃生装置符合要求、工作人员消防安全培训到位；同时，运营方应每日进行防火巡查，定期联合当地政府开展消防安全检查、消防演练和安全教育培训。

第五节　加强特困人员救助供养制度和2020年后帮扶工作的衔接

随着2020年脱贫攻坚阶段性任务的达成，原有的针对"三无"人员的带有运动式治理性质的扶贫政策将逐步与常态化的救助制度相融合，其将

第十章　完善广东省特困人员救助供养制度改革的对策建议

更加依赖于长效机制的建设。为此,未来应加强广东省特困人员救助供养制度和 2020 年后帮扶工作的衔接与整合,向建设长效机制的方向发展。

一、强化特困人员救助供养与 2020 年后帮扶工作在对象、标准、功能定位上的"合拍"

根据李棉管建构的社会救助反贫困效能的分析框架①,要实现特困人员救助供养制度与 2020 年后帮扶工作全面对接,必须在两者的对象认定、待遇标准及制度功能的衔接与整合上有所行动,这三个方面不仅是社会救助与 2020 年后帮扶工作发挥合力的保证,也有利于为 2020 年后贫困治理长效机制建设奠定良好的基础。具体而言,在对象认定上,应达到特困人员等社会救助对象识别的标准与 2020 年后帮扶对象的识别标准相对接的理想效果。在待遇标准上,特困人员救助供养标准等社会救助标准与 2020 年后帮扶标准要相匹配,并健全动态增长机制。更为重要的是,负责帮扶部门与民政部门本质上都是扶持低收入人口体系的组成部分,其工作职能和目标具有一致性,在未来时机成熟时应该进一步整合两个部门,提高行政资源的运作效能。

二、建立健全以特困人员供养机构为载体的扶持低收入人口合力作用新平台

自 2016 年以来,广东省实施的特困人员供养机构公建民营改革整合性地解决了特困人员救助供养与社会化养老的问题,极大地解决了"三无"人员的生活保障问题,体现了特困人员救助供养制度的贫困治理效能。其中,以云浮市模式为代表的改革模式具有很强的推广价值。为此,未来应进一步深化广东省特困人员供养机构的建设和改造,把特困人员供养机构打造成为欠发达和农村地区社会救助与 2020 年后帮扶工作合力作用的新平台,通过提升机构托底保障能力和服务质量,整合养老资源、医疗资源、

---

① 李棉管:《社会救助如何才能减少贫困》,载《社会建设》2018 年第 4 期,第 23—35 页。

救助资源、帮扶资源及社会资源集中托养特困人员、帮扶对象，使社会救助与 2020 年后帮扶工作的合力作用向可持续的方向发展。①

---

① 林闽钢：《深度贫困地区社会救助兜底还需"三个加大"》，载《中国社会报》2020 年 5 月 27 日第 003 版；张伟涛、张昕：《社会救助制度最需要加大投入——全国人大常委会委员、中国社会保障学会会长郑功成访谈录》，载《中国社会报》2020 年 5 月 28 日第 002 版。

第十一章 结　　语

一、对广东特困人员救助供养制度的展望

自2016年国家大力推进特困人员救助供养制度建设以来，广东省积极贯彻落实，经过4年的探索实践，已取得了显著成效，为广东省决胜全面建成小康社会做出了新贡献。从宏观上来看，广东省特困人员救助供养的政策体系不断完善、资金投入力度不断加大、保障水平不断提高。在特困人员供养机构方面，探索出一条公建民营区域统筹打包的改革道路，经过改革的特困人员供养机构相比未改革的机构焕然一新，软硬件设施和服务质量均得到明显提升。在救助内容方面，建立了特困人员护理制度，使分散供养人员与集中供养人员一样也可以享受照料护理服务，解决了当前广东特困人员救助供养面临的最突出、最困难、最迫切的问题。

尽管特困人员救助供养制度取得了较为突出的成效，但必须承认其中还存在一些不足之处。首先，尽管经过改革后的特困人员供养机构焕然一新，整体而言在管理服务队伍、硬件设施、服务质量和运营管理方面得到明显提升，但其中仍有一部分软硬件设施有待进一步完善。其次，虽然广东省的统筹打包改革在整体上促进了区域供养机构的协同发展，但仍有部分已由社会资本方承接的特困人员供养机构的改造进程较为缓慢，在本书设计的特困人员供养机构改革成效评估中排名相对靠后。此外，仍有小部分特困人员的饮食、生活用品、住房等基本生活需求未能得到较好的保障。

因此，针对上述问题，着眼于未来，"加强监管"应是广东省特困人员救助供养建设首先要关注的主题。第一，鉴于目前广东仅有一家社会运营机构承接区域统筹打包改革，因此要加强对社会运营方的监管，使运营方严格履行合约、改善管理、改进服务、提升品质，提升风险防范能力。与

此同时，要在不同区域尝试引入不同的运营方，构建社会运营方相互竞争的格局，防止"一家独大"带来的弊端，提升社会运营方改善管理服务的动力。第二，要加强对特困人员生活自理能力评估认定的监督。由于特困人员照料护理是近年来才新兴的制度，其中的生活自理能力认定和委托第三方机构与人员为分散供养人员提供照料护理的机制还不够规范成熟，因此相关部门需要加强监督，一方面要防止弄虚作假，骗取待遇的现象发生，另一方面要确保分散供养人员的照料护理服务得到落实和服务质量得到保障。第三，要加强对特困人员基本生活的巡查，确保所有特困人员的饮食、日用品、住房等基本生活需求都能够得到保障。

与此同时，"挖掘新需求"是广东省特困人员救助供养制度建设另一个需要关注的主题。在新时代下，为了满足人民对美好生活的向往，要在建设好原有的基本生活、住房、医疗、教育保障的基础上，根据社会经济发展情况，充分发掘特困人员在法律援助、商业保险和教育等方面的新需求。特别是在2020年新冠肺炎疫情防控以来，在线网络授课全面推广，广东省大部分地区实行在线网络授课，而缺乏网络宽带和电脑等电子设备的在读特困人员只能被迫缺课，其上学问题逐渐凸显出来。因此，在新时代下，要根据社会经济发展情况，充分挖掘特困人员的新需求。

二、解决中国农村老年人照料护理问题的"广东方案"

农村老年人照料护理问题是当前中国老龄化背景下面临的重要问题之一。根据2015年第四次中国城乡老年人生活状况抽样调查数据测算，我国城市老龄化率为14.3%，农村老龄化率为16.9%，农村老龄化率是城市的1.18倍。[①] 推算至2028年，我国农村将进入重度人口老龄化阶段，老龄化率将达到30.5%，比城镇高出10.9%。[②] 在逐步增长的农村老年人群体中，存在一群有照料护理需要的特殊老年人，其中很大部分为因残疾、疾病或

---

① 唐钧、覃可可：《县域老年照护体系：概念框架与方案设计》，载《江苏社会科学》2020年第3期，第1—11页。
② 国家应对人口老龄化战略研究总课题组：《国家应对人口老龄化战略研究总报告》，华龄出版社2014年版。

第十一章 结语

年老等原因导致生活不能自理的失能、半失能老年人。据统计,2015 年有照料护理需要的农村老年人在 1700 万人以上。① 面对数量庞大的有照料护理需求的农村老年人,目前,能够提供照料护理人员的数量远远无法满足需求。一方面,大量年轻劳动力涌向经济更为发达的城镇地区,使老年人家庭照顾者流失,农村传统的家庭结构受到严重的冲击,与此相关的家庭养老模式难以为继。另一方面,农村缺乏能够提供专业照料护理服务的机构和护理人员。目前,我国正面临机构照料护理需求高与养老机构空床率高并存的悖论。其中,重要的原因在于当前大部分农村养老机构专业护理人员缺乏、硬件设施落后,只能提供吃饭、洗澡、清洁等基础照料,无法提供更为专业的护理服务。尽管部分地区采用公建民营的模式对农村敬老院进行改造,但由于逐利的本质,商业机构一般都会"挑肥拣瘦",选择地理位置较好、本身基础设施相对完善和社会需求比较高的机构,而其他基础条件一般、地理位置偏僻的敬老院则"无人问津"。

在新时代下,广东省在特困人员救助供养工作上的建设做法和经验,实际上对全国各地解决上述问题有重要的参考价值。首先,广东特困人员救助供养实践聚焦于特困人员供养机构的改革。广东省采用的是公建民营区域统筹打包改革模式,即以县(市、区)为单位,将辖区内所有区域性养老机构、乡镇敬老院等公办特困人员供养机构统一打包成一个项目,交给社会资本方管理运营。这一改革模式具有以下四个好处。第一,在经济增长速度放缓的情况下,能够充分撬动社会资本的资金,减轻政府的财政负担。据统计,若广东省继续对特困人员供养机构采用公办公营模式,则总共需要投入 78 亿元,广东省政府财政难以负担,而类似的情况在其他省份也客观存在。第二,统筹打包改革要求社会资本方把整个区域的农村敬老院,不管条件好坏都必须全部承接统一进行改革,很大程度上避免了"挑肥拣瘦"现象的发生,有效促进公共服务均等化,提升供养机构的整体水平。从企业投资增效看,该模式有利于实现社会运营方向连锁化、规模化、专业化发展,同时能够利用向社会老人收费反哺特困人员费用缺口,有效降

---

① 唐钧、覃可可:《县域老年照护体系:概念框架与方案设计》,载《江苏社会科学》2020 年第 3 期,第 1—11 页。

低企业运营成本，实现合理盈利。第三，在区域统筹打包改革下，借助社会运营方这一平台，能够广泛吸纳本地农村富余劳动力，有效解决农村地区护理人员数量不足的问题，同时社会运营方连锁化、规模化、专业化发展，能够推动护理人员培训的集中化、标准化和专业化，有效解决农村地区护理人员专业化水平低的问题。第四，在确保特困人员的需求下向社会老人开放床位，整合式地解决了特困人员救助供养和农村社会养老问题。

特困人员供养机构公建民营区域统筹打包改革模式，解决了集中供养人员照料护理的问题，也为解决分散供养人员照料护理问题奠定了基础。2018年，广东省为在家分散供养的特困人员建立照料护理制度。在家分散供养的特困人员可以与专业机构或个人签订合同，享受日常看护、生活照料、住院期间的护理等照料护理服务，政府每月则提供补贴。实际上，广东省建立的特困人员照料护理制度，正是建立在上述改革的基础之上的。从现实情况来看，特困人员供养机构公建民营区域统筹打包改革不仅充实了农村地区护理人员队伍，提高了护理人员队伍的专业化水平，而且为分散供养人员寻找优质、专业的机构和护理人员提供了较为便利的条件。从这个角度看，广东省特困人员供养机构公建民营区域统筹打包改革和特困人员照料护理制度是相辅相成的，如果没有前者，后者也很难建立起来。

在实施特困人员救助供养改革前，广东省在农村五保供养制度建设所面临的专业护理人员缺乏、养老机构建设落后、政府财政资金不足、商业机构"挑肥拣瘦"等问题，在我国其他省份也普遍存在。广东省在未实施改革前的状况，实质上是全国农村五保供养制度建设的一个缩影。在新时代的背景下，广东省打破原有的思维模式束缚，积极探索创新实践，着眼于解决当前特困人员救助供养面临的最突出、最困难、最迫切的问题，加快补齐兜底保障工作短板，为广东省决胜全面建成小康社会做出了新贡献，为全国各地解决上述问题提供了具体、可复制、可操作性强的"广东方案"，为实现人民美好生活贡献了"广东范本"。广东这一模式，也与2020年中国社会科学院唐钧研究员最新研究所提出的"县域老年照护体系"[①] 不

---

① 唐钧、覃可可：《县域老年照护体系：概念框架与方案设计》，载《江苏社会科学》2020年第3期，第1—11页。

谋而合，可以说具有充分的理论依据。对此，笔者也呼吁更多的学者和务实工作者关注广东省特困人员救助供养制度的建设，发掘出更多的先进经验。

参 考 文 献

[1] 毕金平. 论我国精准扶贫与社会救助制度的衔接和调适[J]. 学术界, 2018(7): 72-81.

[2] 曹淑芹. 智利政府克服贫困的新举措——"智利团结计划"[J]. 拉丁美洲研究, 2005(4): 42-44, 50.

[3] 陈芳芳, 杨翠迎. 基于政府职责视角的养老机构公建民营模式研究——以上海市为例[J]. 社会保障研究, 2019(4): 10-18.

[4] 陈晓萍, 沈伟. 组织与管理研究的实证方法[M]. 3版. 北京: 北京大学出版社, 2018.

[5] 崔乃夫: 当代中国的民政(下)[M]. 北京: 当代中国出版社, 1994.

[6] 崔树义, 田杨. 养老机构发展"瓶颈"及其破解——基于山东省45家养老机构的调查[J]. 中国人口科学, 2017(2): 115-125, 128.

[7] 戴旭宏. 精准扶贫: 资产收益扶贫模式路径选择——基于四川实践探索[J]. 农村经济, 2016(11): 22-26.

[8] 单东. 中国石油行业行政垄断的成因、危害及解决之对策[J]. 经济社会体制比较, 2010(5): 158-164.

[9] 董红亚. 养老机构公建民营: 发展、问题及规制[J]. 中州学刊, 2016(5): 71-76.

[10] 豆书龙, 张明皓, 王小航. 精准需求视角下养老机构特困老人状况探究——以山东省A镇养老服务机构为例[J]. 社会福利(理论版), 2016(10): 18-22, 35.

[11] 段哲哲, 周义程. "凡进必考"可以提升基层公务员的专业自主性吗?——基于准自然实验的断点回归分析[J]. 甘肃行政学院学报, 2020(1): 13-24, 125.

参考文献

[12] 方浩. 养老机构公建民营：现状、特征及问题 [J]. 经济与管理研究，2016，37（5）：90-97.

[13] 房连泉. 智利的收入分配与社会政策 [J]. 拉丁美洲研究，2012，34（4）：20-25，79.

[14] 冯占联，詹合英，关信平，等. 中国城市养老机构的兴起：发展与公平问题 [J]. 人口与发展，2012，18（6）：16-23.

[15] 贡森，王列军，佘宇. 农村五保供养的体制性问题和对策——以山东省为例 [J]. 江苏社会科学，2004（3）：231-236.

[16] 顾昕，降薇. 税费改革与农村五保户供养融资体系的制度化 [J]. 江苏社会科学，2004（3）：224-230.

[17] 国家应对人口老龄化战略研究总课题组. 国家应对人口老龄化战略研究总报告 [M]. 北京：华龄出版社，2014.

[18] 韩艳. 中国养老服务政策的演进路径和发展方向——基于1949—2014年国家层面政策文本的研究 [J]. 东南学术，2015（4）：42-48，247.

[19] 何文炯，杨翠迎，刘晓婷. 优化配置 加快发展——浙江省机构养老资源配置状况调查分析 [J]. 当代社科视野，2008（1）：29-33.

[20] 洪大用，房莉杰，邱晓庆. 困境与出路：后集体时代农村五保供养工作研究 [J]. 中国人民大学学报，2004（1）：49-56.

[21] 胡象明，唐波勇. 整体性治理：公共管理的新范式 [J]. 华中师范大学学报（人文社会科学版），2010，49（1）：11-15.

[22] 黄钢. 上海市养老机构评价报告：2018 [M]. 北京：社会科学文献出版社，2019.

[23] 黄岩，戴黍. 从集体福利到公共财政：五保供养政策范式转变的挑战——以广州东部M市为例 [J]. 学术研究，2008（8）：37-42.

[24] 贾康，苏京春. 论供给侧改革 [J]. 管理世界，2016（3）：1-24.

[25] 江治强. 精准扶贫需要社会救助精准发力 [J]. 中国民政，2016（5）：27-29.

[26] 赖志杰. 农村五保集中供养的现状及其政策思考 [J]. 中州学刊，2019（11）：73-77.

[27] 兰剑, 慈勤英. 中国社会救助政策的演进、突出问题及其反贫困突破路向 [J]. 云南社会科学, 2018 (4): 32-38.

[28] 雷耀, 许娓. 特困人员供养: "三无" 人员救助的城乡融合 [N]. 中国社会报, 2014-04-02 (001).

[29] 李春根, 赖志杰. 新时期我国农村五保供养制度存在的问题与完善对策 [J]. 山东财政学院学报, 2008 (2): 17-20.

[30] 李棉管. 社会救助如何才能减少贫困?——20 世纪末至今的中国社会救助研究 [J]. 社会建设, 2018, 5 (4): 23-35.

[31] 李瑞德. 一项关于农村五保供养制度的实证研究——以闽北地区为例 [J]. 市场与人口分析, 2007 (1): 63-72.

[32] 李小兰. 我国养老服务公共政策结构的失衡与纠偏 [J]. 探索, 2015 (6): 104-109.

[33] 李志明, 邢梓琳. 新加坡社会救助制度: 兜住社会 "底线公平" 的 "安全网" [J]. 中国民政, 2014 (11): 52-53.

[34] 林闽钢. 深度贫困地区社会救助兜底还需 "三个加大" [N]. 中国社会报, 2020-05-27 (003).

[35] 林闽钢. 我国社会救助体系发展四十年: 回顾与前瞻 [J]. 北京行政学院学报, 2018 (5): 1-6.

[36] 刘军强, 胡国鹏, 李振. 试点与实验: 社会实验法及其对试点机制的启示 [J]. 政治学研究, 2018 (4): 103-116, 128.

[37] 刘喜堂. 建国 60 年来我国社会救助发展历程与制度变迁 [J]. 华中师范大学学报 (人文社会科学版), 2010, 49 (4): 19-26.

[38] 罗德. 统合型治理: 公共管理的中国模式——以广东省 "双到扶贫" 为例 [J]. 科学经济社会, 2015, 33 (3): 77-81.

[39] 罗锐, 谢圣远. 论我国农村五保供养制度的完善 [J]. 社会保障研究, 2011 (3): 107-112.

[40] 马超, 顾海, 孙徐辉. 参合更高档次的医疗保险能促进健康吗?——来自城乡医保统筹自然实验的证据 [J]. 公共管理学报, 2015, 12 (2): 106-118, 157-158.

[41] 马亮. 公共管理实验研究何以可能: 一项方法学回顾 [J]. 甘肃行政

学院学报,2015(4):13-23.

[42] 苗艳梅. 从物质保障到精神保障——农村五保老人精神需求状况分析[J]. 社会福利(理论版),2012(3):47-51.

[43] 穆光宗. 我国机构养老发展的困境与对策[J]. 华中师范大学学报(人文社会科学版),2012,51(2):31-38.

[44] 祁毓,卢洪友,张宁川. 环境规制能实现"降污"和"增效"的双赢吗——来自环保重点城市"达标"与"非达标"准实验的证据[J]. 财贸经济,2016(9):126-143.

[45] 宋士云. 新中国农村五保供养制度的变迁[J]. 当代中国史研究,2007(1):93-101,128.

[46] 孙晋,范舟,秦丽. 我国食盐业专营垄断之变异、危害及其纠补[J]. 中南大学学报(社会科学版),2010,16(2):9-14.

[47] 孙意乔,高丽,李树茁. 农村老年人子女提供日常照料的影响因素研究——基于安徽省农村老年人福利状况调查[J]. 中国农村观察,2019(1):81-97.

[48] 孙宗锋,杨丽天晴. "打老虎"如何影响公众腐败感知差异?——基于广东省的准实验研究[J]. 公共行政评论,2016,9(3):89-107,188.

[49] 唐钧,覃可可. 县域老年照护体系:概念框架与方案设计[J]. 江苏社会科学,2020(3):66-76,242.

[50] 陶然,周敏慧. 父母外出务工与农村留守儿童学习成绩——基于安徽、江西两省调查实证分析的新发现与政策含义[J]. 管理世界,2012(8):68-77.

[51] 汪文新,毛宗福,杨玉茹,等. 不同供养环境对农村五保老人心理健康影响[J]. 中国公共卫生,2006(4):395-396.

[52] 王莉莉. 公办养老机构转制发展现状及对策研究[J]. 兰州学刊,2019(2):192-208.

[53] 王名,蔡志鸿,王春婷. 社会共治:多元主体共同治理的实践探索与制度创新[J]. 中国行政管理,2014(12):16-19.

[54] 王思琦. 公共管理与政策研究中的实地实验:因果推断与影响评估的

视角［J］. 公共行政评论，2018，11（1）：87-107，221.

［55］王晓毅. 2020 精准扶贫的三大任务与三个转变［J］. 人民论坛，2020（2）：19-21.

［56］王雪辉. 养老机构公建民营运作模式探析［J］. 行政管理改革，2016（8）：38-43.

［57］王兆鑫. 新时代创新我国公办养老机构改革对策研究［J］. 常州大学学报（社会科学版），2019，20（1）：73-82.

［58］吴连霞. "五保"供养制度的退出路径及策略选择［J］. 经济纵横，2014（8）：117-120.

［59］吴晓林. 中国五保养老保障研究：制度沿革、权利保护与策略选择［M］. 北京：中国社会科学出版社，2013.

［60］吴晓林. 中国五保养老保障研究［M］. 北京：中国社会科学出版社，2013.

［61］吴晓林. 我国五保老人生存境遇及政策研究综述——一个"社会资本与政府责任"的分析框架［J］. 人口与发展，2010，16（3）：81-86，68.

［62］吴晓林. 中国五保养老的制度转型与科学发展［J］. 人口与发展，2009，15（3）：92-100.

［63］吴玉韶，王莉莉，孔伟，等. 中国养老机构发展研究［J］. 老龄科学研究，2015，3（8）：13-24.

［64］肖林生. 农村五保供养制度变迁研究：制度嵌入性的视角［J］. 东南学术，2009（3）：32-41.

［65］肖云，王冰燕. 中国五保失能老人长期照护服务的困境与解困［J］. 重庆大学学报（社会科学版），2015，21（4）：103-108.

［66］辛涛，邹舟. 中学生课堂计算机使用对其数学成绩的影响［J］. 教育学报，2010，6（4）：65-70.

［67］邢成举，赵晓峰. 论中国农村贫困的转型及其对精准扶贫的挑战［J］. 学习与实践，2016（7）：116-123.

［68］闫青春. 养老机构的"公办民营"与"公建民营"［J］. 社会福利，2011（1）：13-15.

[69] 杨立雄. "一揽子"打包，还是单项分类推进？——社会救助立法的路径选择［J］. 社会保障评论，2020，4（2）：56-69.

[70] 杨团，张时飞. 当前我国农村五保供养制度的困境与出路［J］. 江苏社会科学，2004（3）：217-223.

[71] 杨团. 公办民营与民办公助——加速老年人服务机构建设的政策分析［J］. 人文杂志，2011（6）：124-135.

[72] 于新循. 论我国养老服务业之市场化运行模式及其规范——基于公建民营、民办公助和以房养老等模式的法律分析与探讨［J］. 四川师范大学学报（社会科学版），2010，37（1）：13-20.

[73] 于秀丽. 排斥与包容：转型期的城市贫困救助政策［M］. 北京：商务印书馆，2009.

[74] 苑晓美，赖志杰. 农村特困人员供养的供给侧改革探讨——基于天津市的调查［J］. 老区建设，2020（8）：15-23.

[75] 岳经纶，张虎平. 实验方法在公共管理研究中的应用：基于 PAR 和 JPART 两种期刊（2010—2017）的文献分析［J］. 中国公共政策评论，2018，15（2）：39-59.

[76] 岳经纶. 香港社会救助制度的发展及其对中国内地的借鉴［J］. 暨南学报（哲学社会科学版），2017，39（7）：50-59.

[77] 翟永兴. 论我国农村五保供养制度的变迁［J］. 中国集体经济，2010（19）：191-192.

[78] 张浩淼. 中国社会救助70年（1949—2019）：政策范式变迁与新趋势［J］. 社会保障评论，2019，3（3）：65-77.

[79] 张红霞，韩旭峰，陆春丽. 需求视角下农村敬老院"五保"老人供养状况研究——以岔口驿敬老院为例［J］. 中国农学通报，2015，31（13）：284-290.

[80] 张华. 低碳城市试点政策能够降低碳排放吗？——来自准自然实验的证据［J］. 经济管理，2020，42（6）：25-41.

[81] 张跃. 政府合作与城市群全要素生产率——基于长三角城市经济协调会的准自然实验［J］. 财政研究，2020（4）：83-98.

[82] 赵辰光，杨肖肖. 公建民营养老机构运营模式［J］. 中国老年学杂

志，2017，37（22）：5714-5716.

[83] 赵建军，贾鑫晶. 智慧城市建设能否推动城市产业结构转型升级？——基于中国285个地级市的"准自然实验"[J]. 产经评论，2019，10（5）：46-60.

[84] 郑功成. 中国社会保障制度变迁与评估[M]. 北京：中国人民大学出版社，2002.

[85] 郑功成，等. 中国民生70年（1949-2019）[M]. 长沙：湖南教育出版社，2019.

[86] 左停，赵梦媛，金菁. 路径、机理与创新：社会保障促进精准扶贫的政策分析[J]. 华中农业大学学报（社会科学版），2018（1）：1-12，156.

[87] AGARWAL S, RENGARAJAN S, SING T F, et al. School Allocation Rules and Housing Prices：A Quasi-Experiment with School Relocation Events in Singapore[J]. Regional Science and Urban Economics，2016，58（5）：42-56.

[88] BORZUTZKY S. Anti-Poverty Politics in Chile：A Preliminary Assessment of the Chile Solidario Program[J]. Poverty & Public Policy，2012，1（1）：1-16.

[89] CASTILLO N M, WAGNER D A. Gold Standard? The Use of Randomized Controlled Trials for International Educational Policy[J]. Comparative Education Review，2014，58（1）：166-173.

[90] GRANT A M, WALL T D. The Neglected Science and Art of Quasi-Experimentation：Why-to, When-to, and How-to Advice for Organizational Researchers[J]. Organizational Research Methods，2009，12（4）：653-686.

[91] REEVES A, MCKEE M, MACKENBACH J, et al. Introduction of a National Minimum Wage Reduced Depressive Symptoms in Low-Wage Workers：A Quasi-Natural Experiment in the UK[J]. Health Economics，2017，26（5）：639.

[92] SEBASTIAN H. From Local Experiments to National Policy：The Origins of China's Distinctive Policy Process[J]. The China Journal，2008，59：1-30.

后　　记

"要有信仰、有情怀、有担当，树立高远的理想追求和深沉的家国情怀，努力做对国家、对民族、对人民有贡献的艺术家和学问家。"

——习近平

特困人员是过去人们对城市"三无"人员和农村"五保户"的统称。换言之，特困人员是我国社会中最弱势的社会成员。特困人员救助供养制度是我国政府面向特困人员提供基本生活保障的一种社会救助制度，是中国社会救助体系的核心内容，也是中国社会保障体系中发挥兜底作用的基础性部分。作为"最后的安全网"，特困人员救助供养制度的制定与实施彰显了党和国家始终坚持以人民为中心的发展思想，不断保障和改善民生、增进人民福祉的责任担当。习近平总书记在2017年的新年贺词中曾提及："新年之际，我最牵挂的还是困难群众，他们吃得怎么样、住得怎么样，能不能过好新年、过好春节。"作为一名长期从事社会政策研究的社会科学工作者，"如何继续优化对特困人员这一困难群体的帮扶"也是我始终关注的重要研究问题。

在广东省民政厅的支持下，从2017年到2020年，我们研究团队每年都会深入广东各地级市开展对特困人员入户核查的工作，旨在为广东特困人员救助供养制度的改革和优化提供决策支持。与此同时，在广东省民政厅的支持下，我们研究团队也对广东省在特困人员供养服务机构中开展的公建民营社会化改革模式进行了研究和成效评估。在研究中我们认识到，广东省在特困人员救助供养制度实践中所采取的改革措施不仅具有创新性，而且还有机衔接了精准扶贫战略，对2020年后中国的贫困治理有一定的启发和借鉴意义。基于此，我们希望撰写一部关于广东特困人员救助供养制度改革实践的专著，全景式地展现广东的经验。

本书是我们研究团队共同努力的成果，除了署名的三位作者以外，研究团队中的其他成员，如研究生梁霞、研究助理李静和贺媛参与了部分章节初稿的写作。同时，研究团队中的李棉管副教授、游艳玲副教授、彭宅文博士也为本书的写作提供了支持。在此一并表示感谢。

本书能得以出版，首先，要感谢教育部人文社科重点基地中山大学中国公共管理研究中心和中山大学政治与公共事务管理学院在项目开展过程中提供的大力支持。本书是基地重大项目"社会政策创新与共享发展"课题的成果之一。其次，要感谢广州市人文社科重点研究基地中山大学广州社会保障研究中心对本研究提供的资助。再次，要感谢国家出版基金对本书出版的资助。又次，要感谢广东省民政厅提供机会让我们参与特困人员救助供养制度创新过程的研究。最后，要感谢中山大学出版社对本书的大力支持。此外，还有许多给予我帮助和支持的单位和个人，他们的名字未能一一提及，在此一并表示我最衷心的感谢。

贫困始终是困扰人类的重大问题之一，贫困治理则是人类社会发展永恒的话题。在打赢脱贫攻坚战和实现全面小康后，扶贫工作并未就此结束，而是将其重心转移至如何巩固脱贫成果以及解决相对贫困上，并且把这些问题的解决之策纳入乡村振兴战略，扎实推动共同富裕。作为一名哲学社会科学工作者，我始终牢记党和国家"立时代之潮头、通古今之变化、发思想之先声，积极为党和人民述学立论、建言献策，担负起历史赋予的光荣使命"的嘱托。本书写作的初衷，就是希望通过对广东特困人员救助供养制度改革创新的聚焦，为2020年后中国贫困治理的政策实践提供经验与思考，为中国贫困治理和人民美好生活的实现贡献微薄之力。

限于学识，本书恐有较多疏漏错谬之处，希望读者不吝指正。

岳经纶

2020年11月11日

于中山大学政治与公共事务管理学院

中国公共管理研究中心

广州社会保障研究中心